不確実性と日本経済
計測・影響・対応

UNCERTAINTY AND JAPAN'S ECONOMY

森川正之

日本経済新聞出版

不確実性と日本経済

計測・影響・対応

目　次

序章　不確実性と経済 ————————————————7

第1章　不確実性の経済分析 ————————————19

   1.　不確実性とは何か？　20

   2.　不確実性をどう測るか？　27

   3.　不確実性の経済への影響　38

   4.　コロナ危機における不確実性　43

第2章　マクロ経済予測の不確実性 ————————49

   1.　マクロ経済の不確実性の動向　50

   2.　政府経済見通しのバイアス　57

   3.　長期予測の不確実性　63

   4.　不確実性とマクロ経済政策　69

第3章　政策の不確実性 ———————————————71

   1.　政策不確実性指数　72

   2.　個別政策の不確実性の研究　76

   3.　政治の不確実性　90

第4章　企業が直面する不確実性 —————————95

   1.　企業レベルの不確実性研究　96

2. 業況判断の予測誤差:「日銀短観」の分析　99

3. 生産予測の不確実性:「製造工業生産予測調査」の分析　107

4. 企業の主観的不確実性:コロナ危機前後の変化　119

5. ナイト流不確実性:「法人企業景気予測調査」の分析　129

第5章　不確実性と企業行動　————137

1. 不確実性と投資・雇用　137

2. 不確実性と企業財務・企業金融　152

3. 不確実性と価格設定　154

4. ボラティリティと生産性　163

第6章　家計の不確実性と消費・貯蓄　————167

1. 家計が直面する不確実性　167

2. 不確実性と消費・貯蓄行動　181

3. 社会保障の不確実性　187

第7章　労働市場における不確実性　————195

1. 雇用の先行き不確実性　196

2. 不確実性と非正規雇用　207

3. 就労スケジュールの不確実性　211

第8章　世界経済の不確実性　————217

1. 不確実性が高まる世界経済　218

2. 為替レートの不確実性と貿易　224

3. 貿易政策の不確実性とその影響　　229

4. 不確実性の国際的スピルオーバー　　238

終章　不確実性への対応―――――243

おわりに―――――249

図表リスト―――――254

参照文献―――――257

索引―――――279

序章　不確実性と経済

〈不確実性への関心の高まり〉

「不確実性（uncertainty）」は、古くから経済学の重要な研究テーマだった
が、最近は経済予測や経済政策の実務でも、経済の先行きをめぐる議論に
おけるキーワードの1つになっている。本書は「不確実性」に関する経済
学の研究の進展を踏まえつつ、不確実性と日本経済について筆者自身が行
ってきた研究を含めて解説する。

　ケインズと同時代の経済学者であるフランク・ナイトは、100年前に
「リスク」と「不確実性」を明確に区別し、「不確実性は、リスクというよ
く知られた観念とある意味で根本的に区別されねばならない」と述べてい
る（Knight, 1921）。確率分布が既知な場合がリスク、確率分布を特定でき
ない場合が不確実性という二分法である[1]。その後、この2つの概念は使い
分けられることが多かったが、近年の経済学の研究論文では、「不確実性」
は「リスク」を含む広い概念として使用されるのが一般的になっている
（第1章参照）。本書は最近の慣行に従い、リスクを含めて「不確実性」と
いう単語を使用し、確率分布すらわからないケースは「ナイト流不確実
性」ないし「純粋の不確実性」と表現する。

　近年の代表的な不確実性ショックが、世界金融危機とコロナ危機である。

1　フランク・ナイト自身は、リスクと不確実性を「測定可能（measurable）」か「測定
　不可能（unmeasurable）」かの違いと表現している。

2008年9月のいわゆるリーマン・ショック後の株価や生産の急激な落ち込みは、2009年春頃までいつ底を打つのか全く見通せない状況だった。新型コロナウイルス感染症（以下、必要に応じて「新型コロナ」と略す）の拡大から生じたコロナ危機は、歴史的にも類例の少ない不確実性ショックで、感染者・死亡者がどれだけ増えていくのか、ワクチンや有効な治療薬がいつになれば開発されるのか、そして最終的にいつになったら終息するのか、2020年の時点ではきわめて不透明だった。最近ではロシアのウクライナ侵攻や中東情勢の緊迫化が、世界経済に大きな先行き不確実性をもたらしている。

　こうした中、政策実務やメディアの報道でも「不確実性」という単語が頻繁に用いられるようになっている。国際機関の文書を見ると、国際通貨基金（IMF）の「世界経済見通し（World Economic Outlook）」や経済協力開発機構（OECD）の「経済見通し（Economic Outlook）」では、不確実性という単語がきわめて高い頻度で使われている。日本銀行の最近の「展望レポート」では、「わが国経済・物価を巡る不確実性はきわめて高い」など、不確実性という単語が十数回にわたり使用されている。

　政府・中央銀行や国際機関は短期・中期・長期のマクロ経済見通しを定期的に発表しているが、事後評価すると予測誤差は相当に大きく、経済成長率やインフレ率の先行き見通しには大きな不確実性がある（第2章参照）。不確実性をどのように把握し、それにどう対処するのかは、適切なマクロ経済運営にとって非常に重要な課題である。

〈不確実性の源泉〉

　不確実性はさまざまな源泉から生じる。経済分野では、そもそも経済成長率やインフレ率といったマクロ経済の先行き見通し自体が不確実性を伴っているし、金融政策、税制、通商政策、規制やその運用など「政策の不確実性」もある（第3章参照）。日本の場合、財政・社会保障制度の長期的な持続可能性にもかなりの不確実性がある。

　大地震、洪水、火山噴火など大規模な自然災害が頻発しており、これからも予見せざる大災害が起きる可能性がある。気候変動も世界的な不確実

性の源泉で、今後長期にわたって異常気象や自然災害の増加といった不確実性ショックを引き起こすおそれがある。予測技術が進歩しているとはいえ、こうした災害がいつどこで発生するのかを事前に予測するのは難しい。新型コロナの後、次にいつどのようなパンデミックが発生するのかも予見するのが困難である。

　政治も不確実性の源泉となる。米国では国民の分断を背景に党派対立が深刻化しており、大統領選挙で誰が勝利するかによって政策は大きく変化する。僅差で決着することが多くなっていることもあり、政策の先行き不確実性を高める要因となってきた。2024 年の大統領選挙でも、共和党のトランプ候補が民主党のハリス候補に勝利したが、国民の分断を背景に選挙直前まで両候補の支持率は拮抗しており、どちらが勝つか予測は困難だった。政権交代に伴い政策の不連続な変化が起こり、多くの分野で政策の不確実性が高まるだろう。

　米国以外の主要国でも党派対立や政権の不安定化が目立つようになっており、政策の不確実性の源泉になっている。政権交代に至らない場合でも、選挙において候補者・政党がポピュリスト的な政策を打ち出すことが多くなっており、政策の安定性や継続性を弱める要因となっている。

　日本では 2000 年代半ば以降ほぼ 1 年ごとに首相が交代し、また、いわゆる「ねじれ国会」が続いたという事情もあり、予算・法案など政策の先行きが見通しにくい状況が生じた。その間、政策不確実性が高まったことがデータからも観察される（第 3 章参照）。自民党が政権に復帰した 2012 年以降、ねじれ国会も解消され、頻繁な政権交代に伴う政治的な不確実性は 10 年以上にわたって落ち着いていた。しかし、政治資金問題を背景に与党支持率が大きく低下し、2024 年秋には岸田首相が退任して石破新内閣が発足した。そして新内閣発足直後に行われた衆院解散・総選挙で自民党・公明党の連立与党は過半数を失い、政権運営の先行き不透明感の高い状況が再び現れた。当分の間、少数与党による政権運営となり、法律・予算をはじめさまざまな政策において不確実性の高い状態が続くだろう。

　グローバルには、世界金融危機、欧州債務危機、英国の EU 離脱、米中貿易摩擦も世界経済の不確実性をもたらしてきた。最近は、ロシアのウク

ライナ侵攻、中東情勢の緊迫化、北朝鮮情勢など安全保障面の不確実性が増大している。グローバル化が進んだ今日の経済において、海外の不確実性ショックは国際金融市場、サプライチェーンなどを媒介して日本にも波及する（第8章参照）。友好国間でも、最近の日本製鉄によるUSスチール買収をめぐる動きなど、グローバルな企業活動の不確実性を高める問題が生じることがある。

最近関心の高い経済安全保障の問題は、不確実性と密接に関係している。供給途絶のような事態に備える事前対応の難しさは、仮に事態が発生したときのコスト（被害）はある程度計算できたとしても、事態の発生確率が予測困難な点にある。発生確率の大きさによって最適な対応策は異なるが、発生確率がわからなければ対策のコストとレジリエンス（resilience）向上による便益を比較するのが難しい。規制的な政策手段が用いられる場合、解釈や運用の不透明性があると政策不確実性が高まるので、企業活動を萎縮させるおそれがあることにも注意する必要がある。

〈企業・個人が直面する不確実性〉

マクロ経済だけでなく、企業レベル、個人（家計）レベルでもさまざまな不確実性が存在する。企業にとって自社の売上高や収益の先行きには、国内・海外経済の成長率などマクロ経済の不確実性に加えて、自社製品・サービスへの需要動向、イノベーションの成否、競合する他社の戦略、原材料やサービスの調達コストなど企業固有の不確実性がある。大企業の多くは年度計画や中期経営計画を立てた上で経営を行っているが、実際の売上高や利益は計画よりも上振れたり下振れたりする。最悪の場合には倒産に追い込まれるリスクもある。

企業にとっての不確実性は、経済情勢に伴って時系列的に変化すると同時に、クロスセクションで見ても個々の企業が直面する不確実性には大きな差がある（第4章参照）。業種、企業規模、販売先などによって不確実性の程度は異なる。最近は、サプライチェーンを通じたショックの企業間での波及が注目されており、自然災害や事故、国際紛争といった想定外のイベントが直接・間接に企業業績を左右するケースが増えている。

個人レベルでもさまざまな不確実性がある。そもそも自分が何歳まで生きられるのか、いつまで健康でいられるのかは個人差が大きく、統計的な平均寿命からは判断できない。消費者としての個人の場合、将来の所得の変化、資産価格の変動、病気や事故に遭う可能性などさまざまな不確実性の中で消費・貯蓄行動を決定している。家計全体として見れば、自分自身だけでなく、配偶者、子供、両親の就労状態や健康の不確実性が自身の行動にも影響する。

　労働者としての個人にとっては、いつまで就労を続けられるのか、失業する可能性がどの程度なのか、賃金がどの程度増えるのか、一応の見通しを持っているのが普通だが、実際にどうなるかは決して確実ではない。勤務先の産業・企業規模、年齢、学歴、就労形態によって、雇用の安定性には違いがあるし、賃金の伸び率だけでなくその不確実性も異なる。これから労働市場に参加する学生の場合、学歴や専攻分野によって就職できる確率や就職後の生涯所得に違いがあるが、そこにも不確実性がある。そうした中で進学や専攻分野、そして就職先の選択を行っている。

〈不確実性の経済行動への影響〉

　企業も個人も、現在の状況だけでなく将来の予測を前提に現在の行動を決定する[2]。企業は需要見通しを前提に生産計画を立てるし、中長期的な販売見通しをもとに設備投資や従業員採用の意思決定を行う。家計は現在の所得だけでなく、将来の所得の見込みを前提に現在の消費・貯蓄の意思決定を行うというのが標準的な見方（消費のライフサイクル理論）である。

　しかし、将来予測が100％確実なことは稀なので、平均的な見通し（点予測値）だけでなく、その不確実性（確率分布）が現在の行動に影響する。例えば企業が今後毎年の売り上げが平均10％ずつ伸びていくと見込んでいても、それが100％確実なケースと、50％の確率でゼロ成長、50％の確率で20％成長するというケースとで、設備投資や従業員増員の計画は違

2　本書を通じて「予測」のほか、「予想」、「見通し」、「期待」という単語をほぼ同じ意味で文脈に応じて使用する。

ってくる。不確実性が高まったとき、不確実性が低下するまで重要な意思決定を先送りするのが合理的になる（「リアルオプション効果」）ことが多いからである（第5章参照）。

家計の場合も同様で、例えば今後の年間所得が年率5%で増加していくと見込んでいても、それが確実なのか、それとも50%の確率で5%減少、50%の確率で15%増加という不確実性があるのかで、現在の消費・貯蓄行動は違ってくる可能性が高い。不確実性が高いと万一に備えて貯蓄を積み増す（「予備的貯蓄」）行動をとる家計が多いからである（第6章参照）。特に不可逆性の高い高額耐久財の購入は先送りされる可能性が高い。その際、客観的な確率よりも主観的な不確実性が意思決定や行動を左右する。つまり、不確実性の高まりは企業や家計の意思決定を慎重化させ、ひいては経済成長率をはじめとするマクロ経済パフォーマンスにネガティブな影響を与えることが多い。

不確実性は古くから理論研究のテーマになってきたが、世界金融危機を契機に再び強い関心を集め、急速に研究が進展している。コロナ危機についても、すでにその不確実性ショックとしての特徴や経済的影響に関する研究が多数行われている。それらの研究を通じて、不確実性を定量的に捕捉する手法が進歩し、さまざまな不確実性指標が実証分析に利用できるようになってきた。その結果、不確実性の高まりが投資・雇用などの企業行動、家計の貯蓄・消費行動、さらにマクロ経済に及ぼす影響が明らかにされてきている。

〈本書の狙い〉

こうした中、筆者はここ10年ほど不確実性の経済分析に取り組み、いくつかの研究成果を学術誌に公刊してきた。[3]「全国企業短期経済観測調査（日銀短観）」（日本銀行）、「製造工業生産予測調査」（経済産業省）、「法人企業景気予測調査」（内閣府・財務省）といった政府統計のミクロデータ

3　本書のもとになった研究は、いずれも科学研究費補助金（23330101, 26285063, 26590043, 16H06322, 18H00858, 20H00071, 21H00720, 23K17548, 23K20606）の助成を受けて行ったものである。

を利用し、近年開発されてきた手法を用いて日本経済の不確実性の時系列的な推移、産業・企業規模による違いなどを分析してきた。また、企業や個人を対象に独自の調査を実施し、政府統計では把握できない主観的不確実性の実態、「政策の不確実性」やその影響などを分析した。期待や不確実性に関するサーベイ論文を収録した *Handbook of Economic Expectations*（Bachmann *et al.*, 2023）には、拙稿のいくつかが日本の研究例として引用されている。

今後もさまざまな不確実性ショックが発生し、世界経済、日本経済に大きな影響を与えると予想される。不確実性をどう抑制するか、また、不確実性が高まったときにどう対応すべきなのかは、政策担当者や企業経営者にとって重要な関心事である。しかし、不確実性に関する経済分析について近年の進展を含めて平易に解説した邦文書籍はない[4]。

本書は、内外の研究と筆者自身の研究成果をベースに、不確実性の動向や不確実性と実体経済の関係について、いくつかの角度から整理・考察する。本書の副題──「計測・影響・対応」──の通り、①不確実性をどのように計測するか、②不確実性が経済にどう影響するのか、③不確実性にどう対応すべきなのかという3つの課題に力点を置いて議論を進める。不確実性の計測方法と日本のデータを用いた分析に比較的多くの紙幅を割いており、やや技術的な印象を受けるかもしれないが、この点はデータに基づく実証を重視する筆者の立場を反映している。

経済政策や企業の実務者、また、このテーマに関心を持っている、あるいは今後取り組もうとしている研究者や学生を念頭に記述する。経済政策の立案・遂行、企業の経営計画策定や業務上の意思決定において、不確実性は避けて通れない問題であり、不確実性の動向や経済的影響の把握、そして対処のあり方を考える上で、本書が何らかのヒントを提供できることを筆者としては期待している。

---

4 研究書ではないが、歴史的エピソードを交えながら不確実性やリスクについて平易に記述した書籍として植村（2012）を挙げておきたい。酒井（2015）は、不確実性に関するケインズとナイトの議論を比較しつつ整理しており、学説史を理解する上で有益である。

不確実性の研究論文は急増しており、言うまでもなくすべてを網羅するのは筆者の知見の範囲を超えるが、最近の研究の中で注目すべきものはカバーするよう努めたつもりである。また、優れたサーベイ論文がある場合にはできるだけ言及するようにしている。参照文献が多いのは、不確実性に関する研究が活発に行われていることを反映しているが、同時に邦文のハンドブックとして役立つものにすることを意図しているためである。ただし、時系列モデルやファイナンス系の技術的な論文など、本書がほとんどカバーしていない分野があることは留保しておきたい。また、個人の主観的不確実性については心理学の分野でも膨大な研究蓄積があるが、本書では広義の経済学の範囲を超える研究は扱っていない。

　多くの章で筆者がこの10年ほどの間に学術誌に公刊した論文やディスカッション・ペーパーを素材として使用しているが、不確実性の実証分析としては新型コロナの時期をカバーすることが望ましい。このため、可能な限り最近の時期までデータを延伸してアップデートする努力をした。しかし、データ入手の手続き的・時間的な制約もあり、公刊論文の範囲で記述した部分もあることはご了解いただきたい。

〈本書の構成〉
　本書は、コアとなる8つの章と序章および終章で構成される。当然ながら内外の多くの先行研究に依拠しているが、すべての章に筆者自身の研究成果や調査結果を盛り込むように心がけたつもりである。

　第1章「不確実性の経済分析」は、不確実性とは何かについて概念整理を行った上で、不確実性の定量的な計測の方法、不確実性指標を用いた経済への影響についての実証研究の要点を述べる。また、不確実性の経済分析のイメージを示すため、最近の大きな不確実性ショックだったコロナ危機時の不確実性の動向、その経済的影響に関する研究の要点を記述する。

　第2章「マクロ経済予測の不確実性」では、まず、マクロ経済の不確実性の長期的な動向を、株価のボラティリティ、計量経済モデルに基づく不確実性指標、エコノミストのマクロ経済予測の不一致度（disagreement）や予測誤差といった代表的な不確実性指標をもとに概観する。次に政府や

中央銀行、国際機関のマクロ経済予測のバイアスについて検討する。そして、不確実性とマクロ経済政策の関係についての近年の研究を紹介し、不確実性が高まった状況では金融政策・財政政策の有効性が低下することなどを述べる。

第3章「政策の不確実性」は、新聞報道のテキスト分析に基づく「経済政策不確実性（Economic Policy Uncertainty: EPU）指数」を紹介して日米の動向を見た上で、財政・金融政策、社会保障政策、労働市場政策、公的規制など個別政策の不確実性に関する研究を紹介する。また、筆者自身が行った企業や個人への調査に基づき、経済主体にとってどのような政策の不確実性が高いのか、それが企業経営や消費行動にどう影響しているのかを考察する。仮に良い政策であってもその実現可能性が不確実な場合、解釈や運用に曖昧さがある場合、政策の効果が減殺されたり意図せざる副作用を持ったりする可能性があることを述べる。最後に、政策の不確実性の重要な源泉である政治的不確実性について、それが投資や経済成長に与える影響を扱った研究を紹介する。

第4章「企業が直面する不確実性」は、企業・事業所レベルのデータを用いて企業が直面する不確実性を計測した研究を紹介する。筆者自身、日本企業を対象とした研究をいくつか公表してきており、「日銀短観」、「製造工業生産予測調査」、「法人企業景気予測調査」といった政府統計のミクロデータを用いた、日本企業の不確実性の動向や企業特性による違いについての分析結果を報告する。企業の業種や規模によって不確実性にはかなりの違いがあることを述べる。また、主観的不確実性を確率分布の形で尋ねた日本企業への独自の調査結果をもとに、特にコロナ危機から最近までの不確実性の状況を示す。

第5章「不確実性と企業行動」は、企業が直面する不確実性が、設備投資、研究開発、従業員の採用、キャッシュ保有、価格設定などの企業行動に及ぼす研究を、筆者自身が行った実証研究の結果を含めて整理する。内外の多くの研究が、不確実性が「様子見（wait-and-see）」メカニズムなどを通じて企業の積極的な行動を抑制することを示している。また、需要のボラティリティと生産性の関係について、サービス産業を対象に筆者が行

った研究を紹介し、ビッグデータや人工知能（AI）の活用を通じて予測精度を向上する（＝不確実性を低減する）こと、さらにダイナミック・プライシングによって需要変動自体を平準化することの生産性に対する意義を述べる。

第6章「家計の不確実性と消費・貯蓄」は、個人（家計）の将来見通しや不確実性を直接に把握するために主要国で広がっている新しい調査について概観した上で、個人を対象に筆者自身が行った独自の調査に基づく結果を紹介する。また、家計が直面する不確実性が消費・貯蓄行動や資産選択に及ぼす影響に関する内外の研究を整理する。不確実性が高まったとき、家計が貯蓄を積み増し、消費を抑制することを多くの研究が示している。また、保有資産のポートフォリオに対する影響——株式などリスクの高い資産比率の抑制——を示す研究もある。最後に個人・家計の生涯設計にとって重要な社会保障制度に関して、寿命や健康、仕事からの引退時期の不確実性、社会保障制度自体の不確実性に関する内外の研究を紹介する。

第7章「労働市場における不確実性」は、労働者としての個人という観点から、雇用の先行き不確実性について、内外の統計調査に基づく雇用リスクの時系列での動向や個人特性による違い、人的資本投資の効果や生涯所得の不確実性を議論する。また、企業の労働需要という観点から、不確実性が非正規労働者への需要を高めることを指摘し、生産性への含意について考察する。そして、最近関心が高い「働き方」に関連して、予期せざる急な残業など就労スケジュールの不確実性に関する研究を紹介し、補償賃金の観点から考察する。

第8章「世界経済の不確実性」では、まず、グローバルな不確実性を計測するために開発されてきたいくつかの不確実性指標を利用して、世界経済の不確実性の動向を概観する。その上で、不確実性が貿易や直接投資に及ぼす影響に関する研究を紹介する。また、比較的早くから研究が進んでいる為替レートのボラティリティと貿易の関係について議論する。貿易政策の不確実性を低減する上で世界貿易機関（WTO）、自由貿易協定（FTAs）、国際投資協定（IIAs）などへのコミットメントの意義を明らかにした研究が多数存在する。中国のWTO加盟、英国のEU離脱を不確実性の文脈で

分析したものを中心に、関連する研究をできるだけ網羅的に整理する。また、最近注目されている経済安全保障について不確実性の観点から考察する。最後に不確実性の国際的な同調性の分析、一国や一地域の不確実性が他国・他地域に及ぼすスピルオーバー効果に関する研究を紹介する。

　以上の各章を受けて、終章は「不確実性への対応」として、各章横断的に政策含意を中心に本書のメッセージを要約する。景気変動の安定化だけでなく中長期的な経済成長の観点からも、不確実性を的確かつタイムリーに捕捉するとともに、政府自身が不確実性を作り出さないこと、すなわち予測可能性の高い政策運営や制度設計を行うことの重要性を強調する。保険制度をはじめリスクに対応する仕組みは整備されてきているが、テールリスクやナイト流不確実性への対応において最後は政府の役割が大きく、今後もたびたび起こりうる想定外のショックへの対応余力を平時に確保していく必要があることを指摘する。また、人工知能（AI）など「予測技術」の進歩が、不確実性の低減に寄与する可能性やその限界についても議論する。

第1章　不確実性の経済分析

　本章では、不確実性の概念・定義、不確実性を定量的に計測するための方法、不確実性が実体経済に与える影響について鳥瞰する。

　フランク・ナイト以来、「リスク」と「不確実性」は区別して用いられていたが、最近は確率分布が計測できるリスクを含めて「不確実性」という単語が使われることが多く、国際機関や政府・中央銀行の文書でも「不確実性」を広義に用いるのが一般的になっている。

　不確実性の経済分析では、株価のボラティリティ、将来予測の不一致度、事後的な予測誤差、新聞報道のテキスト分析に基づく指標など多くの代理変数が使われてきたが、最近は経済主体の主観的不確実性を直接に把握しようとする調査も増えている。新しいデータや分析手法が開発され、不確実性と経済の関係について多くのことが明らかにされてきた。

　理論的には不確実性が実体経済活動にプラスの効果を持つ可能性もないとは言えないが、多くの実証研究は不確実性が投資、生産、雇用など経済活動にマイナスの影響を持つことを示している。そのメカニズムとしては、不確実性が低下するまで動かずに待つことが経済主体にとって合理的行動になるという「リアルオプション効果」の理論が有力である。

　コロナ危機は、さまざまな不確実性指標から見て歴史的にも非常に大きな不確実性ショックだったことが確認され、すでにいくつかの研究が実体経済へのマイナスの影響を持っていたことを示している。

1. 不確実性とは何か？

〈不確実性というキーワード〉

「不確実性（uncertainty）」は、経済の先行きを議論する際のキーワードになっており、新聞報道でも毎日のように目にする。各国政府や中央銀行、IMF、OECD など国際機関の経済見通しでも「不確実性」という単語が頻繁に使われている。

例えば、日本銀行が四半期ごとに公表している「展望レポート」では、「海外の経済・物価動向、資源価格の動向、企業の賃金・価格設定行動など、わが国経済・物価を巡る不確実性はきわめて高い」など、このところ「不確実性」に十数回にわたり言及している[1]。OECD の「経済見通し（Economic Outlook）」や IMF の「世界経済見通し（World Economic Outlook）」でも "uncertainty" という単語が頻用されており、米国の「大統領経済報告（Economic Report of the President）」（2023 年）でも 20 回以上使われている。

日本の政府経済見通しは、実質国内総生産（GDP）成長率、消費者物価指数（CPI）上昇率をはじめ翌年度の経済指標の点予測値を示しているが、事後的に見ると大きな予測誤差がある（第 2 章参照）。日本銀行の「展望レポート」における政策委員の実質 GDP 成長率や CPI 上昇率の見通しも同様である。政府や民間エコノミストが中長期の経済予測やビジョンを提示することも多いが、事後評価するとそれらにも大きな予測誤差がある。予測誤差があるということは、予測時点において先行きに不確実性があったとも解釈できる。

いくつかの政府や国際機関は、経済成長率やインフレ率予測の不確実性——上振れや下振れのリスク——を明示するため、予測の確率分布を視覚的に示す「ファン・チャート（扇状グラフ）」を公表している。日本の政

---

1 日本の政府経済見通しでは「下振れリスク」という表現が用いられることが多く、「不確実性」という用語はあまり使われなかったが、2024 年度見通しでは「海外景気の下振れリスクや物価動向に関する不確実性」という形で使用されている。

府経済見通しは点予測値のみを公表しているが、内閣府は「中長期の経済財政に関する試算」で、ベースラインと高めの成長率のケースなど複数の見通しを公表してきている。また、最近、ベースラインの実質経済成長率のファン・チャート分析を提示した（2023年7月）。企業や家計にとって、先行き予測の不確実性の程度をできるだけ客観的に知ることは有用であり、望ましい取り組みだと言える。

　政府経済見通しは、その予測が当たったかどうかだけで評価することはできないが、予測誤差を事後評価してその要因を分析するとともに今後の予測作業に反映させていくことが、不確実性が高い中でのエビデンスに基づくマクロ経済運営という観点から望ましい。

〈不確実性の経済分析〉

　ナイトやケインズ以来、不確実性は経済学者の重要な関心事であり、かつては理論的な研究が中心だったが、利用可能なデータの増加に伴ってマクロおよびミクロの実証分析が増加している。特に世界金融危機を契機として不確実性ショックのマクロ経済的なインパクトに対する関心が高まり、研究論文の数が急増した。

　第2節で述べるように不確実性のさまざまな代理変数が実証分析に利用されてきたが、近年はマクロ経済不確実性（MU）指数、経済政策不確実性（EPU）指数など定量的な指数が作成され、容易に利用できるようになってきた。最近は企業や個人の主観的不確実性を直接に捉える調査も広がっている。

　その後も、欧州債務危機、英国のEU離脱、米中貿易摩擦、コロナ危機、ロシアのウクライナ侵攻とそれに伴うインフレ率の急上昇など、幾度にもわたり世界的に不確実性が高まり、重要な研究対象になっている。そうした中、すでにいくつかの優れたサーベイ論文も公刊されており（e.g., Bloom, 2014; Cascaldi-Garcia *et al.*, 2023; Castelnuovo, 2023）、この分野の研究動向を知る上で有用である。

〈不確実性と企業・家計の意思決定〉

　企業や家計などの経済主体は、その時々の経済情勢だけでなく、将来に対する期待(予測)に基づいて投資、消費・貯蓄などの意思決定を行うので、先行きの期待値(点予測値)だけでなくその不確実性(確率分布)が行動に影響する。将来の予測値(平均値)と確率分布のイメージを示したのが図1-1である。ヨコ軸は例えば今後の経済成長率、所得変化率などの予測値を表す。2つの破線(A, B)は予測の平均値が異なるがその不確実性には違いがないケースである。一方、実線(C)は、Bと予測の平均値は同じだが確率分布の広がりが大きい、つまり不確実性が高いケースである。BとCとで投資や消費に違いがある場合、不確実性が経済主体の行動に影響していることになる。

　企業の場合、今後5年間に需要(=販売)が10%伸びると予測していても、それがほぼ確実にそうなると確信しているのか、それとも20%成長と横ばい(ゼロ%)とが半々の確率で起こりうると考えているのかで、投資行動には違いが生じる。また、確率が低くても廃業や倒産に追い込

図1-1　予測と不確実性(概念図)

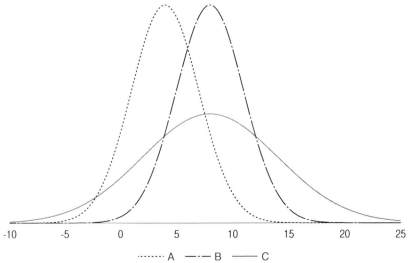

(注)　グラフA〜Cは確率分布を表す。ヨコ軸は経済成長率、所得変化率などの予測値。

まれるリスクがあるかどうかで企業行動は違ってくるだろう。実際に不確実性がどの程度の影響を持つかは、企業のリスク回避度や投資の不可逆性の程度などに依存するが、多くの研究は需要の点予測値だけでなく、その不確実性が投資行動に影響を持つことを示している。日本のように従業員の解雇が難しい制度を持つ国の場合、労働者の採用という長期的な投資にも不確実性が大きく影響しうる。

　家計の場合にも同様である。世帯所得が増加していくと予測していても、確実にそうなるという確信があるかどうかで現在の消費・貯蓄行動は違ってくる。消費のタイミングを変える余地が大きい高額の耐久財（自動車、大型家電など）の購入や住宅取得などで不確実性の影響が大きくなる。これも個々の家計のリスク回避度や借り入れ制約の程度によって影響の大きさは違ってくるが、一般に家計の多くは危険回避的で借り入れ制約も存在するので、不確実性の高まりは消費を抑制し、貯蓄を増やす方向に働く可能性が高い。富裕層の場合には、株価など金融資産の収益率の不確実性が消費行動に影響するかもしれない。また、名目所得が同じでも物価変動があれば将来の実質所得が違ってくるので、インフレ率の見通しやその不確実性も消費・貯蓄の意思決定に影響する。

〈経済外的な不確実性ショック〉

　将来の売上高、所得、物価といった経済変数だけでなく、不確実性は先行きに関するさまざまな見通しに存在する。例えば、新型コロナの初期において、感染拡大、重症化・死亡するリスクについての疫学的知見はきわめて限られており、不確実性がきわめて高かった。そうした状況の下、事後的に見ると人々は感染や重症化のリスクを大幅に過大評価していた。しかし、個人の主観的な見通しや感染確率が、外出自粛、マスク着用をはじめとする実際の行動に影響した。このケースは、確率分布すら曖昧だったという意味で、リスクというよりは「純粋の不確実性」だったとも考えられる。

　不確実性の高まりは、しばしば戦争、テロ、自然災害、疫病、エネルギー供給不安、選挙・政権交代など経済外的なイベントに伴って生じる。例

えば国際紛争に伴って石油価格が急騰したとき、それがあらかじめ予測されていたならば、価格上昇自体は需要者にとって負のショックだが、不確実性ショックとは言えない。しかし、現実には想定外のことが多い。

　政権交代はどの国でも起きるが、選挙結果が高い確度で予測されている場合には不確実性を高めない。しかし、支持率が僅差で結果がどちらに転ぶか見通せない場合には不確実性の源泉となる。税制や社会保障制度が選挙の争点になっている場合、将来の所得や負担に影響するので、選挙結果に不確実性があると消費行動が変わる可能性もある。

　政府の政策も企業や個人にとっては外生的なので、法律改正による新しい政策の導入や既存政策の修正・廃止などの先行き不確実性も企業、家計、労働者の意思決定や行動に影響する。仮に良い政策であってもそれが実現するかどうかが不確実だと、結果として政策が意図した効果を持たなかったり、思わぬ副作用をもたらしたりすることがある（第3章参照）。

　日本では、2024年秋の衆院選で連立与党が過半数を下回り、法律や予算を成立させるためには野党の協力が不可欠な状況になった。特に税制や社会保障制度は多くの国民が関心を持ち政党の支持率に直結することもあって、各党の方針が異なることが多い。根幹的な経済制度の行方をめぐり、今後何年かにわたって不確実性が高い状況が続く可能性が高い。同じく2024年秋の米国大統領選挙は事前の予測がきわめて困難だったなか、共和党のトランプ候補が当選した。上下両院でも共和党が過半数を獲得したことでねじれ状態にはならなかったが、トランプ大統領の下で多くの不連続的な政策変更が行われると予想され、やはり政策の先行きを見通しにくい状態が続くだろう。

〈不確実性とリスク〉

　フランク・ナイトがリスクと不確実性を峻別して以来、伝統的には、確率分布が定義できる（計測可能なもの）を「リスク」、確率分布が定義できない（計測不可能なもの）を「不確実性」と表現するのが一般的だった。[2]ナイトは、「測定可能な不確実性（＝リスク）は、測定不可能な不確実性（＝「真の」不確実性）とはまったく異なるもの」であると述べている

（Knight, 1921）。前出の図 1-1 は確率分布が定義できるケース（＝リスク）だが、そもそも確率分布を描くことすらできないケースもある。最近の不確実性のサーベイ論文である Castelnuovo（2023）は、リスクは "known unknowns"、不確実性は "unknown unknowns" だと表現している。

　サイコロの目やコイン・トスは、確率分布が事前に確定しており、誰にとってもそれが周知なので典型的なリスクである。そして、自動車事故、火災、病気など一定の確率で起きる場合は、「大数の法則」が働くので保険制度による対応の余地がある。年金制度も長寿リスクへの制度的対応である。一方、軍事的紛争、疫病の蔓延といった事象は事前に確率分布を想定することが困難なため保険による対応は難しく、政府の役割が大きい。

　ただし、現実には事前に正確な確率を定義することは難しいが、全くの想定外とも言えない事象も多い。大地震や火山噴火などの自然災害が典型的であり、どの程度の災害がいつ起こるかを予測することは困難だが、全くありえないとまでは考えられていないからである。気候変動の影響も似た性格があり、「テールリスク」──金融市場でよく使われる表現である──と言われることもある。

　しかし、最近は、伝統的なリスクやめったに起こらないテールリスク、確率分布が定義できない場合をすべて含めて、「不確実性」という用語が広義に使われるのが一般的になっている（e.g., Bloom, 2014）。そして、確率分布が定義できないような不確実性に限定する際は、「ナイト流不確実性（Knightian uncertainty）」あるいは "Ambiguity" ──適当な日本語訳は難しいが、しいて言えば「不明瞭」ないし「曖昧模糊」──と表現されることが多くなっている（表 1-1 参照）[3]。

　例えば、Manski（2023）は、Ambiguity は「深い不確実性（deep uncertainty）」や「ナイト流不確実性」と同義語だと述べている。ミクロ経済学の代表的

2　イングランド銀行元総裁のマーヴィン・キングは、伝統的な二分法に沿って「リスク」と「根源的な不確実性」を使い分けている（King, 2016）。
3　「予測不能」という日本語が経済学の文脈で使われる ambiguity に近い。しかし、「予測不能」に対応する英語として unpredictability という単語があるので ambiguity の和訳としては使いにくい。

表1-1 不確実性の概念

	伝統的な用例	最近の用例	
確率分布を定義できる	リスク	リスク	
確率分布を定義できない	不確実性	ナイト流不確実性 （Ambiguity）	不確実性

　な教科書である Varian（2009）には、「不確実性」というタイトルの1章
があり、そこでは危険回避度や保険など確率分布の存在を前提とした内容、
つまりリスクについて記述されている[4]。Ambiguity に関するサーベイ論文
である Ilut and Schneider（2023）は、「ambiguity という言葉は確率が既知
でない不確実性」だとし、「ambiguity もリスクも不確実性概念である」と
述べている。前述した国際機関や政府・中央銀行の文書でも、以前多く使
われた「リスク」に代わって「不確実性」という表現が多用されるように
なっている。こうした最近の用例を前提に、本書はリスクを含む広義の概
念として「不確実性」を用いる。

〈不確実性の類型〉

　経済的な不確実性は、分析の性質に応じてさまざまなタイプに区別する
ことができる。GDP 成長率、インフレ率、為替レートなどマクロ変数の
場合、事前予測の主観的不確実性には異質性があるが、事後的な実現値は
各経済主体に共通なので、それらの不確実性は「マクロの不確実性」と表
現できる。「政策の不確実性」も実行される政策は経済主体にとって共通
なので、マクロの不確実性の一類型である。一方、企業の売上高や収益、
家計の所得、労働者の就労や賃金は、個々の企業や個人によって実現値自
体が異なるので、「ミクロの不確実性」と表現できるだろう。

　不確実性は、予測（見通し）の時間的視野の長さによって、短期的な不
確実性から長期的な不確実性までさまざまである。株価、為替レートなど
市場参加者が直面する不確実性は、極端な場合にはニュースや噂で一刻一

4　邦文のミクロ経済学の教科書で章を立てて不確実性を扱ったものは少ないが、奥
　野・鈴村（1985）には、「不確実性」という章があり、リスクと不確実性を区別する
　立場は採用しないと述べた上で、期待効用理論などについて解説している。

刻変化する超短期の不確実性と言える。経済成長率や生産指数の場合、月次、四半期といった比較的短期の見通しから数年ないし 10 年以上の長期見通しまで幅がある。短期的には確実だが長期的には不確実、あるいはその逆ということは少なくない。不確実性を定量的に計測する際、また、不確実性の影響を分析する際には、予測の時間的視野の長さに注意する必要がある。

2. 不確実性をどう測るか？

〈不確実性のさまざまな代理変数〉

　予測に確信がないときに「先行きは不確実」と言うのは簡単だが、その影響を明らかにするためには、どの程度不確実なのか、現在の不確実性は過去とどう違うのかを量的に知る必要がある。また、不確実性がマクロ経済や経済主体に及ぼす影響を理論的に整理できても、理論の妥当性を検証するためには不確実性を数値化したデータが必要である。

　しかし、経済主体が直面する不確実性は本質的に主観的なものなので、一般に直接観測することはできない。このため、不確実性の実証分析を行うためのさまざまな代理変数が提案されてきた。[5]①時系列データに基づく GDP、為替レート、株式市況などのボラティリティは古くから利用されており、経済学の研究では S&P500 株価指数の予想ボラティリティを表す VIX 指数（Volatility Index）がよく使われてきた。このほか、②エコノミストなどの経済予測の分散（不一致度）、③計量経済モデルやサーベイ・データに基づく予測誤差、④不確実性に関する新聞報道件数のテキスト分析による指標が代表的である。このほか、最近は、⑤エコノミストや企業・家計の主観的不確実性——予測の主観的確率分布——を尋ねたデータが実証研究に利用されることも増えている。これは代理変数というよりは、経済主体にとっての不確実性を直接に把握しようとするものと言える（表

5　不確実性指標に関する最近の包括的なサーベイ論文である Cascaldi-Garcia *et al.*（2023）は、①ニュース・ベースの指標、②サーベイ・ベースの指標、③計量経済ベースの指標、④市場ベースの指標の 4 つに類型化している。

表 1-2　不確実性指標の類型

類型	例
①時系列データに基づく（予想）ボラティリティ	VIX、日経平均 VI
②経済予測のばらつき（不一致度）	エコノミスト、企業への各種サーベイ
③計量経済モデルやサーベイ・データの予測誤差	MU 指数、絶対予測誤差
④不確実性に関する新聞報道件数（テキスト分析）	経済政策不確実性（EPU）指数
⑤主観的不確実性のサーベイ・データ	米国 SPF、米国 SBU、米国 SCE

1-2 参照）[6]。

　データの利用可能性、速報性、頻度（日次、月次、四半期、年次）、カバレッジなどは指標によって異なり、さまざまな不確実性指標が研究に使用されてきた。いくつかの代表的な不確実性指標が統計的・概念的にどう異なるかを理論的・実証的に分析した Kozeniauskas *et al.*（2018）は、各不確実性指標は統計的・概念的に同一でないこと、各不確実性指標は正の相関を持つものの相関係数は平均 0.32 と低いことを指摘している。不確実性指標にはそれぞれに利害得失があり、データの利用可能性だけでなく、分析目的に適した指標を用いる必要がある。以下では代表的な不確実性指標について少し詳しく解説したい。

〈株価のボラティリティ〉

　不確実性は「期待（expectations）」と緊密に関係している。株価は投資家の先行きの期待を反映したフォワード・ルッキングな指標であり、平均株価は投資家（市場参加者）のマクロ経済の先行き見通しを集約していると見ることもできる。そして株価指数（ダウ平均、日経平均など）のボラティリティは、代表的な不確実性の代理変数である。

　実現した（事後的な）ボラティリティのほか、株価についてはオプション価格に基づいて計算される予想ボラティリティ（オプション・インプラ

6　不確実性指標に関する邦文のサーベイ論文として篠原他（2021）を挙げておく。

イド・ボラティリティ）も不確実性の指標として頻繁に利用される。予想ボラティリティはフォワード・ルッキングな指標であり、不確実性の代理変数としては実現ボラティリティよりも望ましい（Dew-Becker and Giglio, 2024）[7]。米国の VIX 指数、欧州の VSTOXX（EURO STOXX 50 Volatility）指数、日本では日経平均ボラティリティ・インデックス（日経平均 VI）がそれに当たる[8]。最近では、日経平均株価が 4,451 円と史上最大の下落幅を記録した 2024 年 8 月 5 日に、株式市場の不確実性を示す日経平均 VI は一時的にだが約 4 倍に高まった。

　株式市場のボラティリティは、マクロ経済分析において不確実性の代理変数として比較的早い時期から使われてきた（e.g., Bloom, 2009; Basu and Bundick, 2017）。この指標は高頻度かつリアルタイムで利用可能という利点があり、マクロ経済の不確実性指標として優れている。他方、投資家の見通しを反映するものなので、一般の企業や家計といった経済主体が直面する不確実性を直接に捉えるものではない。また、比較的短期の不確実性を反映する傾向がある。最近は個別企業の株価のインプライド・ボラティリティを使用して、企業レベルの不確実性を分析する研究も現れている（第 4 章参照）。

　為替レートも市場参加者の期待を反映したフォワード・ルッキングな指標であり、国際貿易の実証研究では、為替レートのボラティリティが不確実性を表す変数として頻繁に利用されてきた（第 8 章参照）。

〈経済予測のばらつき・不一致度〉

　マクロ経済予測の専門家（エコノミスト）へのサーベイに基づく、経済成長率やインフレ率の予測のばらつき（dispersion）ないし不一致度（disagreement）も、不確実性の代理変数としてかなり古くから利用されて

7　Berger *et al.*（2020）は、不確実性のマクロ経済への影響を、S&P500 の実現ボラティリティと予想ボラティリティの両方を考慮して分析し、実現ボラティリティをコントロールすると純粋にフォワード・ルッキングな不確実性は経済への有意な影響を持っていないという結果を示している。

8　米国の VIX は S&P500 株価指数に基づく指標で、S&P100 株価指数に基づく VXO も利用されることがある。

きた（e.g., Zarnowitz and Lambros, 1987; Bomberger, 1996）。米国の Survey of Professional Forecasters（SPF、フィラデルフィア連邦準備銀行）が代表的だが、米国以外もカバーした Consensus Economics、欧州中央銀行（ECB）やイングランド銀行がエコノミストを対象に行っている予測調査を用いた研究も多い。日本では、日本経済研究センターが行っている「ESP フォーキャスト調査」が、エコノミスト約 40 人を対象に実質 GDP 成長率をはじめとする各種マクロ経済指標の予測値を尋ねており、このミクロデータを用いてエコノミスト予測の不一致度を計測できる。

　予測の不一致度は、エコノミストによって先行きの見方が大きく分かれているほど不確実性が高いことを表す。例えば翌年度の経済成長率やインフレ率についての専門家の見方が大きく分かれている場合には、予測時点での不確実性が高いと評価するもので、直観に訴えるものだが、その不確実性指標としての妥当性については否定的な見方も少なくない（e.g., Döpke and Fritsche, 2006; Pesaran and Weale, 2006; Rich and Tracy, 2010; Jurado et al., 2015; Abel et al., 2016; Glas, 2020; Born et al., 2023a; Zohar, 2024）。他方、Giordani and Soderlind（2003）や Clements（2008）は、米国 SPF データを用いた分析により、予測の不一致度を不確実性の代理変数として比較的肯定的に評価している。

　観点は異なるが、Valchev and Gemmi（2023）は、米国 SPF データを用いた分析により、エコノミストの経済予測が戦略的インセンティブ——他の予想者とは異なる予測をすることで目立とうとする——に基づくバイアスを持つことを示し、予測の不一致度は過大評価となる可能性を指摘している。最近のサーベイ論文である Clements et al.（2023）は、予測の不一致度の不確実性の代理変数としての信頼性は依然として関心の高い問題だと述べている。ただし、米国 SPF をはじめ経済予測専門家を対象とした最近の調査は、点予測値だけでなくその確率分布を尋ねる形の調査を行うようになっており、エコノミストの点予測値の不一致度を不確実性の代理変数とした研究は少なくなっている。

　エコノミストにとどまらず、企業や家計の先行き予測（期待）に関する調査も活発に行われるようになっており、企業や家計の将来予測の不一致

度も不確実性の代理変数として使われることがある（第4章、第6章参照）。

〈事後的な予測誤差〉

経済予測のデータを用いたもう1つの代表的な不確実性指標が、事後的な予測誤差に基づくものである。事後的な予測誤差は、マクロ経済指標の実績値が明らかになった時点で予測精度を評価するもので、予測値と実績値の乖離が大きいほど予測を行った時点での不確実性が高かったという考え方に基づく。

予測誤差は「実績値−予測値」として測ることが多く、実績が予測を上回った場合（上振れ）にはプラス、逆に実績が予測を下回った場合（下振れ）にはマイナスとなる。不確実性は上振れ／下振れを含めて測るのが自然なので、絶対予測誤差（absolute forecast error）——予測誤差の絶対値——あるいは二乗平均平方根誤差（root-mean-square error）として計算するのが一般的である。

エコノミストのマクロ経済予測を対象に予測誤差で不確実性を測った最近の研究として、Rossi and Sekhposyan（2015）、Scotti（2016）、Jo and Sekkel（2019）を挙げておく。また、Reifschneider and Tulip（2019）は、米国 FOMC（連邦公開市場委員会）メンバーのマクロ経済予測を対象に予測の不確実性を分析している。企業の予測誤差を対象とした研究も多く（第4章参照）、ドイツ企業の生産予測データを用いた Bachmann *et al.*（2013）が代表例である。筆者は日本企業の業況判断や生産予測の予測誤差を不確実性指標に用いた分析を行ったことがある（Morikawa, 2016c, 2019a）。このほか、Ma and Samaniego（2019）は、アナリストによる米国企業の株価予測の絶対予測誤差を不確実性指標として使用し、マクロ経済だけでなく産業レベルの不確実性を分析している。

予測誤差をもとに予測時点の不確実性を評価するこれらの指標は、一般に月次・四半期・年次の予測を実績値が明らかになった時点で事後評価するものなので、リアルタイム性がないことが弱点である。また、全く想定していなかった大規模な自然災害や軍事衝突があった場合にも予測誤差が大きくなるが、これをもって予測時点の不確実性が高かったと言えるかは

議論の余地がありうる。全く想定していなかったイベントは経済主体の行動に影響しないからである。

　エコノミストや企業へのサーベイに基づく予測誤差とは性質が異なるが、計量時系列モデルの予測誤差をもとに不確実性を計測する例も多い。Jurado *et al.*（2015）は、米国の多数の月次マクロ経済データを用いて、モデルから予測不可能な部分を不確実性の指標とした。更新した数字が頻繁に公表されており、「JLN 指標」として研究者に広く利用されている。Ludvigson *et al.*（2021b）は、それを発展させたもので、利用する変数を区分することで「マクロ経済不確実性（MU）指数」と「金融不確実性（FU）指数」を作成している。篠原他（2021）は、日本のマクロ経済データを用いてそのような月次の不確実性指標を作成し、米国の指標と比較している。著者の 1 人である中島上智氏は自身のウェブサイトでこの指標を更新しており、日本のマクロ経済の不確実性を分析する上で有用性が高い。

　指標作成の手法は全く異なるが、エコノミストや企業の予測に基づく指標と計量時系列モデルによる指標は、不確実性を予測誤差として捉えるという点では似た性格を持っている。実際、それらの動きは比較的高い相関を示すことが多い。

〈テキスト分析に基づく不確実性指標〉

　以上と全く異なるアプローチで構築した不確実性指標が、Baker *et al.*（2016）の新聞報道のテキスト分析に基づく「経済政策不確実性（Economic Policy Uncertainty: EPU）」指数である。これは米国の主要新聞を対象に、「政策」および「不確実性」を意味する単語を同時に含む記事の頻度を時系列の指標にしたものである（第 3 章で詳述）。

　日本では経済産業研究所の伊藤新氏が朝日新聞、日本経済新聞、毎日新聞、読売新聞の 4 紙の報道に基づいて日本の EPU 指数を作成し、経済産業研究所（RIETI）のウェブサイトで公表、毎月更新している。同様の手法による EPU 指数は多くの国で作成されるようになっており、各国の

9　Comunale and Nguyen（2023）は、欧州を対象に同様の不確実性指標を構築している。

EPU 指数を経済規模で加重平均したグローバル経済政策不確実性（GEPU）指数も作成されている（第 8 章参照）。各国の EPU 指数および GEPU 指数は、政策不確実性指数のウェブサイト（https://www.policyuncertainty.com/）からダウンロード可能になっており、多くの研究者や政策実務者に利用されている。

　テキスト分析は新聞報道以外にも応用が可能であり、Bontempi *et al.*（2021）は、イタリアを対象にインターネット・サーチの情報（Google Trends）に基づく不確実性指標を作成し、新型コロナの際にこの指標が大幅に上昇したことを示している。また、企業の財務報告、四半期決算報告などにテキスト分析を適用する研究も現れており（Hassan *et al.*, 2019, 2023, 2024; Caldara *et al.*, 2020; Li *et al.*, 2024; Florackis *et al.*, 2023）、政治的リスク、新型コロナ、英国の EU 離脱（ブレグジット：Brexit）、気候変動リスク、サイバーセキュリティ・リスクなどに対する企業レベルの不確実性の計測・分析に用いられている。

〈主観的確率分布の把握〉

　以上見てきたように、不確実性のさまざまな代理変数や指標が開発され、分析に使用されてきた。しかし、経済主体が直面する不確実性を把握するためには、点予測値とともにその確率（probabilistic expectations）ないし分布予測（density forecasts）を直接に尋ねるのが最善だとされている（Manski, 2004, 2018; Pesaran and Weale, 2006）。こうした中、エコノミスト、企業、個人に対するサーベイに基づき主観的な不確実性（確率分布）を直接に把握する取り組みが広がっている。

　質問のワーディングをはじめ調査の設計にも依存するが、一般の企業や個人を対象に確率分布を尋ねても回答するのが難しい可能性があり、確率分布を尋ねる形の調査はエコノミストを対象にしたものから始まった。前出の米国フィラデルフィア連邦準備銀行が行っている SPF、欧州中央銀行の Survey of Professional Forecasters、イングランド銀行の Survey of External Forecasters はそうした調査の代表例である[10]。Clements *et al.*（2023）は、これらの調査についてのサーベイ論文で、エコノミストへの調査における分布

34

予測について解説している。

エコノミストへの確率分布の調査では、実質GDP成長率、インフレ率、失業率などのマクロ経済変数を対象に、あらかじめ設定したいくつかのインターバル（Bin）に対して実現確率の合計が100%になるように記入させる形が一般的である。例えば、米国SPFの実質GDP成長率予測の場合、最近の調査は「9%以上」、「7～8.9%」、「5.5～6.9%」、「4.4～5.4%」、……、「-5.1～-3.1%」、「-5.1%未満」の11の幅を設定し、それぞれが実現すると予測される確率を記入する形になっている。ただし、あらかじめ設定される幅は、経済情勢に応じてかなり頻繁に変更されている。インフレ率（コアCPI、コアPCE）予測の場合、「4.0%以上」、「3.5～3.9%」、……、「0.5～0.9%」、「0.0～0.4%」という0.5%刻みの9区分となっており、2007年以来この幅の設定は変更されていない。

このような形の調査を行うことで、点予測値だけを尋ねる場合と違って、個々の予測者が先行き予測にどの程度の不確実性を意識しているのかを直接に把握できる。予測の（主観的な）不確実性が低い場合には確率分布の幅は狭くなり、予測の不確実性が高い場合には確率分布の幅が広くなる。もちろん、予測の主観的確率分布はクロスセクションでの個人差が大きいが、多数のエコノミストを対象に継続的な調査を行うことで、不確実性の時系列での変化を把握できる。

〈企業への確率的予測の調査〉

近年、企業や家計を対象に確率的な予測を尋ねる調査も増えている。前述した不確実性の代理変数の多くはマクロ経済全体の不確実性を捉えるものだが、経済主体へのサーベイはミクロレベルの主観的不確実性の情報を得られるので、予測とその不確実性の企業や個人による異質性を分析できるという利点がある。ただし、認知能力的に厳しい（cognitively demanding）調査なのは確かで、特に個人を対象とした調査では調査票の

10　日本では前述した「ESPフォーキャスト調査」が、エコノミストのGDP成長率予測、CPIインフレ率予測を確率分布の形で調査している。ただし、一般の研究者に利用可能な形にはなっていない。

設計（設問と回答の方式）や回収後の異常値処理などの取り扱いに注意が必要である。

　企業への調査としては、2010年代半ばから米国アトランタ連邦準備銀行が行っている「事業不確実性調査（Survey of Business Uncertainty: SBU）」、イングランド銀行の「意思決定者パネル調査（Decision Maker Panel: DMP）」が、企業の先行き予測について確率分布を尋ねる形の質問を含む調査の代表例である。[11]いずれも企業の幹部に対する調査である。Altig *et al.* (2020)は、これら2つの調査を用いて新型コロナ前後の不確実性の動向を分析した例である。米国センサス局の「マネジメントと組織に関する調査（Management and Organizational Practices Survey: MOPS）」も、製造業を対象とした5年ごとの調査だが、1年後の出荷額、投資額、原材料購入額、従業者数について確率的予測の質問を含んでいる。[12]日本では「組織マネジメントに関する調査（JP-MOPS）」（内閣府）が、2016年の製造業事業所を対象とした調査において、出荷額および雇用者数について予測値と確率分布を尋ねている。

　GDP成長率、インフレ率などマクロ経済変数を対象とした調査と違い、売上高、従業者数など企業業績に関連する調査を行う場合、急成長企業がきわめて高い伸びを予測するなど、予測値自体のバリエーションがきわめて大きい。このため、事前にいくつかの幅（Bin）を設定して実現確率を尋ねる形で調査するのは無理がある。[13]この問題に対処する方法としては、予測の主観的な上限値と下限値を尋ねる、点予測値の主観的信頼区間を尋ねるなどさまざまな方法が考えられる。

　米国SBUは、1年先の企業の売上高、雇用、投資を対象に、最も低い

11　最近、欧州企業を対象としたECBの「企業の金融アクセス調査（Survey on the Access to Finance of Enterprises: SAFE）」もインフレ予測の主観的不確実性――点予測値の±50%を外れる主観的確率――の試験的な調査を始めた（Baumann *et al.*, 2024）。

12　Born *et al.*（2023b）は、SBUやMOPSのほか、主要国における企業への調査についての網羅的なサーベイで有用である。また、Candia *et al.*（2023）は、企業のインフレ期待に焦点を当てて確率的予測を含めてサーベイした論文である。

13　企業のマクロ経済変数（インフレ率）の予測を対象とした調査では、エコノミストへの調査と同様、事前に設定した幅に確率を割り当てるスタイルをとる例がある（e.g., Coibion *et al.*, 2021）。

ケース、低いケース、中間的なケース、高いケース、最も高いケースの5つの予測値を回答者自身が特定した上でそれぞれの実現確率の予測値を回答する形式をとっており（Altig *et al.*, 2022 参照）、英国 DMP も同様の形式である。日本では、Chen *et al.*（2021）が、独自の企業調査の中で同様の5点の主観的確率を尋ねた例である。個々の回答企業の主観的不確実性は、予測の分散（標準偏差）で測ることができる。集計レベルの不確実性は、各回答者の標準偏差の平均値や二乗平均平方根（RMSV）などで計算できる。このスタイルで調査するメリットとして、非対称的な確率分布も許容される柔軟性があることを指摘できる。

　第4章で詳述するが、筆者自身はいくつかの企業調査や個人調査において、回答の容易さを重視し、点予測値を尋ねた上でその主観的な90％信頼区間を選択肢の中から選ぶ形で調査を行ってきた（Morikawa, 2016a, 2021）。ただし、この場合には対称的な確率分布を前提とすることになる。

〈家計・個人への確率的予測の調査〉

　家計や個人を対象としたサーベイでも、確率的予測を尋ねる調査が現れている（第6章参照）[14]。米国の高齢者を対象としたパネル調査である「健康と引退に関する調査（Health and Retirement Study: HRS）」は、比較的早くから、ある年齢（例えば75歳）まで生存している主観的確率を調査している。英国（English Longitudinal Study of Aging: ELSA）、大陸欧州諸国（European Survey of Health, Aging and Retirement: SHARE）、日本（「くらしと健康の調査（JSTAR）」）の高齢者調査にも同様の調査項目がある。

　米国ニューヨーク連邦準備銀行の「消費者期待調査（Survey of Consumer Expectations: SCE）」は、求職中の失業者が今後1年間に職を得る主観的確率などいくつかの確率的な質問を含んでいる。また、消費者の今後1年間の物価、住宅価格、賃金の予測を、点予測値だけでなく前述のエコノミストへの調査と同様、あらかじめ設定したいくつかのインターバルに対して

14　Bruine de Bruin *et al.*（2023）は、家計を対象とした各国における調査について、確率的な形の設問に焦点を当てた網羅的なサーベイである。

確率の合計が 100％になるように記入させる形で月次の調査を行っている（Armantier *et al.*, 2017 参照）。したがって、この回答を利用して消費者が直面しているマクロ経済の不確実性を把握できる。日本では、阿部・上野（2017）が、日本の消費者を対象とした独自の調査によりインフレ期待の主観的確率分布を調査した先駆的な研究例である。

　筆者自身も、個人を対象に、実質 GDP 成長率や賃金の見通しについて、点予測値とその主観的不確実性（90％信頼区間）を尋ねる調査を行った（森川, 2023b, 2024d）。その結果によれば、新型コロナ拡大の初期に経済成長率や賃金の先行き見通しの平均値が悪化しただけでなく、主観的不確実性が高水準となり、その後次第に主観的不確実性が低下したことが確認され、不確実性指標としての有用性があることを示している（第 6 章参照）。

　ただし、確率的な質問は理論的には最善だが、回答者の計算や経済に関するリテラシーによっては正しく答えられない可能性があることに注意が必要である。例えば、Boctor *et al.*（2024）は、インフレ率と失業率の予測を対象とした実験を行い、インフレ率の場合、設問の形式——① SCE のようなあらかじめいくつかの選択肢（インターバル）を設定して確率を回答する「Bin デザイン」、②高位・中位・低位の数字を回答者自身が書いた上でそれらの確率分布を記入する「シナリオ・デザイン」——によって結果がかなり異なる——シナリオ・デザインの場合に主観的不確実性が低めになる——という結果を報告している。

　なお、個人を対象とした主観的確率分布の調査は歴史が浅いので長期時系列データの利用が難しい。Binder（2017）は、米国消費者のインフレ率の点予測値データから不確実性を計測するユニークな方法（rounding-based uncertainty measure）を提案した。すなわち 5 の倍数というキリのいい数字の回答（0.5、10、50、100 なども同様）が、不確実性の代理変数として使えることを示している。

〈不確実性の定量的な捕捉：小括〉

　以上の通り不確実性を捉えるためのさまざまな代理変数が提案され、研究に利用されてきた。経済主体へのサーベイにより主観的不確実性を確率

的な質問の形で調査するのが、「リスク」という意味での不確実性を最も正確に捉えることができるとされている。しかし、経済予測を専門とするエコノミストとは異なり、企業や家計がどの程度正しく回答できるかという問題はあり、調査設計を改善する余地がある。また、そのような調査はいくつかの国で最近ようやく行われるようになってきた段階なので、今のところ長期時系列データは利用できない。

分析の目的やデータの利用可能性に照らして不確実性に関するさまざまな指標を使い分ける、あるいは複数の不確実性指標を併用して頑健性を確認するという状況が続くだろう。

3. 不確実性の経済への影響

〈不確実性が実体経済に負の影響を及ぼすメカニズム〉

不確実性はいくつかの経路で実体経済に影響を与える。経済活動へのマイナス効果をもたらす代表的なメカニズムが、①リアルオプション効果、②予備的貯蓄効果、③金融摩擦効果（≒リスク・プレミアム効果）である（Bloom, 2014; Jurado et al., 2015 参照）。

リアルオプション効果（様子見メカニズム）は、投資において固定費や不可逆性が存在する場合、不確実性が低下するまで意思決定を先送りして様子見をする（wait-and-see）ことによる。Bernanke (1983) は、不確実性の様子見メカニズムの嚆矢となった代表的な論文である[15]。先行きが不透明なときに急いで動かないことで、不確実性が退いた後に結果がどうなるかに応じて投資するかしないかを決定できるオプション（選択肢）を持つことの価値が得られるわけである。企業の設備投資や従業員の採用でこうした効果が表れることが多い。リアルオプション効果ないし様子見メカニズムは、投資の不可逆性が強くいったん投資すると撤回できない、つまり調整コストが大きい場合に顕著になる。また、不完全競争の程度が強い場

---

15 フォーマルな理論モデルとして、McDonald and Siegel (1986)、Dixit and Pindyck (1994)、Abel and Eberly (1996)。

合にも強く表れると指摘されている[16]。なお、リアルオプション効果が働く場合、不確実性が低下した後には投資のリバウンドが生じることになる。

予備的貯蓄効果は経済主体が危険回避的な場合に、先行きの不確実性が高いと万一の事態に備えて貯蓄を積み増すことによるもので、家計の消費行動で見られるほか、企業のキャッシュ保有でも起こることがある。家計消費の場合、財の性質（耐久財かどうか）、リスク回避度などが関係する。金融摩擦効果は、不確実性が高まったときにリスク・プレミアムが高まり、金融市場からの借り入れ制約が強まる（資金調達コストが上昇する）ことによって生じる。

〈不確実性が投資を拡大する可能性〉

他方、不確実性が経済にプラスの効果を持つ可能性も理論的にはないとは言えず、特に投資への効果に関して、①成長オプション効果、②Oi-Hartman-Abel効果が指摘されている。成長オプション効果（e.g., Bar-Ilan and Strange, 1996）は、不確実性の下で投資をする際、失敗したときの損失額には下限があるのに対して、利益額には上限がないことから生じるもので、特に研究開発や資源開発のようにリスクの高い意思決定で起こりうるとされる。Oi-Hartman-Abel効果（Oi, 1961; Hartman, 1972; Abel, 1983）は、企業が容易に生産を増減することが可能（調整費用がない、または非常に小さい）で、需要（＝価格）や費用の変化（ショック）に対する企業の利潤関数が特定の形状（凸型）をしている場合、企業は将来が確実なときよりも不確実性がある方が生産や投資を増やす可能性があるという考え方で、労働・資本比率が高い場合や、短期よりも中長期の意思決定の場合に起こりやすいとされる。

つまり理論的には企業の置かれた環境や投資の性質次第で、不確実性が経済活動にプラスの効果を持つケースとマイナスの影響を持つケースがありうる。Caballero（1991）、Lee and Shin（2000）は、不確実性と投資の関係

16　ナイト流不確実性（Ambiguity）の場合、投資の不可逆性がなくても wait-and-see 行動（inaction, inertia）が生じる点でリスクとは異なるとされている（Ilut and Schneider, 2023）。

がプラス／マイナスになる条件を理論的に整理している。実証的にも成長オプション効果やOi-Hartman-Abel効果の存在を示す研究もないわけではない。[17]しかし、現実には資本や労働の調整コストが存在するため、多くの実証研究は不確実性が実体経済活動にマイナスの影響を持つことを示している。

〈下方ショックと不確実性ショックの識別〉

世界金融危機、コロナ危機に代表されるように、不確実性ショックは、不況期や景気見通しが悪化する局面で現れる傾向がある。現実のショックは先行きが悪化する見通し（first momentショックと表現される）と見通しの不確実性（second momentショック）の両方の要素を含んでいる。例えば、景気が確実に悪化する見通しならばそこには不確実性がないが、悪化するかどうかわからない場合には不確実性が大きく、現実はその両者が混在している。

このため、例えば投資や消費にマイナスの影響があった場合に、そのうちのどの程度が不確実性に起因する効果なのかを分離する必要がある。つまり不確実性効果を抽出するためには、この2つを同時に考慮し、不確実性ショックを識別する必要がある。何らかの不確実性指標と生産・投資・消費などの間に負の関係があっても、それは悪化見通しの影響に過ぎない可能性があるからである。

例えば、企業の投資に関する意思決定に対して、需要の先行き見通し（点予測）と同時にその不確実性が影響を与える。したがって、実証分析において投資減少の原因が需要見通しの悪化によるもの（first moment）な

17　Forni *et al.*（2024）は、下方不確実性（downside uncertainty）の場合はリアルオプション効果とリスク・プレミアム効果によってマクロ経済活動が必ず下押しされるのに対して、上方不確実性（upside uncertainty）の場合はリスク・プレミアム効果がなくなる一方で正の成長オプション効果が生じるため、マクロ経済活動への効果が相殺されることを示している。Wang *et al.*（2024）は、地政学的リスク（GPR）の投資への影響を分析し、リアルオプション効果によるマイナス、Oi-Hartman-Abel効果によるプラスの両方が確認されるが、前者が支配的なので総効果はマイナスになるという結果を示している。

のか、不確実性の影響によるもの（second moment）なのかを識別し、不確実性の影響を取り出すためには、少なくとも需要見通しの平均値（点予測値）をコントロールする必要がある（第5章参照）。

　家計消費についての標準的な理論である「ライフサイクル理論」によれば、消費支出の意思決定は将来にわたる恒常所得が規定し、将来所得の見通しだけでなくその確度が影響する。したがって、家計消費、特に耐久財や不動産の購入への不確実性の影響を分析する際にも、家計の将来所得の期待値とその不確実性を同時に考慮して分析する必要がある（第6章参照）。

　ただし、景気後退や将来見通し悪化の結果として内生的に不確実性が高まる可能性を考慮すると、単純に点予測値をコントロールするだけでは不確実性の影響を識別することはできない。不確実性が景気循環の原因なのか、景気循環が内生的に不確実性をもたらすのかという問題である[18]。これは技術的には難題だが、内生性を考慮した上で不確実性の実体経済への因果的な影響を解明しようとする試みも増えており、その手法として Bloom（2014）は、①タイミング・アプローチ、②構造モデル、③自然実験を操作変数に用いるアプローチの3つを挙げている[19]。

　これらに加えて、最近はランダム化実験（RCT）のアプローチ——家計や企業を処置群と対照群を分けた上で情報提供によって外生的に将来予測や主観的不確実性を変化させる——で不確実性の影響を識別する研究も現れている。企業を対象とした RCT として Kumar *et al.*（2022）、Dibiasi *et al.*（2024）、Ropele *et al.*（2024）、家計を対象とした RCT として Coibion *et al.*（2023, 2024）、Kostyshyna and Petersen（2024）といった例があり、活発に利用されつつあるタイプの分析手法である。

18　内生的な不確実性の最近の理論モデルとして、例えば Straub and Ulbricht（2024）。
19　不確実性のラグを操作変数とした推計は比較的早くから行われてきた。自然災害や政治的ショックを不確実性の操作変数に用いた分析として Baker *et al.*（2024）、産業レベルの為替レート、エネルギー価格および政策へのエクスポージャーを操作変数とした例として Alfaro *et al.*（2024）。

〈不確実性とマクロ経済の実証研究〉

不確実性と投資、消費、生産、経済成長などの間に負の相関関係があることを示す研究は多い。クロスカントリー・データに基づいてマクロ経済のボラティリティ（特に裁量的な財政政策に起因するもの）と経済成長の間の負の関係を示す研究は、Ramey and Ramey（1995）、Fatás and Mihov（2003）など比較的早い時期から存在する。Badinger（2010）は操作変数を用いた推計により、ボラティリティから経済成長率への負の因果関係を報告している。この種の研究は多く、Bakas et al.（2019）は84の論文を対象にメタ分析を行っている。使用するボラティリティ指標、推計に用いる変数の組み合わせ、推計方法などにより結果は大きく異なると述べている。これらは必ずしも不確実性の分析と銘打った研究ではないが、前述の通りボラティリティは不確実性の代理変数として比較的よく用いられるので、不確実性と経済成長の関係を示すものとも解釈できる。

不確実性指標を明示的に用いてマクロ経済への影響を扱った実証研究もおびただしい数にのぼっており、網羅的に取り上げるのは不可能だが、多くの研究は不確実性がマクロ経済（景気）に対して負の影響を持つという結果を報告している。不確実性が設備投資、研究開発、雇用、生産、消費などに及ぼす負の影響を示す研究も多い。[20]特に不可逆性の高い意思決定に強く影響することを示すものがあり、リアルオプション効果の存在と整合的である。

この分野の代表的な先行研究がBloom（2009）で、米国株価の予想ボラティリティ（VXO）をマクロ経済の不確実性指標として使用し、不確実性ショックが生産および雇用を一時的に大きく減少させ、その後リバウンドが起きること、企業内の資源再配分を遅らせることで生産性上昇率が鈍化することを示している。このほかCaggiano et al.（2014）は、株価の予想ボラティリティ（VIX）を不確実性指標に用いて、不確実性ショックが失業率を高めることを示している。

20　実体経済ではなく、不確実性による銀行融資、企業間信用、安全資産（金など）への逃避など、金融市場への影響に着目した研究も多い。

いくつかの研究は、不確実性の代理変数として使用されている複数の指標を併用して分析し、不確実性ショックが実体経済（実質 GDP、投資、消費、雇用など）に大きな負の経済的影響を持つことを示している（e.g., Caldara *et al.*, 2016; Dery and Serletis, 2021）。世界金融危機に伴う主要国の GDP 低下のうちかなりの部分は、不確実性の増大を媒介したものだったという分析もある（e.g., Basu and Bundick, 2017; Meinen and Roehe, 2017）。

これに対して、Born *et al.*（2018）は、6 種類の不確実性の代理変数を用いた分析により、不確実性は実体経済の悪化に寄与しているが、世界金融危機に伴う米国の大不況や回復の遅れの主因ではないという結果を報告している。Ludvigson *et al.*（2021b）は、不確実性の内生性を考慮した分析を行い、「金融の不確実性」は実体経済の悪化の源泉となっている可能性が高いが、「マクロ経済の不確実性」は実体経済活動を高めており、成長オプション理論と整合的だという結果を報告している。

以上をまとめると、例外はあるものの不確実性がマクロ経済に負の影響を持つことを示す研究が圧倒的に多い。ただし、影響の量的なマグニチュードについては結論が分かれているのが現状である。これらは不確実性のマクロ経済への影響についての研究だが、ミクロレベルの企業行動や家計消費への影響に関する研究は、第 5 章および第 6 章で取り上げる。

4. コロナ危機における不確実性

〈不確実性ショックとしての新型コロナウイルス感染症〉

コロナ危機は歴史的に見ても大きな不確実性ショックだった。2019 年 12 月に中国で発生した新型コロナウイルス感染症は、グローバルな人の移動を通じて急速に世界中に広がり、2020 年に入って世界保健機関（WHO）は「国際的に懸念される公衆衛生上の緊急事態」を宣言した。特にコロナ危機の初期段階では感染、重症化、死亡の可能性に大きな不確実性があった。その後も、外出自粛などの行動制限の持続期間、ワクチンや有効な治療薬の開発・普及時期、新しい変異株の発生可能性、感染症の最終的な終息時期などをめぐって不確実性の高い状況が続いた。

感染症の見通しの不確実性は一般国民だけでなく専門家にとっても同様であり、例えば米国疾病予防管理センター（CDC）の予測チームによる疫学モデルや深層学習による新型コロナによる死亡者数の予測精度を事後評価した研究（Coroneo *et al.*, 2023）は、大きな予測誤差があったことを示している。

　見通しが不透明な中、感染や重症化の主観的確率は高かった。2020年6月に日本人を対象に筆者が行った調査によれば、今後1年以内に自分が感染する主観的確率は平均21%、重症化する主観的確率は平均13%だった。事後的に評価すると、これらの主観的確率は大幅な過大評価だった。また、新型コロナ終息時期の見通しの不確実性もきわめて高く、個人への調査でも企業への調査でも、終息時期の見通しには大きなばらつきが見られた（森川, 2024a 参照）。

　こうした不確実性は人々の行動を慎重にさせ、対人サービス需要の低下には、政府の外出自粛や営業時間短縮の要請といった政策的要因だけでなく、自発的な感染抑止行動の影響が大きかったことがわかっている。例えば、Kishishita *et al.*（2024）は、日本人を対象としたサーベイ実験を行い、新型コロナの科学的な不確実性から生じる Ambiguity が人々の感染抑止行動に影響を与えることを示している。

〈コロナ危機下の不確実性と経済的影響〉

　コロナ危機下では、感染症自体の見通しの不確実性とともに、マクロ経済の先行き不確実性も大きく高まった。第2節で取り上げた不確実性指標の多くが、カバーしている期間の中で最も高い水準を記録した。例えば、米国の経済予測専門家に対する調査（SPF）を対象に、新型コロナ感染症の時期における経済予測の不確実性をサーベイした Bassetti *et al.*（2023）は、2020年の実質 GDP 成長率予測の分散（不一致度）やエコノミストの主観的不確実性が過去に類例がないほど高くなったことを指摘している。[21]

21　Castelnuovo（2023）も、新型コロナ下の不確実性に関する研究のサーベイ論文として有用である。

また、米国および英国を対象に新型コロナ発生前後における各種の不確実性指標を比較した Altig *et al.*（2020）は、感染症に対してすべての不確実性指標が急上昇し、ほとんどの指標が歴史的な最高値を記録したと述べている。ただし、不確実性指標のピークの大きさや時間的なパタンは指標によって大きく異なり、株価のボラティリティは 2022 年 3 月にはピークを打ったが、より広範な経済活動を対象とした不確実性指標のピークは遅かった。

いくつかの研究は、新型コロナに伴う不確実性がマクロ経済活動を下押ししたことを示している（e.g., Ludvigson *et al.*, 2021a; Miescu and Rossi, 2021）。企業レベルの分析としては、例えば Hassan *et al.*（2023）が、上場企業の四半期収益報告のテキスト分析に基づき感染症エクスポージャー、感染症リスク、感染症センチメントの指標を作成し、新型コロナへのエクスポージャーが高い企業ほど企業価値に大きなマイナスの影響があったことを示している。

コロナ危機のマクロ経済、企業、個人への影響についてはすでに多くの研究が行われており、大きなショックだったことには異論の余地がない。ただし、経済的インパクトのうちどの程度が不確実性を媒介した影響だったのかは、筆者の見る限りまだ確定的な結論には至っておらず、引き続き研究が必要である。

〈世界金融危機とコロナ危機の比較〉

日本におけるマクロ経済や企業・個人レベルの不確実性の動向は次章以降で詳しく見ていくが、いくつかの不確実性指標から、過去 20 年間の不確実性の動向を、大きな不確実性ショックである世界金融危機とコロナ危機を比較しつつ概観しておきたい（図 1-2 参照）。グラフにすべての指標を含めると煩瑣になるので、①「日銀短観」の企業の業況判断の絶対予測誤差（詳しくは第 4 章参照）、②日経平均株価の予想ボラティリティ指数（日経平均 VI）、③マクロ経済不確実性（MU）指数を取り上げた。①は全規模・全産業の業況判断 DI（四半期）に基づく絶対予測誤差である。②および③は月次データなので、単純平均して四半期の数字を作成している。

図 1-2　日本の不確実性指標の動向

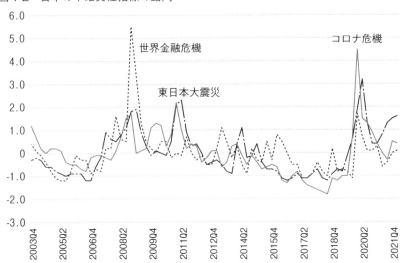

（注）　各指標とも図の期間平均をゼロ、標準偏差を 1 に揃えて作図している。

　2003 年 Q4（10 - 12 月）から 2022 年 Q1（1 - 3 月）までの期間を対象に作成しているが、不確実性指標によって単位が異なるため、この期間の平均値をゼロ、標準偏差が 1 になるように揃えている。したがって、タテ軸は不確実性が期間平均の標準偏差の何倍高い（マイナスの場合は低い）のかを表している。例えば不確実性の数字が 2.0 の場合、期間平均に比べて不確実性が 2 標準偏差大きいことを意味する。

　企業が直面する不確実性を反映すると考えられる①の指標、多くのマクロ経済変数の予測誤差として作成された③は、コロナ危機の初期（①は 2020 年 Q1、③は 2020 年 Q2）に非常に高い水準となっており、世界金融危機の時を大きく上回っている[22]。これに対して株式市場参加者から見た不確実性を反映すると考えられる②は、世界金融危機の際（2008 年 Q4）に非常に高い水準に達している。コロナ危機において実体経済の不確実性が

22　この図には示していないが、日本の経済政策不確実性（EPU）指数もコロナ危機の初期（2020 年 Q2）に世界金融危機時を上回る最も高い水準となっている。

第1章　不確実性の経済分析　　47

表1-3　10年以内にパンデミック、首都圏大地震が発生する主観的確率

（単位：%）

	平均値	標準偏差	中央値
新型コロナ並みのパンデミック	21.6	22.3	10
首都圏におけるマグニチュード7級の大地震	30.7	25.5	25

（注）「経済の構造変化と生活・消費に関するインターネット調査（フォローアップ調査）」
（2024年8月）から集計。N＝2,920人。

極端に高まったのに対して、金融市場の不確実性増大はかなり抑制されていたことを示唆している。

　実体経済の先行き不確実性を示す①と③は比較的似た動きを示しており、期間全体の相関係数は0.69である。これに対して、金融市場の不確実性を強く反映する②は、期間全体を通じてもかなり異なる動きを示している。①との相関係数は0.43、③との相関係数は0.49と正値だがさほど高くない。世界金融危機と違ってコロナ危機は金融市場に端を発したものではなく、また、比較的早い時期に各国政府・中央銀行が金融不安の顕在化を避けるための措置を強力に講じたことがおそらく関係している。米国・英国を対象とした前述の Altig *et al.*（2020）と似たパタンである。

〈今後のパンデミックと大地震の主観的確率〉

　第2節で述べた通り、個人を対象に確率的予測を尋ねる形の調査が行われるようになっている。筆者は最近行った調査の中で、首都圏での大地震、深刻なパンデミックが起きる主観的確率を尋ねてみた。RIETI が楽天インサイトに委託して行った「経済の構造変化と生活・消費に関するインターネット調査（フォローアップ調査）」で、実施時期は2024年8月、回答者数は2,920人である。

　具体的な質問は、「今後10年の間に、首都圏でマグニチュード7級の大地震が起きる確率がどの程度あると思いますか」、「今後10年の間に、新型コロナ感染症並みのパンデミックが起きる確率がどの程度あると思いますか」で、主観的確率（%）を数字で回答する形式である。

　集計結果は表1-3である。今後10年以内に新型コロナ並みのパンデミ

ックが起きる主観的確率は平均値21.6％、中央値10％である。首都圏で大規模な地震が発生する主観的確率（平均値30.7％、中央値25％）に比べると低いものの、無視できない高さである。[23]新型コロナを契機として、パンデミックが将来のリスク要因の1つとして人々に認識されるようになっていることを示唆している。なお、この表には示していないが、男女別に見るとパンデミック、首都圏大地震とも女性の主観的リスクが男性よりも約4％高く、統計的に有意な男女差がある。

23　政府の地震調査研究推進本部は、マグニチュード7程度の首都直下地震の30年以内の発生確率を70％程度だとしており、この調査における今後10年間の首都圏での大地震発生の主観的確率の平均値は、これとほぼ整合的な数字である。

第2章　マクロ経済予測の不確実性

　本章では、日本におけるマクロ経済の不確実性の動向、政府や国際機関の経済見通しのバイアス、長期経済予測の不確実性、不確実性の下での財政・金融政策について概説する。

　株価のボラティリティ、計量経済モデルに基づくマクロ経済不確実性指数、エコノミストのマクロ経済予測の不一致度や絶対予測誤差といった不確実性指標は、いずれも世界金融危機、コロナ危機の際に大きく上昇しているが、指標によって動きは異なっており、それぞれが捉えている不確実性の性質には違いがある。

　各国政府・中央銀行、国際機関は、GDP 成長率やインフレ率など主要マクロ経済変数の先行きの予測値を定期的に公表している。民間エコノミストの経済予測を集計した調査も多い。しかし、現実の経済指標は予測と違った結果になることが多く、予測自体に大きな不確実性がある。エビデンスに基づくマクロ経済政策の観点から、経済見通しの精度やバイアスを事後評価し、乖離が生じた要因を解明することが望ましい。

　不確実性の下では企業や家計の経済政策に対する感応度が低下するため、金融緩和、減税など通常の景気刺激策の有効性が低下する。大きな不確実性ショックが生じた際には、不確実性自体を低減するような政策が必要になる。

1. マクロ経済の不確実性の動向

　経済成長率をはじめマクロ経済の先行きには不確実性がある。多くの研究はマクロ経済の不確実性が時間的に大きく変動しており、不況期に高くなる傾向があること、国際紛争、大規模災害など大きな外生的ショックの際に著しく高まることを示している。日本でもマクロ経済の不確実性は、世界金融危機、東日本大震災、コロナ危機時に高まり、事前の経済予測は大きく外れた。

　本章では、まず、第1章で取り上げた不確実性指標のうち、マクロ経済の不確実性を直接に捉える指標の動きを、日本のデータを中心に見ていきたい。政策不確実性指数は第3章、企業レベルのデータに基づく不確実性指標は第4章、個人レベルの不確実性指標は第6章で取り上げる。

〈株価のボラティリティ〉

　最初に株価のボラティリティで見た市場ベースの不確実性である。「日経平均ボラティリティ・インデックス（日経平均 VI)」は、日本経済新聞社が公表している指標で、米国のシカゴ・オプション取引所（CBOE）が公表している S&P500 株価指数に基づく VIX 指数と同様、オプション価格から計算された予想ボラティリティ（オプション・インプライド・ボラティリティ）である。日次の指数も公開されているが、図 2-1 では月次の指数を用いて 2000 年以降の動きを米国の VIX 指数とともに示している[1]。

　株価指数自体は中長期の企業業績見通しを反映するが、VIX も日経平均 VI も満期 30 日のオプション価格に基づいて計算されるので、この不確実性指標は金融市場参加者の比較的短期の先行き不確実性を反映する傾向がある。IT バブル崩壊後の 2001 年 8 月にやや高い水準となっているが、リーマン・ショック後の 2008 年 10 月に極端に高いピークとなった。この不

1　日本経済新聞社のウェブサイトで公開されている月次の指数は各月初日の数字で、その終値を用いて作図している。

図2-1 日米株価の予想ボラティリティ

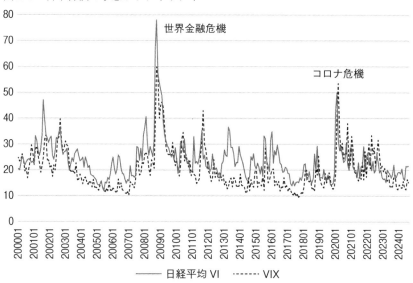

（注） VIX は月末値を用いており、日経平均 VI は翌月初日の終値を VIX の月末値に対応させて作図している。

確実性指標は株価水準と負の相関を持っており、株価が低いときに不確実性が高い関係がある。この期間の日経平均株価と日経平均 VI の相関係数は▲0.33 である。

　その後も何回か小さな振幅があるが、コロナ危機が始まった 2020 年 3 月に日経平均 VI、VIX とも世界金融危機時に次ぐ水準となった。しかし、その後は比較的速やかに低下した。新型コロナ感染拡大が長期化する中で実体経済の不確実性指標が比較的長く高止まりしたのとは対照的である。おそらく各国中央銀行および政府の迅速な政策対応が株式市場の不確実性低減に貢献した。株価ボラティリティという不確実性指標が、金融市場の不確実性を強く反映することを示唆している。なお、この図の期間における VIX と日経平均 VI の相関係数は 0.69 と比較的高い数字であり、日米株

2　日次の指数で見ると、VIX は新型コロナ初期の 2020 年 3 月に、わずかながら世界金融危機時のピーク（2008 年 11 月）を上回る水準を記録した。

式市場の不確実性にはかなり連動性がある。

　最近では、日経平均株価が史上最大の下落幅を記録した 2024 年 8 月 5 日、日次の日経平均 VI は一時的にコロナ危機時を上回る水準を示した。この時はその後速やかに低下したが、株式市場は予想外のニュースや市場参加者の先行き見通しの変化に伴って突然ボラタイルになることがある。

〈マクロ経済不確実性（MU）指数〉

　多数のマクロ経済指標の時系列データをもとに作成されたマクロ経済不確実性（MU）指数の動きを見たのが図 2-2 である。米国の MU 指数は Jurado *et al.*（2015）が開発したもので、生産、雇用、小売販売、賃金、消費支出、物価など約 130 のマクロ経済の時系列データに基づく予測誤差を加重平均した月次の不確実性指標である[3]。日本の MU 指数は、篠原他（2021）が日本のマクロ経済データをもとに Jurado *et al.*（2015）に準じた方法で作成しており、鉱工業生産、雇用、貿易、消費、物価など 67 種類の基礎データが用いられている。日本の MU 指数は著者の 1 人である中島上智氏が自身のウェブサイトで公開しており、定期的にアップデートされている[4]。米国の指数は 1 カ月先、3 カ月先、12 カ月先の指数が公表されているが、日本の指数は 1 カ月先の指数だけなので、図では 1 カ月先の MU 指数に揃えて描いている。

　日本の MU 指数は、コロナ危機時（2020 年 4 月）に最も高い数字となっている。これに次いで高いのが東日本大震災のあった 2011 年 3 月である。この図は 2000 年以降を対象に描いているが、この指数は 1979 年 6 月からの長期データが利用できる。そこまで遡っても、この 2 回よりも高かった時期はない。この指数は過去の時系列データからの推計に基づく予測誤差なので、想定外のイベントが起きたときに高い水準となる。これ以外

3　米国 MU 指数は、https://www.sydneyludvigson.com/macro-and-financial-uncertainty-indexes からダウンロードできる。Ludvigson *et al.*（2021b）は、指数作成に利用するデータとして金融市場に関連する約 150 変数（株式配当利回り、株価収益率、社債利回りなど）を用いた「金融不確実性（FU）指数」を作成し、同じウェブサイトで公開している。

4　https://sites.google.com/site/jnakajimaweb/mu?authuser=0

図2-2 マクロ経済不確実性（MU）指数

（注）米国のMU指数はJurado *et al.*（2015）、日本のMU指数は篠原他（2020）。

では世界金融危機の2008年末から2009年初めにかけて、また、消費税率が5％から8％に引き上げられた2014年4月にやや高い水準となっている。

米国のMU指数も新型コロナ初期の2020年5月に最も高い数字であり、世界金融危機の際（2008年10月）もこれに近い高水準となっている。当然のことながら東日本大震災や日本の消費税率引き上げの際には特に目立った動きはない。この期間の日米MU指数の相関係数は0.67と比較的高いので、日米のマクロ経済の不確実性に一定の連動性があることを示している[5]。

なお、株価の予想ボラティリティで測った不確実性（VIX、日経平均VI）とMU指数の相関係数は、米国だと0.62と比較的高いが、日本は0.33と正相関ではあるものの関連性は比較的弱い。

---

5 日米両方の指数が利用可能な1979年6月以降約45年間の相関係数は0.58である。

〈エコノミストのマクロ経済予測〉

　前章で見た通り、米国 SPF をはじめ民間エコノミストのマクロ経済予測を収集する調査は多くの国で行われている（サーベイ論文として Clements *et al.*, 2023）。対象となっているマクロ経済指標はさまざまだが、実質 GDP 成長率、CPI インフレ率、失業率はほとんどの調査で対象になっている。当年度や翌年度、あるいは四半期先のマクロ経済指標の予測をまとめたもので、平均値、中央値など「コンセンサス予測」が注目されるが、予測の分散、事後的な予測誤差などマクロ経済の不確実性を捉えるのにも利用できる[6]。最近は、点予測値だけでなく、個々のエコノミストの予測の主観的不確実性（確率分布）を尋ねる調査も増えている。

　これらの調査は毎月行われるものが多いので、例えば同じ翌年度の実質 GDP 成長率見通しであっても、直近までの経済情勢変化を反映して予測値自体が変化する。また、経済成長率だけでなくインフレ率や失業率の予測値もあるので、当然のことながら経済成長率の不確実性は高いがインフレ率の不確実性は低いといったケースはある。

　エコノミストのマクロ経済予測の点予測値だけが利用可能な場合、①予測の不一致度（*FDISP*: forecast dispersion）と②絶対予測誤差（*ABSFE*: absolute forecast error）が代表的な不確実性指標である。*FDISP* は多数のエコノミストの予測の不一致度（標準偏差）、*ABSFE* は各エコノミストの予測誤差（実績値 − 予測値）の絶対値の平均である。すなわち、$E(y_{it})$ を t 年（あるいは四半期）のマクロ変数の予測値、y_{it} を実績値とすると、下記の通りである。

$$FDISP = \text{Std. Dev.}\,(E(y_{it}))$$
$$ABSFE = \text{Mean}\,(|y_{it} - E(y_{it})|)$$

　予測の不一致度（*FDISP*）は、エコノミストによって先行きの見方が大

6　ニューヨーク連邦準備銀行が定期的に公表している "Outlook-at-Risk" は、BlueChip サーベイをもとに実質 GDP 連邦準備銀行成長率、失業率、インフレ率の予測の幅を図示しており有用である（実績値も示されている）。

きく分かれているほど不確実性が高いことを表す。第1章で述べた通り、その不確実性指標としての妥当性について否定的な見方もあるが、実績値の公表を待つことなく予測時点で計算できるのでリアルタイム性が高く、現在でも使われる指標である。

一方、絶対予測誤差（*ABSFE*）は、マクロ経済指標の実績値が明らかになった時点で予測精度を事後評価するもので、予測値と実績値の乖離が大きいほど予測時点において不確実性が高かったという考え方に基づく。指標作成の方法論は全く異なるが、予測誤差に着目した指標という意味では前述の MU 指数と似た面がある。ただし、実績値が明らかになった時点で計算する必要があるのでリアルタイム性には欠ける。また、例えば全く想定外だった大規模自然災害が発生した場合にも予測誤差が大きくなるが、予測時点において経済主体の意思決定に影響を与えるようなマクロ経済の不確実性があったと言えるかは議論がありうる。

〈日本のエコノミストの予測から見た不確実性〉

日本のエコノミストのマクロ経済予測をまとめた調査として、「ESP フォーキャスト調査（ESPF Survey）」がある。2004 年に内閣府経済社会総合研究所が社団法人経済企画協会（2012 年に解散）とともに開始し、現在は日本経済研究センターが実施している。エコノミスト約 40 人を対象とした経済予測調査で、米国 SPF と類似の調査である。対象となっているマクロ経済指標は、実質 GDP 成長率、名目 GDP 成長率、鉱工業生産指数（IIP）変化率、消費者物価指数（CPI）変化率、完全失業率など多岐にわたっている。年度予測と四半期予測が存在し、調査の集計結果は毎月公表されている[7]。

まず、同調査の翌年度実質 GDP 成長率予測と実績値のデータ（2004 〜 2023 年度）を用いて期間を通じたエコノミストの予測誤差の平均値を計

7　伊藤・髙橋（2023）は、「ESP フォーキャスト調査」の予測について概観している。実質 GDP 成長率および CPI（除く生鮮）インフレ率の年度予測については、2008 年以降、主観的確率分布を記入する形の質問も行われているが、一般の研究者が利用できるデータとしては提供されていない。

表2-1　民間エコノミストのマクロ経済予測の予測誤差　　　　（単位：%ポイント）

	(1) 当年度予測	(2) 翌年度予測	(3) 翌々年度予測
実質 GDP	-0.30	-0.89	-0.61
名目 GDP	-0.49	-1.20	-1.18
CPI	-0.02	-0.11	-0.32

(注)　2004 年 4 月から 2023 年 3 月まで毎月の調査における年度予測値、2004 ～ 2023 年度の実績値に基づいて予測誤差の平均値を計算。マイナス値は実績値の下振れ（予測値の上方バイアス）を意味する。

算したのが表 2-1 である。実績値は予測対象年度の計数が最初に公表された「四半期別 GDP 速報」、つまり 1 - 3 月期 2 次 QE の数字を使用している。実質 GDP、名目 GDP、CPI いずれも負の予測誤差——実績値が予測値よりも下振れ——がある。後述するように、政府や日本銀行の見通しに比べるといくぶん小さいものの、エコノミストのマクロ経済予測には平均的に見てかなりの上方バイアスがある。第 2 節で述べる政府経済見通しもそうだが、想定外の負のショックは予測に織り込まれにくい一方、ショック後の反動増は予測に織り込まれることが 1 つの理由である。

　この調査のミクロデータを用いて不確実性の指標である *FDISP* および *ABSFE* を描いたのが図 2-3 である（森川, 2024f 参照）。前出の不確実性指標と同様、世界金融危機とコロナ危機の際に高い数字となっている。ただし、*FDISP* と *ABSFE* はタイミングにズレがあり、*ABSFE* のピークは *FDISP* よりも約 1 年先行している。想定外の負のショックが起きたときに実績値は下振れするため、結果的に予測時点の予測誤差が大きくなるからである。両者の相関係数を計算すると、▲ 0.12 と小さな負値である。同じ調査から作成される 2 つの指標の動きは大きく異なっている。ただし、年度予測ではなく四半期予測の場合には、*FDISP* と *ABSFE* は比較的高い正相関がある。予測時点と予測対象時期の間隔が短いときには *FDISP* と *ABSFE* の動きの差が目立たないが、翌年度予測のように時間差が大きいとタイミングのズレが顕著になる。

　月次データが利用可能な他の不確実性指数との相関係数を計算すると、日経平均 VI との相関は *FDISP* が 0.36、*ABSFE* は 0.17 である。マクロ経済

図2-3 エコノミストの経済予測に基づく不確実性指標

(注)「ESPフォーキャスト調査」より翌年度実質GDP成長率予測の不確実性を計算。ABSFEは絶対予測誤差の平均値、FDISPは予測のばらつき（標準偏差）。

不確実性（MU）指数との相関はそれぞれ0.40、0.34である。いずれも正値だが低い数字であり、個々の指標によって捉えている不確実性の性質が異なっていることを示唆している。

2. 政府経済見通しのバイアス

〈政府や国際機関の経済見通しの精度〉

各国政府・中央銀行、国際機関は翌年（度）や中長期の経済成長率やインフレ率の予測を定期的に公表しており、メディアもそれらの予測を大きく報じる。一方、事後的に見て予測がどの程度正しかったのかはあまり注目されない。しかし、エビデンスに基づく政策形成（EBPM）への関心が高まっている中、マクロ経済政策の前提となる経済予測の事後評価もEBPMの観点から重要である。

マクロ経済や経済成長の専門家は、経済予測のバイアスを実証的に評価

58

する研究を行ってきており、国を問わず政府の経済成長率の見通しが楽観バイアス（＝実績値の下振れ）を持っていることを示している（e.g., Frankel, 2011; Frankel and Schreger, 2013; Giovannelli and Pericoli, 2020）。日本政府の経済見通しを対象とした実証研究として Ashiya（2007）、Tsuchiya（2013）が、欧米の中央銀行（ECB、ニューヨーク連邦準備銀行）のマクロ経済予測を評価したものとして Alessi *et al.*（2014）が挙げられる[8]。

　日本もそうだが政府の経済見通しは予算編成など財政政策の前提とされることが多く、高めの経済成長率を想定することで、歳出削減や増税といった痛みを伴う政策を回避しやすくなるなど政治的なメリットがある。IMF、OECD など国際機関は中立的な立場にあり、政治的な理由によるバイアスは小さいはずだが、国際機関のマクロ経済予測にも一般に上方バイアスがあることが明らかにされている（IMF 世界経済見通しを対象としたものとして Ho and Mauro, 2016; Chatterjee and Nowak, 2016; Beaudry and Willems, 2022。OECD 経済見通しを対象としたものとして Pain *et al.*, 2014）。特に予測の時間的視野が長くなるほど上方バイアスが大きい。

　つまり、政府や国際機関のマクロ経済予測には大きな不確実性がある。こうした中、点予測値だけでなくファン・チャート（確率分布）――どの程度上振れたり下振れたりする可能性があるのか――という形で予測の不確実性を明示する例がある（イングランド銀行の実質 GDP およびインフレ予測）。最近の日本の「中長期の経済財政に関する試算」（2023 年 7 月）は、ベースライン実質経済成長率見通しのファン・チャートを示している。過去のデータに基づく確率分布なのでもちろん限界はあるが、予測の不確実性を明らかにする上で一定の有用性があると考えられる[9]。

　分野は異なるが、例えば台風の進路予報では台風の中心が 70％で入る確率を示す予報円が示され、台風の進路予報の不確実性を表すとされてい

8　エコノミストの経済予測――景気後退の予測――精度を実証的に評価した An *et al.*（2018）は、不況のマグニチュードを大幅に過小評価する傾向があること、不況を予測できないケース（第一種の誤り）が、誤って不況を予測してしまうケース（第二種の誤り）よりもずっと多いことを示した上で、民間部門の予測者と公的部門の予測者のパフォーマンスは同程度だとしている。

る。これは中心点だけの予測を示すよりも気象予報の利用者にとって事前の備えをする上で価値があるだろう。また、家計に対してインフレ予測とその不確実性についての情報提供実験を行った最近の研究（Kostyshyna and Petersen, 2024）は、不確実性を明示することが消費支出を増やす効果を持つという結果を報告している。

〈日本の政府経済見通し〉

　日本の政府経済見通しは、毎年 12 月 20 日前後に閣議了解され、1 月 20 日前後に最終的に閣議決定されるのが通例である。12 月の閣議了解段階では政府支出の計数が含まれておらず、経済成長率などの見通しを前提に予算編成が行われ、政府支出の計数を含む見通し全体が 1 月に閣議決定される。ただし、実質 GDP 成長率などの計数は 12 月の数字と変わらない。

　最近約 20 年間（2002 ～ 2023 年度）の政府経済見通しにおける実質・名目 GDP 成長率の平均値を実績値の平均値と比較したのが図 2-4 である[10]。実績値は基準改定などにより何度も遡及改定されるが、見通し時点に近い推計方法による計数を用いるのが適当なので、翌年度 1－3 月期 2 次速報の数字を用いている。均して見たときに実績値が見通しを大きく下回ってきたこと——見通しの上方（楽観）バイアス——がわかる。実質 GDP 成長率で▲ 0.8％ポイント[11]、名目 GDP 成長率では▲ 1.4％ポイントと大きな負の予測誤差である。年度ごとに見ると、実質 GDP 成長率の実績値が見通しを上回ったのは 22 回のうち 7 回、名目 GDP 成長率は 5 回で、残りは実績値が下振れた。名目 GDP 成長率の予測誤差がより大きいのは、物価上昇率（GDP デフレーター）の過大見通しが続いたことを反映しており、「デフレ脱却」を目指す政策態度が見通しに上方バイアスをもたらし

9　日本銀行の「展望レポート」は 9 人の政策委員の実質 GDP 成長率、CPI 上昇率見通しの中央値とともに、最大値と最小値を除いた「大勢見通し」の幅を公表している。ただし、「その幅は、予測誤差などを踏まえた見通しの上限・下限を意味しない」と注記されている。

10　内閣府が公表している 1－3 月期 2 次 QE の過去の計数が現時点で利用できるのは 2002 年度実績以降である。

11　四捨五入の関係で▲ 0.8％ポイントとなる。

図2-4 日本の政府経済見通しと実績　　　　　　　　　　　　　（単位：％）

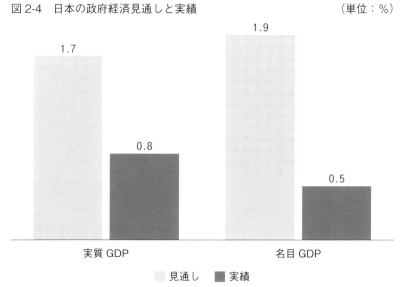

（注）　2002〜2023年度の平均値。実績値は1−3月期2次QE時点の年度計数を使用。

た可能性がある。

　政府経済見通しには、「我が国経済は民間活動がその主体を成すものであること、また、国際環境の変化等には予見しがたい要素が多いことに鑑み、上記の諸計数は、ある程度幅を持って考えられるべきものである」という注記が必ず付けられている。それでは量的にどの程度の幅を持って見るべきだろうか。上の期間の予測誤差に基づいて90％信頼区間を概算すると、実質GDP成長率、名目GDP成長率とも±0.7％ポイントの幅である。したがって、実質経済成長率の場合、政府経済見通しの数字から0.8％ポイント差し引いた数字±0.7％が90％信頼区間になる。例えば2024年度実質GDP成長率の政府見通し（1.3％）を対象に機械的に計算すると、▲0.2％〜1.2％がこの間の経験に基づく90％信頼区間ということになる。名目GDP成長率見通し（2024年度3.0％）の場合には、0.9％〜2.3％が90％信頼区間という計算になる。つまり、見通しの数字はかなり広めの幅を持って受け止める必要がある。

　第1節で用いた「ESPフォーキャスト調査」の1月調査における翌年度

第 2 章　マクロ経済予測の不確実性　**61**

表2-2　民間エコノミスト予測と政府経済見通しの予測誤差　（単位：％ポイント）

	（1）予測誤差		（2）絶対予測誤差	
	実質 GDP	名目 GDP	実質 GDP	名目 GDP
エコノミスト平均値	-0.8	-1.1	1.3	1.7
政府経済見通し	-1.2	-1.7	1.5	2.1

(注)　民間エコノミストの予測値は 1 月時点の翌年度予測を使用。集計対象は 2005 ～ 2023
　　　年度の予測。実績値は 1 - 3 月期 2 次 QE における年度計数を使用。（1）のマイナス値は
　　　実績値の下振れ（予測値の上方バイアス）を意味する。

経済成長率予測と政府経済見通しの予測誤差を比較したのが表 2-2 である。
両方のデータが比較できる 2005 ～ 2023 年度実績の数字を用いている。民
間エコノミストの予測にも平均的にはかなりの上方バイアスがあるが、実
質 GDP 成長率の場合、予測誤差（上方バイアス）は政府経済見通しの方
が約 0.4％ポイント大きく、名目 GDP 成長率では約 0.6％ポイント大きい。

〈日本銀行「展望レポート」の見通し〉

　日本銀行が 2000 年以降公表している「経済・物価情勢の展望」（いわゆ
る「展望レポート」）は、実質 GDP 成長率および CPI（除く生鮮）の見通
しを公表している。[12] 2000 年 10 月から 2024 年 4 月までの 4 月と 10 月のレ
ポートにおける政策委員の大勢見通し――最大値と最小値を除いた予測値
の幅――を実績値と比較して、予測誤差の期間平均をまとめたのが表 2-3
である。2016 年以降は 1 月および 7 月にも「展望レポート」が作成・公
表されているが、長期のデータが利用できる 4 月と 10 月の数字を用いて
いる。[13]

12　2003 年 10 月までは「経済・物価の将来展望とリスク評価」。2012 年 10 月までは国
　　内企業物価指数（CGPI）の見通しも公表していた。

13　なお、2002 年 10 月までおよびコロナ危機直後の 2020 年 4 月は中央値が公表され
　　ていないため、大勢見通しの下限値と上限値の平均値を用いた。消費税率引き上げの
　　可能性があったタイミングのレポートでは、消費税率引き上げの影響を含む場合と除
　　く場合の数字がある。本章では、実際に消費税率引き上げが行われた場合にはその影
　　響を含む見通しを用いて計算した。

表2-3　日本銀行「展望レポート」の予測誤差の平均値　　　　（単位：％ポイント）

		下限値	中央値	上限値
実質 GDP	10月の翌年度見通し	-0.5	-0.8	-1.0
	4月の当年度見通し	-0.2	-0.5	-0.7
CPI（除く生鮮）	10月の翌年度見通し	-0.1	-0.3	-0.4
	4月の当年度見通し	0.1	-0.1	-0.3

（注）　2000年10月以降2024年4月までの「展望レポート」における政策委員の大勢見通しの中央値および下限値・上限値を使用して計算。数字は実績値マイナス見通し。

　10月調査の翌年度見通しの中央値の場合、実質 GDP 成長率で0.8％ポイント、CPI インフレ率で0.3％ポイントの上方バイアスがある。予測したタイミングが異なるので単純に比較できないが、実質 GDP 成長率のバイアスは政府経済見通しと同程度である。当然のことながら4月における当年度見通しの方が10月の翌年度見通しよりも予測誤差が小さいが、見通しの中央値の期間平均で、実質 GDP 成長率0.5％ポイント、CPI インフレ率0.1％の上方バイアスがある。なお、大勢見通しの下限値でも実質 GDP 成長率は若干の上方バイアスがあるが、CPI 見通しはほぼ実績値に近い。

　見通しの中央値をもとに政府経済見通しと同様に90％信頼区間の幅を機械的に計算すると、10月の翌年度実質 GDP 成長率見通しで± 0.7％ポイント、CPI インフレ率で± 0.4％ポイントである。例えば2023年10月のレポートにおける2024年度見通しの中央値はそれぞれ1.0％、2.8％だから、機械的に計算すると平均的な上方バイアスを考慮した上での90％信頼区間は実質 GDP 成長率で▲ 0.5％〜 0.9％、CPI インフレ率で2.1％〜2.9％という幅になる。ただし、CPI インフレ率の予測誤差は2022年度、2023年度と続けて大幅な下方バイアス（実績値の上振れ）となっており、デフレ下で長く続いてきたパタンとは大きく異なっていることに注意が必要である。

　以上見てきたように、事後評価すると、政府および日本銀行のマクロ経済見通しにはかなりの不確実性がある。もちろん、世界金融危機、東日本大震災、コロナ危機など想定外のショックが近年相次いでいることが一因

第2章　マクロ経済予測の不確実性　　63

だが、翌年度実質GDP成長率見通しの場合、民間エコノミスト予測の平均値と比べても楽観バイアスがある。もちろん、公的な経済見通しに意味がないと言うつもりはないが、見通しの精度やバイアスを事後評価して乖離の要因を解明し、精度の改善につなげていくことが望ましい。利用者の立場からは、公的な見通しの数字はある程度割り引いた上で、かなりの幅を持って受け止める必要がある。

3. 長期予測の不確実性

〈政府の中長期展望の精度〉

　政府は翌年度の経済見通しとは別に、中長期の展望を示すことも多い。日本ではかつて経済企画庁（現・内閣府）が取りまとめていた「経済計画」や通商産業省（現・経済産業省）の「ビジョン」が典型例で、最近でも内閣府の「中長期の経済財政に関する試算」や経済産業省の長期展望などの例がある。[14] 厚生労働省が5年ごとに行っている公的年金の財政再計算も、各種マクロ経済変数の超長期の見通しを前提としており、似た性格を持っている。

　長期マクロ経済予測は、財政の持続可能性の評価、社会保障の制度設計などに大きく影響する。しかし、金融危機などの経済的ショック、新しいイノベーションとその普及、地政学的リスクの顕在化、大規模自然災害の発生など予測困難な要素は数多く、長期経済予測には大きな不確実性がある。「想定外」のショックを事前に織り込むことは定義上困難だからである。

　高度成長期の「所得倍増計画」（1960年）は、10年間に実質国民総生産（GNP）を2倍にするという経済計画だったが、実績値はこれを上回り3年早い1967年に目標が達成された。しかし、1970年代以降は、実績が下振れするのが通例となっている。1990年代以降の主な中長期展望や試算

14　日本の経済計画は1999年の「経済社会のあるべき姿と経済新生の政策方針」が最後だが、例えば中国は現在でも5カ年計画の策定を続けている。

表 2-4　中長期の経済成長の試算例と実績

	策定時期	実質成長率の展望（年）	同・実績
「21世紀への構造改革」（産業構造審議会）	1993年	3.2%（〜2000）	1.7%
		2.4%（〜2010）	0.6%
「構造改革のための経済社会計画」（経済企画庁）	1995年	3%（〜2000）	1.0%
「日本21世紀ビジョン」（内閣府）	2005年	1%台半ば（2006〜12）	0.4%
		2%程度（2013〜20）	-0.1%
		1%台半ば（2021〜30）	—
「新経済成長戦略」（産業構造審議会）	2006年	2.2%（〜2015）	0.5%
「経済財政の中長期方針と10年展望」（内閣府）	2009年	1%台半ば（〜2018）	0.8%
「中長期の経済財政に関する試算」（内閣府）	2010〜18年	1.9%	0.5%

(注)　森川 (2018a) 所載の表をアップデート。複数のケースが設定されている場合、「改革ケース」、「好循環ケース」を記載。「中長期の経済財政に関する試算」は、毎年公表されており、すでに実績値が確定している9回の試算値およびそれらに対応する実績値の平均を表示。

と実績値を比較したのが表 2-4 である。これらの展望・試算では、いくつかのケースを併記することが少なくないが、この表では「改革ケース」、「好循環ケース」など高めの数字を示している。実績が展望・試算の経済成長率の半分にも満たないのが普通で、結果的に政府の中長期展望は大きな楽観バイアスを持ってきた。ただし、第 2 節で述べた通り国際機関の経済予測でも時間的視野が長くなるほど上方バイアスが大きくなることが指摘されており、必ずしも日本の中長期展望に固有の現象とは言えない。

〈上方バイアスの原因〉

　中長期の予測においては、予測期間中に想定外の負のイベントがしばし

ば発生する。特に近年は、世界金融危機、東日本大震災、コロナ危機など想定外の負のショックが頻繁に起きた結果、実績値が下振れたのかもしれない。しかし、一時的なショックの場合、リバウンドして再び元の成長経路に戻るならば、展望・試算の期間を均せばショックの影響は限定的なはずである。短期の経済見通しの場合には、下振れた後の予測を行う際にリバウンド効果が織り込まれるため、結果として予測誤差の平均値に上方バイアスが生じる可能性がある。しかし、中長期予測の場合には想定外のショックによる下振れとリバウンドはある程度相殺されるはずである。

　したがって、ありうる解釈は、①ショックの有無と関係なく展望・試算の時点での潜在成長率の見通しが過大だった、②大きな負のショックが履歴効果を持ち、成長軌道そのものを押し下げたという2つである。どちらが原因なのかを識別するのは難しいが、おそらく両方が関わっている。

　政府が高めの見通しを示す理由として、民間経済主体の積極的な行動を誘導しようとする意図がありうる。しかし、事後的な大きな予測誤差が続いた場合にはクレディビリティが失われる。仮に一度だけならば効果があったとしても、動学的不整合の問題が起こる。また、いくつかの研究は、楽観バイアスを持ったマクロ経済予測自体が経済成長率を低下させることを示している（前出の Chatterjee and Nowak, 2016; Beaudry and Willems, 2022）。事後的な予測誤差は避けがたいが、政府の経済予測を事後評価し、システマティックな上振れ／下振れバイアスがある場合には、その要因を分析して改善につなげていくことが望ましい。

〈人口推計の不確実性〉
　経済成長率やインフレ率だけでなく、将来人口という経済変数に比べて予測しやすいと考えられる変数にも大きな不確実性がある。長期的な人口動態は、潜在成長率だけでなく、年金財政見通しの精度にも影響する。国立社会保障・人口問題研究所「日本の将来推計人口（2023年推計）」から中位推計（出生中位・死亡中位）とともに最も人口減少率が大きい出生低位・死亡高位、最も人口減少率が小さい出生高位・死亡低位の推計人口を描いたのが図2-5である。総人口の乖離幅が統計的な信頼区間を意味する

図2-5 日本の将来推計人口（百万人）

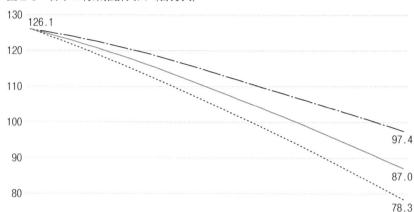

（注）2023年の「日本の将来推計人口」（国立社会保障・人口問題研究所）より作成。発射台は2020年「国勢調査」の数字。

わけではないが、最大値と最小値の間には2050年で10％、2070年には24％の差がある。

1995年の実績値を発射台とした1997年の中位推計を実績値と比較したのが表2-5である。意外かもしれないが、人口総数の予測誤差は非常に小さく、30年近く先の2023年で予測誤差はプラス1.7％、つまり推計人口はいくぶん過小予測だった。ただし、年齢3区分別の数字を見ると、0～14歳人口は13％の下振れ（過大予測）、65歳以上人口は9％の上振れ（過小予測）だった。30年前に想定した以上に少子化が進み、同時に寿命が伸びたことを反映している。人口およびその年齢構成の長期見通しは年金制度見直しの重要な変数だが、ここには大きな不確実性がある。

こうしたバイアスは日本に固有ではない。例えばKashin et al. (2015) は、米国の社会保障制度における予測（平均寿命、出生率、労働参加率、平均賃金上昇率など）と実績の差を実証的に評価し、2000年以降楽観バイアスが見られるようになり、かつ、バイアスが拡大する傾向にあることを示している。

第2章 マクロ経済予測の不確実性 67

表 2-5　人口推計の予測誤差 (単位：%)

年	総数	0~14歳	15~64歳	65歳以上
2000	0.0	-0.7	-0.2	0.6
2005	0.1	-3.9	-0.4	2.7
2010	0.3	-8.2	-0.2	4.0
2015	0.5	-11.4	-0.4	5.0
2020	1.6	-12.0	-1.2	6.0
2023	1.7	-13.0	1.6	9.0

(注)　1997年の「日本の将来推計人口」（発射台は1995年「国勢調査」の数字）の予測誤差
（実績値マイナス推計値）をパーセント表示。プラスは実績値が推計値よりも上振れした
ことを意味。

　都道府県、市区町村など地域レベルの人口予測は、出生率・死亡率とい
う自然増減だけでなく社会増減の影響を受けるため、わずか5年後の人口
予測でも±10％を超える予測誤差という自治体がある（森川, 2018aの第
8章参照）。インフラ整備をはじめ地方経済に関連する政策を適切なもの
にする上で、予測精度の改善は大きな課題である。

〈経済学者の長期経済予測〉

　それでは経済学者は精度の高い長期予測ができるのだろうか。前節で見
たように、政府や中央銀行に比べるといくぶん小さいものの、民間エコノ
ミストの翌年度経済成長率予測にも上方バイアスが存在した。経済学者の
長期予測ではどうだろうか。筆者は経済学者および民間エコノミストを対
象に今後10年間のマクロ経済変数の予測値を尋ねた2000年代半ばの調査
を利用し、これを事後評価した（Morikawa, 2022）。

　分析に使用したのは、経済産業省が2006年および2007年に実施した
「日本経済の長期展望に関する調査」である。調査対象は日本経済学会に
所属する経済学者と民間エコノミストである。使用した調査事項は、今後
10年間および30年間のGDP成長率（実質・名目）、TFP（全要素生産性）
上昇率、CPI上昇率の予測値（いずれも年率）、回答者の個人特性（性別、
年齢、所属機関、専門分野）である。このうち10年間の予測については
すでに実績値が存在するので、予測値の精度を事後評価できる。

表 2-6　経済学者の長期経済予測の事後評価　　　　　　　　（単位：％ポイント）

| | (1)　全期間 | | (2)　2008, 09年度を除く | |
	予測誤差 （平均値）	予測誤差 （中央値）	予測誤差 （平均値）	予測誤差 （中央値）
実質 GDP	-1.32	-1.41	-0.49	-0.58
名目 GDP	-2.31	-2.42	-1.30	-1.40
TFP	-0.51	-0.28	-0.48	-0.25
CPI	-0.59	-0.68	-0.43	-0.52
GDP デフレーター	-0.99	-0.93	-0.82	-0.79

（注）　10 年間の予測（年率）。GDP デフレーターは調査項目にはなく、実質・名目 GDP 成長率の差として計算した数字を使用。予測誤差は実績値−予測値。(2) は 2008 年度、2009年度を除いて実績値を計算した場合の予測誤差。

　その結果によると、経済学者・エコノミストの長期的な GDP 成長率予測には上方バイアスが存在し、特に名目 GDP 成長率で顕著だった（表2-6 参照）。平均で実質 GDP 成長率 1.3％ポイント、名目 GDP 成長率では2.3％の過大予測だった。予測対象期間の 10 年間には世界金融危機の時期が含まれているので、2008 年度と 2009 年度を除いて実績値を計算しても実質 GDP で 0.5％ポイント、名目 GDP では 1.3％ポイントの上方バイアスがあった。

　TFP 上昇率と実質 GDP 成長率の予測値、TFP および CPI 変化率と名目GDP 成長率の予測値の間には強い正の関係があり、生産性上昇率を高く見込む人ほど実質・名目 GDP 成長率の予測値は高く、高いインフレ率を予測する人ほど名目 GDP 成長率の予測値が高かった。専門家の予測ということもあって、予測変数の間に理論的な整合性はある。結果として予測誤差の間にも同様の関係がある。

　民間エコノミストに比べると経済学者の長期的な成長予測はバイアスが0.2 ～ 0.3％ポイントほど小さいが、意外にもマクロ経済学や経済成長論を専門とする人の長期予測は、他の分野を専門とする人に比べて 0.2％ポイント上方バイアスが大きかった。なお、年齢による予測精度の有意差はなく、高い経済成長を経験した年齢の高い人ほど上方バイアスがあるという関係は見られない。

これらの結果は、政治的な影響を受けない経済分析の専門家にとっても長期の経済予測は困難なこと、生産性上昇率や物価上昇率の過大な見通しがGDP成長率予測の上方バイアスの源泉になることを示唆している。

4. 不確実性とマクロ経済政策

〈マクロ経済見通しと財政政策〉

日本の企業や国民は、政府財政の先行き——財政の持続可能性——の不確実性はかなり高いと見ている（第3章参照）。世界的に政府債務が増大する傾向があり、楽観的な経済見通しがその一因となっていることから、政治的に中立な独立財政機関が経済予測を行うのが望ましいという議論が行われてきている（e.g., Frankel, 2011; Frankel and Schreger, 2013）。Kopits（2016）は、日本は独立財政機関を設立して短期・中期のマクロ経済および財政の予測、政府債務の持続可能性の評価などを行うことで、民間部門にとっての不確実性を除去できると論じている。

前述の通り、政府や中央銀行の経済予測と比較すると、エコノミストの予測は平均的にはバイアスが小さいので、中立的な機関を設けて専門家が予測を行うことでいくぶんバイアスが改善される可能性はある。しかし、エコノミストの予測にも上方バイアスがあるので、単に政治的な影響や忖度を除去するだけでなく、控えめな予測を経済財政運営の前提とするなどの工夫も必要だろう。

〈不確実性と金融政策〉

マクロ経済の不確実性が政策決定に影響するという側面もある。不確実性下の金融政策については、不確実性が存在するとき金融政策は保守的なスタンスをとるのが最適であるとしたBrainard（1967）以来、多くの理論的研究が行われている。実証研究としては、例えばイングランド銀行の金融政策委員会メンバーの投票行動を分析したBrooks *et al.*（2012）は、インフレ見通しの不確実性が高いと金融政策の変更が行われにくくなるという結果を示している。一方、Chappell *et al.*（2022）は、各種の不確実性指標

を用いた分析により、不確実性は一般に緩和的な金融政策スタンスの方向に働くとしている。

米国FOMCの意思決定を対象としたCieslak et al.（2023）は、（FOMCメンバーが認知している）インフレの不確実性はタカ派的な政策スタンスへの、実体経済の不確実性増大は緩和的な金融政策スタンスへの予測力があるという結果を報告している。実証結果は確定的でないが、不確実性は金融政策の決定にも影響している可能性がある。

〈不確実性の下での経済政策の有効性低下〉

マクロ経済の先行き不確実性が高いとき、企業の投資や従業員採用などの意思決定の需要・価格・生産性といった事業環境への感応度が低下する。不確実性が低下するまで不可逆的な投資を先延ばしするのが合理的だからである。家計消費、特に耐久財購入や住宅取得についても同様である。このため、不確実性が高いとき、金利引き下げ、減税といった通常の景気刺激策の効果は弱くなる（e.g., Bloom, 2014; Bloom et al., 2018）。

例えば、Li and Wei（2022）、Rodrigues（2024）は、経済政策不確実性（EPU）指数が高いとき、政府支出のマクロ経済効果が大幅に低下することを示している。一般的な不況と違って、大きな不確実性ショックの際には、金融・財政政策に依存するのではなく、不確実性自体を低減することに力点を置いた政策が必要になる。

第3章　政策の不確実性

　不確実性はさまざまな要因から生じるが、「政策の不確実性」はその重要な源泉の1つである。本章では政策の不確実性に関する内外の研究を、筆者自身が行った調査の結果を交えつつ概観する。

　企業や家計は制度・政策を前提に意思決定を行うので、政策の先行きに不透明感が生じた場合、それが解消されるまで意思決定が先送りされ、結果として投資、消費などが下押しされる。世界各国で深刻化している党派対立、国民の分断に起因する政治の不安定化も、政策の不確実性をもたらす原因となっている。

　近年、日本を含む世界各国の経済政策不確実性（EPU）指数が開発され、実証研究に広く利用されている。また、財政政策・税制、金融政策、社会保障制度、労働市場制度、政府規制など個々の政策の不確実性の実態やその経済的影響に関する研究も進展している。ほぼすべての研究が、政策不確実性の実体経済に対するネガティブな影響を示している。

　政策・制度の改正およびそのエンフォースメント（執行）の予測可能性を高めることが、企業や家計の前向きの行動を促す上で重要な役割を果たすことを示唆している。

1. 政策不確実性指数

〈経済政策不確実性指数の動向〉

近年、新聞報道のテキスト分析に基づく「経済政策不確実性（EPU）指数」が開発され（Baker *et al.*, 2016）、多くの実証研究で利用されている（第1章参照）。この指数は、主要紙（米国の場合10紙）の記事の中で「不確実性」、「経済」、「政策」の3つの概念に関連する単語を同時に含む記事の頻度（シェア）から作成されている。例えば、議会、連邦準備制度（Fed：連銀）、法律、規制、ホワイトハウスといった単語は「政策」に関連するものとして扱われている。米国の場合、月次の指数に加えて日次の指数も作成されている。そして、EPU指数の上昇が実質GDP、工業生産、設備投資、雇用などに大きな負の影響を持つことが示されている。

その後多くの国でEPU指数が作成されるようになり、主要国およびグローバルなEPU指数の時系列データが、政策不確実性指数のウェブサイトからダウンロードできる。いずれも期間平均が100となるように標準化されている。このうち日本のEPU指数は、RIETIの伊藤新氏が米国のEPU指数を開発したメンバーの助言を受けて開発し、1987年以降の月次の指標を公表している（Arbatli Saxegaard *et al.*, 2022参照）。これはグローバル経済政策不確実性（GEPU）指数の構成要素になっている（GEPU指数の動向については第8章で詳述する）。基礎になっているのは主要4紙（朝日新聞、日本経済新聞、毎日新聞、読売新聞）の記事で、やはり3つの概念をともに含む記事の頻度を用いている。不透明、不確定、不安といった単語は「不確実性」に関するものとされている。そしてArbatli Saxegaard *et al.*（2022）は、時系列分析により、EPU指数の高まりが鉱工業生産、雇用、投資に対して負の影響を持つことを示している。

日本の指数が利用可能な1987年以降の日米EPU指数の推移を示したのが図3-1である。世界金融危機、コロナ危機などいくつかの時期に日米両

1　https://www.policyuncertainty.com/

図 3-1 日米 EPU 指数の推移

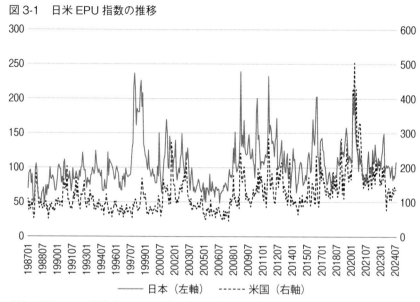

（注）　米国の EPU 指数は Baker et al.（2016）、日本の EPU 指数は Arbatli Saxegaard et al.（2022）。

国とも EPU 指数が高まっているなどある程度の正相関があるが（相関係数は 0.48）、両国の動きにはかなり違いも見られ、日本では 1997 ～ 1998 年の金融危機や、いわゆる「ねじれ国会」状況が支配的だった 2007 ～ 2012 年などにかなり高い数字となっている。国政選挙、政治的対立の激化、金融政策の大幅な変更といった国内要因、世界金融危機、欧州金融不安、米中貿易摩擦といった海外要因がともに政策の不確実性を高めている。

〈分野別の政策不確実性指数〉

米国の EPU 指数は、政策分野別の指数（Categorical EPU）も作成されており（Baker et al., 2016）、①金融政策、②財政政策、③税制、④政府支出、⑤医療、⑥安全保障、⑦福祉政策、⑧規制、⑨金融規制、⑩貿易政策、⑪政府債務・通貨危機の 11 分野の指数が公表されている。これらは「不確実性」、「経済」、「政策」の 3 つの概念に加えて、各政策分野固有の単語を含む記事の件数に基づいて作られており、例えば金融政策不確実性指数は、連銀、中央銀行、マネーサプライ、量的緩和、金利、インフレなどの単語

を含む記事がカウントされている。

　貿易政策の不確実性指数はトランプ政権下の 2017 年から 2019 年にかけて非常に高い水準となった。安全保障政策の不確実性指数は、1991 年 1 月の多国籍軍によるイラク攻撃、2001 年 9 月の同時多発テロ、2003 年 3 月の有志連合によるイラク戦争の 3 回、特に高い水準を記録している。

　新聞報道などのテキスト分析による不確実性指数は応用範囲が広い手法なので、上述の分野ごとの指数とは別に、何人かの研究者グループが独自の指数を作成して分析に使用している。例えば、Husted *et al.*（2020）は、米国連銀の金融政策不確実性（Monetary Policy Uncertainty: MPU）指数を構築し、それがクレジット・スプレッドおよび生産・投資に及ぼす効果を推計している。金融政策の不確実性ショックがクレジット・スプレッド上昇、生産・投資の減少をもたらすことを示し、ゼロ金利からの金利正常化が不確実性の低減を伴うならば金利上昇の負の影響を緩和する効果を持つと論じている。Caldara *et al.*（2020）は、新聞報道のほか上場企業の財務資料なども用いた貿易政策不確実性（Trade Policy Uncertainty: TPU）指数を作成し、TPU 増大が投資に負の影響を持つことを示している。Abiad and Qureshi（2023）は、石油価格不確実性（Oil Price Uncertainty: OPU）指数を作成し、OPU の増大が工業生産に負の影響を持つという結果を報告している。

　新聞報道以外のテキストを利用したさまざまな不確実性指数も開発されており、英国エコノミスト誌の調査部門であるエコノミスト・インテリジェンス・ユニット（EIU）のカントリー・レポートに基づく世界不確実性指数（World Uncertainty Index: WUI）（Ahir *et al.*, 2022）、エネルギー関連不確実性指数（Dang *et al.*, 2023）などがある。[2] さらに Twitter（現 X）のチャットに基づく不確実性（Twitter-based Economic Uncertainty: TEU）指数も作成されており、EPU 指数と似た動きを示している。これはリアルタイム性の高い不確実性指標として、新型コロナの下での不確実性の分析で使用された（Altig *et al.*, 2020）。これらの指数も政策不確実性指数のウェブサイトに収録されており、容易に利用することが可能である。

2　WUI は、世界経済の不確実性を議論する第 8 章で改めて取り上げる。

〈日本の政策分野別不確実性指数〉

　日本の EPU 指数は、政策全体の指数のほか、①財政政策、②金融政策、③貿易政策、④為替政策の 4 分野の指数が作成・公表されている。財政政策の不確実性指数は EPU 指数全体と同様、2000 年代後半の「ねじれ国会」から民主党政権の時期にかけて高い数字となっているほか、消費税率引き上げの際に高まっている。金融政策の不確実性指数は、日銀総裁の交代前後の時期（2008 年 3 月、2023 年 4 月）、マイナス金利が導入された 2016 年 2 月、コロナ危機直後の 2020 年 3 月などに高い数字を示している。

　貿易政策の不確実性指数は 2016 年から 2019 年にかけて歴史的に最も高い水準で推移しており、おそらく英国の EU 離脱国民投票、米国トランプ政権下での環太平洋パートナーシップ（TPP）協定をめぐる不透明感の高まりなどを反映している。海外の政策不確実性が日本にも波及しているわけである。為替政策の不確実性指数は最も時系列的な変動が極端で、円高が進行して為替市場介入が行われた時期など時折非常に高い数字となっている。

　Arbatli Saxegaard *et al.*（2022）によると、全体の EPU 指数への分野別指数の寄与度は財政政策の不確実性（56％）が最大、次いで金融政策の不確実性（24％）で、貿易政策の不確実性（9％）、為替政策の不確実性（2％）の寄与度は小さい。日本において財政政策が不確実性の大きな源泉であることを示唆しており、日本企業が税財政を不確実性の高い政策分野と認識していることを示す企業サーベイの結果（次節参照）とも整合的である。

〈米国の超長期 EPU 指数〉

　米国 EPU 指数の対象期間は 1985 年以降だが、1900 年まで遡った超長期系列（Historical EPU）も作成・公表されている（新聞のカバレッジは 6 紙）。2014 年 10 月までの月次の指数が利用可能であり、このデータをもとに超長期の政策不確実性の動向を見たのが図 3-2 である。

　期間中で最も高水準だったのが 2011 年 8 月で、Baker *et al.*（2016）は、米国政府の債務上限問題が深刻化した時期だとしている。それに次いで高いのが 1935 年 3 月で、第二次ニューディール政策の時期に当たるとともに

図 3-2　米国の超長期 EPU 指数の推移

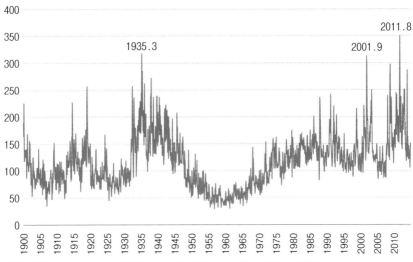

（注）　米国の Historical EPU 指数（1900 年 1 月～ 2014 年 10 月）から作図。

に、ドイツでヒトラー政権がヴェルサイユ条約を破棄して再軍備を宣言したタイミングでもある。そして 3 番目に高いのが同時多発テロのあった 2001 年 9 月である。

　全体として見ると、1930 年代から第二次世界大戦まで高い水準が続いたのに対して、第二次世界大戦終了後の約 20 年間は政策不確実性がかなり低水準で推移していた。2000 年以降は大きなピークがしばしば見られ、近年の米国において政策不確実性を高めるイベントが頻繁に生じるようになっていることを示唆している。

2.　個別政策の不確実性の研究

〈政策の不確実性と経済行動〉

　本節では、財政政策、金融政策、労働市場政策、公的規制など個々の政策を対象とした不確実性の研究を概観する（貿易政策の不確実性は第 8 章参照）。企業も個人も政策を前提に意思決定を行うので、制度そのものの

先行きに不透明性があったり、規制のエンフォースメントに曖昧さがあったりすると、投資、消費、労働供給などの意思決定に影響を及ぼす。頻繁な政権交代がある場合、いわゆる「ねじれ国会」となったときなどに政策の不確実性が生じやすい。米国大統領選挙が典型だが、近年、世界的に党派対立（分断）が深刻になっており、制度・政策の先行き不確実性が高くなっている。

　税制を例にとると、設備投資や研究開発投資への租税特別措置がどのように変更されるのかが不確実だと、企業は税制変更が確定するまで投資判断を先送りする可能性がある。特に投資減税などの租税特別措置は時限的なものが多く、結果的に拡充／縮減されることもあるなど、その決定プロセスでは最終的にどうなるかわからないという不確実性がある。所得税や消費税の場合にも、税率のほか制度設計の詳細が個人消費や労働供給に対して同様の影響を持ちうる。最近の「103万円の壁」をめぐる動きはその一例である。社会保障制度の給付や負担の不確実性は就労や引退といった長期的な意思決定に影響する。労働市場制度は企業にとって非常にコンプライアンス・コストの高い政策であり、労働時間や賃金に関する制度変更の不確実性は企業の採用行動に影響する。

　法令に基づく許認可制度も、その運用に当たっては解釈や裁量の余地がある。制度設計自体の先行き不確実性だけでなく、実際のエンフォースメントの不確実性も同様の影響を持つ。良い政策であっても、その実施可能性や政策の運用に不確実性があると、政策効果が減殺されたりマイナスの影響を持ったりする。

〈どのような政策の不確実性が高いのか〉

　それでは、どのような政策の不確実性が高く、どのような意思決定に影響するのだろうか。前節で見た EPU 指数には政策分野別の指数もあるが、各政策の時系列の変化を見ることを目的に作成されているため、相対的にどの政策の不確実性が高いのかというクロスセクションでの水準比較には利用しにくい。

　この点について、筆者は企業および個人を対象に何度か調査を行い、

個々の制度・政策の主観的不確実性やその影響を直接に捉えることを試みてきた。2013 年に日本の上場企業を対象に行った調査は、9 つの政策分野を対象に、先行きの不透明感（不確実性）と、先行き不透明感が企業経営に与える影響を尋ねた。不確実性は「非常に不透明感がある」、「やや不透明感がある」、「あまり不透明感はない」の 3 つ、不確実性の経営への影響は、「非常に影響がある」、「やや影響がある」、「あまり影響がない」の 3 つから選択する形式の質問である。

　不確実性の高い政策として比較的多くの企業が挙げたのが、①貿易政策、②社会保障制度、③環境規制、④税制だった。そして政策の不確実性の経営に対する影響が大きい政策として多くの企業が挙げたのが税制、貿易政策、環境規制だった（Morikawa, 2016a）。貿易政策を挙げる企業が多かったのは、調査対象が国際的な事業活動を行う傾向の強い上場企業に限られていたこと、当時、TPP 協定をめぐる交渉がメディアで活発に報じられた時期だったことがおそらく関係している。

　さらに、不確実性が影響を及ぼす経営判断について、設備投資、研究開発投資、IT 投資、広告宣伝活動、海外進出・撤退、組織再編（M&A 等）、正社員の採用、非正社員の採用の 8 つから 2 つ以内を選択する質問を行った。その結果によると、66％の企業が設備投資を挙げ、47％の企業が海外進出・撤退を挙げた。次いで正社員の採用（28％）、組織再編（24％）の順だった。この質問は政策分野ごとに尋ねてはおらず、政策の不確実性一般についての問いである。そこでクロス集計した結果、不確実性が影響を与える事項として正社員の採用を挙げた企業は、これを選択しなかった企業と比較して、不確実性が高い制度・政策として、社会保障制度、労働市場制度を挙げる割合が多かった。正社員の採用という長期で不可逆性の高い意思決定に対して、これら制度の予測可能性が影響しうることを示唆している。

〈非上場企業を含めた実態調査〉

　ただし、回答企業は上場企業約 300 社に過ぎなかったので、サンプルの代表性には問題があった。そこで 2015 年に行った調査では非上場企業に

も範囲を広げ、約 3,500 社から回答を得た（Morikawa, 2016b）。また、対象とする政策分野も、税制、社会保障制度、事業許認可、労働市場規制、環境規制、土地利用規制、消費者保護、企業法制、貿易政策、財政支出、日銀の金融政策、地方創生政策の 12 に増やした。設問と選択肢の文言は 2013 年調査と同様である。

その結果によれば、不確実性の高い政策は、①社会保障制度（39％）、②政府の財政支出（27％）、③通商政策（23％）、④税制（22％）、⑤地方創生（22％）という順だった。不確実性の経営への影響度が高い政策は、①税制（48％）、②労働市場制度（30％）、③社会保障制度（23％）が上位を占めた。不確実性が影響する経営判断は、①設備投資（66％）、②正社員の採用（56％）、③新規事業進出（22％）、④非正社員の採用（21％）の順に多かった。

非上場企業を含むなどカバレッジが違うことが 2013 年調査の結果と異なる一因だが、TPP 協定が合意されて不確実性が後退したことなど調査時期の違いもおそらく影響している。企業への調査による不確実性分析は、EPU 指数と違って政策分野間でのクロスセクション比較には向いているが、調査実施のタイミングによる影響を考慮して解釈する必要がある。

最近、2023 年にも上場企業・非上場企業を含めて同様の調査を行い、約 1,400 社から回答を得た（森川, 2024c）。企業にとって不確実性の高い政策を 2015 年調査と比較して整理したのが表 3-1 である[3]。2023 年調査において不確実性の高い政策として上位に挙げられたのは、①政府財政、②社会保障制度、③税制、④金融政策、⑤労働市場制度である。選択肢の文言が完全に同じではないが、2015 年調査と比較すると、政府財政、社会保障制度、税制、金融政策の不確実性が大幅に高くなっている。一方、通商・貿易政策の不確実性はかなり低下している。2015 年調査と 2023 年調査の両方に回答した企業（487 社）のサブサンプルに限定して集計しても基本的なパタンは同様であり、2015 年と 2023 年の差はサンプル企業の違

3　2015 年調査は「産業政策」を含んでおらず、「通商・貿易政策」は「通商政策」、「政府財政」は「政府の財政支出」、「地域振興政策」は「地方創生に関する政策」と表現されていた。

表 3-1　不確実性の高い政策　　　　　　　　　（単位：％）

	2015年調査	2023年調査
税制	21.6	35.5
社会保障制度	39.1	45.4
事業の許認可制度	7.5	7.6
労働市場制度	17.9	27.6
環境規制	9.8	20.6
土地利用・建築規制	6.1	9.9
消費者保護規制	15.5	12.3
会社法制・企業統治	7.8	9.6
通商・貿易政策	23.3	13.5
産業政策	—	18.4
政府財政	26.5	47.8
金融政策	15.1	32.6
地域振興政策	21.6	19.6

(注)　日本企業へのサーベイ（森川, 2024c 参照）に基づいて、「非常に不透明感がある」と回答した企業の割合を集計。

いによるものではない。

〈個人が直面する政策の不確実性〉

　政策の不確実性は、家計や労働者の行動にも影響すると考えられるので、個人を対象とした調査も行った。税制や社会保障政策の不確実性が消費拡大を抑制しているという議論があり、理論的にも予備的貯蓄動機に基づいて家計貯蓄の積み増しにつながる可能性がある。2016年に行った調査では、各種制度・政策の先行き不確実性に関する認識、不確実性が生活に及ぼす影響、税制・社会保障制度の不確実性が消費に及ぼす影響などについて質問を行い、1万人から回答を得た（Morikawa, 2019c）。

　企業を対象とした Morikawa（2016b）と比較できるように設問や選択肢を設計しており、不確実性、その生活への影響について、企業への調査と同じ三者択一の形式で尋ねている。ただし、個人の生活・消費行動に関連する調査なので、対象とする政策は税制および社会保障制度を中心に設定している。具体的には、①所得税、②消費税、③相続税・贈与税、④年金制度、⑤医療・医療保険制度、⑥介護保険制度、⑦保育制度、⑧雇用制度、

第 3 章　政策の不確実性　**81**

表 3-2　政策の不確実性と生活への影響　　　　　　　　　（単位：%）

	政策の不確実性	不確実性の生活への影響
所得税	36.7	45.0
消費税	46.4	62.6
相続税・贈与税	38.5	28.4
年金制度	70.4	63.6
医療・医療保険制度	47.5	57.3
介護保険制度	51.4	46.8
保育制度	34.1	20.7
雇用制度	40.1	33.3
個人情報保護制度	41.2	33.4

（注）　個人へのサーベイ（Morikawa, 2019c 参照）に基づいて集計。政策の不確実性は「非常に不透明感がある」という回答、生活への影響は「非常に影響がある」と回答した人の割合。

⑨個人情報保護制度の 9 つの政策を対象としている。

　その結果によると、不確実性の高い方から、①年金制度、②介護保険制度、③医療・医療保険制度、④消費税という順であり、各種社会保障制度の先行きに対する不確実性が高いと認識されていた（表 3-2 参照）[4]。生活への影響は大きい方から①年金制度、②消費税、③医療・医療保険制度、④介護保険制度の順であり、社会保障制度は不確実性が高いだけでなく、その生活への影響も大きいと認識されている。

　当然のことながら、政策の不確実性やその生活への影響は、性別、年齢、所得水準といった個人特性によって異なるはずである。クロス集計してみると、女性の方が男性よりも不確実性が高いと回答する政策が多い、高齢層ほど介護保険制度、医療・医療保険制度の不確実性が高い、低所得者ほど消費税、保育制度、雇用制度の不確実性が高いといった違いが見られた。ただし、これら観測可能な個人特性による違いは量的には小さい。

　一方、不確実性の生活への影響については個人特性による違いが比較的

4　2023 年にも個人を対象に政策の不確実性について調査を行った（森川, 2024d）。2016 年の調査とは対象とした政策が異なるので時系列での正確な比較はできないが、「非常に不透明感がある」という回答の割合は、財政の持続可能性（48.4%）、社会保障制度（46.3%）、税制（45.7%）が高かった。

大きい。男性よりも女性の方が政策の不確実性の生活への影響を強く認識している傾向がある。9つの政策すべてで女性の方が生活への影響が大きいと回答しており、所得税以外は統計的な有意差があった。年齢による違いも明瞭で、年金制度、医療・医療保険制度、介護保険制度という社会保障関係の制度、相続税・贈与税は年齢が高いほど生活への影響が大きいという回答だった。逆に、所得税、雇用制度は年齢が低いほど生活への影響を強く意識する傾向があった。ライフサイクルによる関心事の違いを強く反映しており、予想される結果である。世帯年収による違いは相続税・贈与税で強く、年収が多い人ほど生活への影響が強いと回答する傾向が見られた。

　税制・社会保障制度の不確実性は消費行動に対して負の影響を持つ可能性が高い。この点は第6章で改めて詳述するが、例えば「あなたがお感じになっている税制や社会保障制度の先行き不透明感は、あなたの消費行動に影響がありますか」という設問に対して、「消費を抑えている」という回答が70％にのぼった。また、政策の不確実性が予備的動機に基づく貯蓄志向を強めていることも観察され、そうした影響は低所得層、借家人（非持家）、所得増加の期待値が低い人で顕著だった。

〈財政政策・税制の不確実性の研究〉
　以下では、個々の政策の不確実性とその経済的インパクトを扱った研究をいくつか紹介していきたい。まずは財政政策や税制の不確実性である。米国の「財政の崖」、日本の消費税率引き上げ実施の延期など、財政政策は政治に起因する不確実性の高まりが起きやすい代表的な政策分野である。実際、これら財政政策に関連するイベントの際、第1節で述べた政策不確実性指数が高まっていることが観察される。企業も個人も、予算に基づく補助金・給付制度や税制を前提として意思決定を行うはずだから、財政政策が頻繁に変更され先行きの見通しが不透明だと、企業であれば事業計画、個人であれば生活設計が難しくなり、結果としてマクロ経済にも影響する。
　実際、多くの研究が、財政の不確実性による投資、生産、雇用などへのネガティブな影響の存在を確認している。財政政策の経済成長への影響に

関するクロスカントリー・データを用いたいくつかの実証研究は、財政政策のボラティリティが高いとマクロ経済が不安定化し、結果として経済成長率を低下させることを示している（Ramey and Ramey, 1995; Fatás and Mihov, 2003, 2013）。マクロ経済のボラティリティが高い国ほど経済成長率が低い関係を示した代表的な研究である Ramey and Ramey（1995）は、特に政府支出に起因するボラティリティと経済成長の間に頑健な負の関係があることを示している。Fatás and Mihov（2013）は、欠落変数や内生性の問題を考慮した上で、財政政策のボラティリティの 1 標準偏差増大は、長期的な経済成長率を 0.7 ～ 1.0％ポイント低下させるという結果を示し、財政政策の不安定性がもたらす長期的な影響を踏まえた慎重な政策運営が必要だと論じている。これらは必ずしも不確実性を正面から扱った研究ではないが、ボラティリティは不確実性の代理変数の 1 つなので、財政政策の不確実性の影響を示していると捉えることができる。

　最近は、個々の国を対象に不確実性を明示的に扱った実証研究も増えており、分析手法はさまざまだが、総じて財政政策の不確実性が実体経済に負の影響を持つことを示している。いくつかの研究は、第 1 章で述べた各種不確実性指標を分析に利用している。財政政策を広くカバーした分析例としては、Fernández-Villaverde *et al.*（2015）、Mumtaz and Surico（2018）、Beckmann and Czudaj（2021）がある。米国経済を対象とした Fernández-Villaverde *et al.*（2015）は、米国財政政策（各種税制および政府支出）の不確実性（ボラティリティ）ショックが、経済活動（生産、消費、投資、労働時間）に対して負の影響を持ち、この影響はゼロ金利制約下で大きくなることを示している。Mumtaz and Surico（2018）も米国を対象とした研究で、①政府支出、②税制変更、③政府債務の持続可能性、④金融政策の不確実性の実体経済への影響を推計し、政府債務の持続可能性の不確実性が最も大きな影響を持っていること、景気（GDP）変動の約 25％が政策不確実性によって説明されること、その中で政府債務の不確実性が支配的な影響を持っていることを示している。

　ドイツおよびイタリアを対象とした Beckmann and Czudaj（2021）は、エコノミストの財政収支予測の不一致度に基づいて財政政策の不確実性

（Fiscal Policy Uncertainty: FPU）指数を作成し、これが実体経済（工業生産の伸び）に負の影響を持っていることを示した上で、その要因は企業の採用・投資の減少、リスク・プレミアムに起因する高い借入コスト、予備的貯蓄による低い消費支出であると述べている。

　財政政策のうち税制に特化した分析は多い。Stokey（2016）は、税制の変更に関する不確実性が様子見（wait-and-see）行動を通じて企業の投資を一時的に停止させる理論モデルを提示し、税制など重要な政策決定の停滞は大きな経済的コストをもたらすと論じている。Lee and Xu（2019）は、新聞報道に基づく米国の州レベルの法人税制の不確実性（Tax-Uncertainty: TU）指数を作成し、税制の不確実性が事業活動に及ぼす影響を推計した例である。その結果によると、税制の不確実性の1標準偏差（TU指標30％）増大は、事業所の2年間の成長率を年率0.17％ポイント引き下げる。Abraham *et al.*（2024）は、政策の不確実性が投資に及ぼす効果をモデルのキャリブレーション（calibration）によって分析し、株主への課税を引き下げた2003年ブッシュ減税は、配当課税、キャピタルゲイン課税の不確実性のため、投資に対して意図した刺激効果を持たなかったという結果を示している。

〈日本における財政政策の不確実性〉

　日本は政府債務残高のGDP比が主要国の中で突出して高く、財政の持続可能性についての不確実性は高い。筆者の知る範囲では日本の財政政策の不確実性を直接に扱った研究はないが、第1節で見たArbatli Saxegaard *et al.*（2022）は、経済政策不確実性（EPU）指数の上昇が生産・雇用・投資に負の影響を持つこと、EPU指数のもとになった新聞報道のうち56％は財政政策に関する単語を含んでいることを示しており、財政政策の不確実性がマクロ経済に負の影響を持つことを示唆している。

　フォーマルな分析ではないが、筆者が企業および個人に行った調査では、財政政策の不確実性に特化した質問を行っている（表3-3参照）。2015年に行った企業への調査では、政府の基礎的財政収支黒字化目標の実現可能性、財政破綻の可能性について尋ねている（Morikawa, 2016b）。当時、政

表 3-3　日本の財政政策の不確実性

	(1) 基礎的財政収支黒字化確率(%)		(2) 財政破綻確率（%)	
	平均	標準偏差	平均	標準偏差
企業（2015年）	25.7	19.8	24.1	22.7
個人（2016年）	20.1	19.2	27.6	23.9

(注)　日本企業および個人へのサーベイ（Morikawa, 2016b; 森川, 2017 参照）に基づき作成。
　　　基礎的財政収支黒字化は 2020 年度までに実現する確率、財政破綻は 2030 年までに破綻
　　　する主観的確率を質問。

府が設定していた 2020 年度までに基礎的財政収支が黒字化するという目
標が実現する主観的確率は平均 26％だった。また、2030 年までに日本の
財政が破綻する主観的確率を尋ねたところ平均値は 24％だった。ただし、
標準偏差はそれぞれ 20％、23％と大きく、企業によって見方がかなり分
かれていた。財政破綻の主観的確率については、企業に対して 2017 年、
2020 年、2021 年にも同様の質問を行った。平均値、標準偏差とも 2015 年
調査と同程度の数字で、調査時期による違いはほとんど見られなかった。
　個人を対象とした 2016 年の調査でも同様の質問を行っており、基礎的
財政収支黒字化の主観的確率は平均 20％、標準偏差 19％、財政破綻の主
観的確率は平均 28％、標準偏差 24％だった。企業への調査とかなり近い
数字である[5]。総じて基礎的財政収支黒字化目標の実現には懐疑的だが、非
常に高い財政破綻リスクがあるとまでは見ていない。現実には 2020 年度
までに基礎的財政収支の黒字化は実現せず、目標は 2025 年度に先送りさ
れた。中長期の財政運営に関する不確実性は現在でもかなり高い。

〈社会保障の不確実性〉

　前述の通り、企業、個人いずれもさまざまな政策の中で社会保障制度の
先行き不確実性を強く意識している。家計にとって社会保障制度の不確実
性は消費・貯蓄行動、ポートフォリオ選択などに影響する（第 6 章で詳

5　Kobayashi and Ueda（2022）は、これらの調査結果を利用したシミュレーションを行
　い、日本の過去 20 年間にわたる長期停滞に対して政府債務の増嵩が大きな説明力を
　持つことを示している。

述）。例えば、Jappelli *et al.*（2021）は、イタリアの個人レベルのデータを用いて、社会保障給付の不確実性が高まると、引退後のための貯蓄が増加することを示している。企業にとっても社会保障には事業主負担があるので、従業員（特に正社員）の採用など労働需要側の意思決定にも影響する。

Kitao（2018）は、年金改革に関する政策の不確実性を明示的に組み込んだモデルを構築し、日本における社会保障政策の不確実性、制度改革の先送りの経済的影響をシミュレーションした。高齢化の下での賦課方式の年金制度を維持するためには給付の引き下げ、または大規模な増税が不可避だが、改革実施のタイミングや内容について不確実性が存在するという問題意識に基づく分析である。その結果によると、社会保障制度改革の不確実性は、特に高齢層の経済厚生に大きな負の影響を持つ。

Luttmer and Samwick.（2018）は、米国における将来の社会保障給付に対する不確実性が、個人の経済厚生を平均10%前後引き下げているという推計結果を示し、社会保障政策の不確実性を低減することの重要性を指摘している。Caliendo *et al.*（2019）は、米国の社会保障制度改革の時期・態様に関する不確実性の影響が、若年層はリスクを長期にわたってヘッジできるので小さいのに対して、引退が近い個人の経済厚生に大きく影響するという結果を示している。上述の Kitao（2018）と整合的である。

〈政府規制の不確実性〉

許認可など政府規制の不確実性が企業の投資など経済活動にネガティブな影響を持つことを示す研究は少なくない。法令自体が変わる可能性という意味での不確実性だけでなく、法令の解釈・執行の不確実性も経済行動に影響する。企業経営にとって重要な申請が果たして許可されるのかどうか、新しい事業活動が法令違反になるのかならないのかが不透明なほど、規制・ルールに対応するためのコストは大きくなるだろう。例えば、米国政府の規制に伴う企業のコンプライアンス・コストについて分析した Kalmenovitz（2023）は、政府規制と政策不確実性（EPU）指数の間に有意な正の関係があることを示している。

規制は、①直接的なコンプライアンス・コスト（書類作成、検査費用、

有資格者の配置など）のほか、②市場における新陳代謝（参入・退出・シェア再配分）への影響、③企業のリスク・テイキングやイノベーションへの影響を持つ。もちろん、何らかの社会的価値を保護するために規制が存在するので、それ自体の是非を評価するにはコストと便益の比較衡量が必要だが、規制の不確実性はコストを増加させ便益を低下させてしまうので、仮に規制が必要だとしても運用における不確実性をできる限り低減することが望ましい。

〈社会的規制の増加〉

1980 年前後から日本を含む主要国で規制緩和が進められ、通信、運輸、エネルギーなどの分野で参入規制や料金規制などの経済的規制の緩和・撤廃が進められた。米国のレーガノミクス、英国のサッチャー改革が有名だが、日本でも「第二次臨時行政調査会」（1981 年）以降、規制緩和が継続的に行われた。特に、1993 年の「経済改革研究会」報告書（「平岩レポート」）は、経済的規制は原則自由、社会的規制は自己責任を原則に最小限にするという考え方を提示した。その後、「規制緩和推進計画」などを通じて規制緩和が進められた。

しかし、安全規制、労働規制、環境規制、消費者保護規制など産業横断的な社会的規制は増加傾向にある。例えば米国では、通信、運輸、エネルギーなどの分野での経済的規制の緩和にもかかわらず、環境、労働安全などの分野でそれを相殺して余りある増加が見られ、規制の総量は平均年率3.5％で増加してきたと指摘されている（Dawson and Seater, 2013）。日本でも同様で、「許認可等現況」（総務省）によれば、2002 年から 2017 年の間に許認可の数は 47％（年率 2.5％）増加しており、金融庁、厚生労働省、環境省といった省庁の増加寄与度が大きい（Morikawa, 2023b）。

政府規制や各種ルールに対応するためには書類の作成、検査の実施、官庁との調整などの煩瑣な業務が必要になる。そのための労働時間が総労働投入量に占める割合は非常に大きい。筆者が行った調査（2021 年）によれば、産業別には金融・保険、医療・福祉といったセクター、企業規模別には大企業で大きい数字である。賃金水準の高い就労者ほど労働時間の多

くがこうしたコンプライアンス対応業務に充てられており、賃金でウエイト付けするとマクロ的な総労働投入量の23％にのぼる（Morikawa, 2023b）[6]。仮にこのコストを半減できれば経済全体の生産性（TFP）が約8％高まる計算になる。これは機械的な計算に過ぎないが、足下での日本の生産性上昇率はゼロ％台半ばなので、10年分以上の生産性上昇に相当する。規制やルールの執行に不確実性があると、それに対応するための書類やデータの作成作業は多くなるから、この数字の一部は規制・ルールの不確実性に起因していると考えられる。

〈規制の不確実性の影響に関する研究例〉

　規制の不確実性の影響に関する実証研究をいくつか紹介したい。Nodari（2014）は、金融規制政策の不確実性が米国マクロ経済に及ぼす影響を推計している。世界金融危機以降の金融規制改革の決定プロセスが金融規制の不確実性をもたらしているという問題意識に基づいている。新聞報道のテキスト分析に基づく分野別不確実性指数（Baker *et al.*, 2016）のうち金融規制政策の不確実性（Financial Regulation Policy Uncertainty: FRPU）指数を利用した時系列分析である。FRPU指数の高まりが企業の外部資金調達のコスト（信用スプレッド）を高め、実体経済（生産、雇用、物価）に対して持続的な負の影響を持つという結果を報告している。

　規制の執行の不確実性に関する研究としては、Stern（2017）が医療技術に関わる規制による承認プロセス（米国 Food and Drug Administration: FDA）の不確実性が、イノベーションのインセンティブに及ぼす影響を分析している。新しい医療機器の承認に要する時間は長く、結果として新しい医療機器を市場に投入するためのコストを7％高めているとしている。これは技術自体の新規性よりも、規制当局が安全性や有効性を判断するのに必要な情報や評価方法のガイドラインがないことに起因していると指摘

6　この数字は公的規制だけでなく、業界ルールや社内ルールへのコンプライアンスのための時間を含んでいる。しかし、政府の規制や行政指導に絞って尋ねた2024年の調査でも約20％という数字であり、コンプライアンス対応労働時間の大部分を占めている。

している。Jackson（2016）は、米国カリフォルニア州の土地利用規制が住宅供給に負の影響を持っていることを示し、委員会の過半数の同意を必要とする政策が政治的不確実性を高め、開発に大きく影響していると論じている。日本でも過半数の同意を要するといった形の規制やルールは多いので、それらが規制の不確実性を高めている可能性を示唆している。

Calomiris *et al.*（2020）は、米国上場企業の収益報告のテキスト分析により、企業レベルの規制コスト指標のパネルデータを作成し、規制が企業業績、資本コストに及ぼす影響を分析したものである。この指標は規制に対するコンプライアンス・リスク（不確実性）を強く反映しており、売上高の伸びを低下させるとともに、資本コストを高めているとの結果を報告している。そして、規制当局がフォーマルなルールではなくガイダンスに依存する傾向を強めていることが、コンプライアンス・リスクを高めていると述べている。日本でもガイドラインや「指導」が頻用される傾向があるので、同様の影響が生じている可能性がある。これらは例示に過ぎないが、さまざまな規制の不確実性が企業経営にマイナスの影響を与えていることがわかる。

〈労働市場制度の不確実性〉

社会的規制・ルールの中でも労働市場制度は、すべての企業がカバーされる点で事業の許認可制度よりも広い範囲に影響を与える。筆者が行った企業への調査によれば、半数以上の企業がコンプライアンス・コストの高い制度として労働規制を挙げ（表3-4参照）、また、規制緩和を期待する分野として最も多くの企業が労働規制を選択した。雇用保護（解雇）規制、労働時間規制、最低賃金規制など頻繁に制度改正が行われる分野であり、企業や労働者にとっての不確実性を高めている可能性が高い。

労働市場制度の不確実性の影響を扱った興味深い研究を例示したい。Gianfreda and Vallanti（2017）は、イタリアを対象に労働紛争の決着に関する裁判所の決定の遅延が地域によって異なることを利用した分析で、裁判に時間がかかる地域では、予想解雇費用（不確実性）の増大を通じて転職率が低下するとともに、企業の労働生産性に負の影響を持つことを示して

表 3-4　コンプライアンス・コストの高い制度

政策	選択企業（%）
労働規制	50.5
環境規制	27.9
税制	27.0
社会保障制度	18.5
個人情報保護	17.6
事業の許認可	16.5
会社法制	13.2
土地利用・建築規制	6.1
政府・自治体の指導・要請	5.5
職業資格制度	5.4
消費者保護	5.1

（注）　2021 年に行った企業への調査（「経済政策と企業経営に関するアンケート調査」）より作成。N＝3,123 社。表にある制度の中から 3 つ以内で選択する形式。

いる。Sestito and Viviano（2018）もイタリアを対象とした研究で、無期雇用の増加を目的とした労働市場規制の変更——新しく行う無期雇用契約の解雇費用の引き下げ、無期雇用契約の労働者を採用した企業に補助金を支給——の効果を分析している。新しい制度の対象が従業員 15 人以上の企業であることに着目し、この閾値を利用して因果的な影響を推計している。そして、この制度改正は無期雇用を増加させており、解雇ルールが明確化されて不確実性が低下したことが寄与していると論じている。

　労働市場規制に限らず、事後的な法令違反への国民やメディアの関心が高くなっている中、ルールの解釈や運用の不確実性は、革新的な新規事業展開や研究開発投資を委縮させる可能性があり、実証的なエビデンスに基づいて合理的な規制への改革を進めることが望ましい。

3.　政治の不確実性

〈政治の不安定性と経済活動〉

　政策の不確実性の背後には、党派対立、政権交代、「ねじれ国会」といった政治的な不確実性があることが多い。政治の不安定性が経済成長や投

資に及ぼす負の影響について、クロスカントリー・データを用いた実証研究は多いが、例えば、Barro（1991）、Alesina *et al.*（1996）、Chen and Feng（1996）、Jong-A-Pin（2009）、Aisen and Veiga（2013）、Dirks and Schmidt（2024）が挙げられる[7]。これらのうち Aisen and Veiga（2013）は、ダイナミック・パネル分析に基づき、政治的不安定性の代理変数である 1 年当たりの内閣交代頻度が 1 回多くなると、1 人当たり GDP 成長率が 2 ％ポイント前後低下するという大きな負の効果を示している。そして、生産性（TFP）と物的・人的資本蓄積への影響が経済成長率を引き下げる経路で、特に生産性低下を通じた影響が大きいという結果を報告している。また、Dirks and Schmidt (2024) は、日本を含む先進 34 カ国のパネルデータを用いて政治的不安定性と経済成長率の関係を分析し、政治的不安定性の指標が 1 標準偏差高くなると実質 GDP 成長率を約 1 ％ポイント低下させることを示している。量的に相当大きな影響である。

　米国の実証研究としては、例えば Azzimonti（2018）が、米国における党派対立が財政政策の不確実性を高め、企業の投資に負の影響を持つことを示している。党派対立指数（Partisan Conflict Index: PCI）が 2 倍になると法人企業の投資が 13％減少するという大きなマグニチュードである。Hacıoğlu-Hoke（2024）も PCI を用いて時系列分析を行い、政治的リスクの低下が経済拡張的な効果を持つことを示している。Hassan *et al.*（2019）は、個々の米国企業が直面している政治的リスクの指標（PRisk）を構築し、それと投資行動などとの関係を分析している。その結果によると、政治的リスクに直面した企業は従業員の採用および投資を抑制し、政治的ロビー活動や政治家への献金を増やす傾向がある。

〈選挙という不確実性イベント〉

　政治の不確実性の典型が選挙である。例えば近年の米国大統領選挙では、民主党と共和党のいずれが勝利するのか、開票結果を見るまでわからない

7　政治的不安定性と政策決定、マクロ経済成果の関係についての理論・実証研究のサーベイ論文として、やや時期が古いが Carmignani（2003）を挙げておく。

という事態が続いてきた。2024年秋の大統領選挙も同様で、結果的に共和党のトランプ候補が民主党のハリス候補に勝利したが、選挙直前の各種調査では両候補の支持率がほぼ互角で、どちらが勝つか全く予測できなかった。2016年の英国のEU離脱（ブレグジット：Brexit）の国民投票も僅差での決着であり、事前にはどちらに転ぶかわからない状況だった。ブレグジットに伴う不確実性には多くの研究者が注目し、それが貿易や投資に負の影響を持ったことを示す研究は数多い（第8章で詳述）。

　Julio and Yook（2012）は、選挙が企業投資に与える影響をクロスカントリー・データで分析した例である。その結果によると、選挙年に企業の投資は平均4.8％減少し、政治的な影響が強い産業の企業で顕著だった。また、選挙が接戦の場合、大差の場合よりも投資への影響が2倍以上大きい。さらに、Julio and Yook（2016）は政治的な不確実性が国際資本移動に及ぼす影響を分析し、ホスト国の選挙直前に米国からの直接投資フローが非選挙年と比べて13％減少し、選挙が終わって政治的不確実性が解消すると増加に転じることを示している。不確実性の「リアルオプション効果」と整合的な分析結果と言えるだろう。選挙が直接投資に及ぼす影響は国内投資への影響よりも大きく、選挙が接戦の場合に影響が大きくなる。

　Jens（2017）は、米国の州知事選挙を不確実性の外生的な変化の源泉として利用し、政治的不確実性と企業の投資の関係を分析している。選挙前に、その州に本社を置く企業の投資は5％低下し、政治的不確実性が高い企業のサブサンプルでは15％低下したという結果である。そして選挙後に投資がリバウンドするかどうかは前任者が再選されるかどうかに依存し、新しい州知事が当選した場合には投資のリバウンドは小さい。おそらく政策の不確実性がしばらく続くからだと考えられる。Brogaard *et al.*（2020）は米国の選挙サイクルで計測したグローバルな政治的不確実性が、投資家のリスク回避度を高め、他国の株式収益率に負の影響を持っているとの結果を報告している。

　選挙に伴う政治的不確実性が家計の行動に及ぼす影響を分析したものとして Giavazzi and McMahon（2012）が挙げられる。第二次世界大戦後のドイツにおける選挙の中で最も接戦だった1998年の総選挙（コール対シュ

レーダー）──失業対策、年金制度が大きな争点だった──を対象に、政治的不確実性の家計貯蓄、労働供給への因果的な影響を推計している。この選挙の際に政治的不確実性が大きく高まり、家計貯蓄率が上昇するとともにパートタイム労働者の労働時間が増加した。その上で、政治的な合意形成が行われない場合、改革が実施されない、またはすでに決定した改革が覆される可能性があるため、不確実性が高まり経済活動を鈍化させると述べている。

〈日本の政治的不確実性〉

日本では、2006 年の第一次安倍内閣から 2012 年までの間、首相の交代が相次ぎ 1 年前後の短命政権が続いた。また、与党が参議院で過半数を持たない、いわゆる「ねじれ国会」状態がしばしば起きた。こうした状況の下、重要法案が成立しなかったり修正されたりするなど、政策の不確実性が高まった。

伊藤（2016）は、報道機関が毎月行う世論調査の政党支持率をもとにした政権運営の不安定性を示す「政治不安定性指数」を作成し、継続的にアップデートしている。そして時系列分析によれば、この指数が高まると遅れて経済活動が低下し、特に設備投資、住宅投資、耐久財消費などの需要、パートタイム労働者の雇用への影響が大きい。

この指数は 1998 年や 2010 ～ 2012 年の衆参ねじれ期をはじめ政権運営が不安定であった時期に大きく上昇している（図 3-3 参照）。第二次安倍政権以降は「ねじれ国会」解消もあって落ち着いた動きが続いたが、岸田政権下の 2023 年末に 2012 年末以来の高い数字となり、その後も高水準で推移している。

民主主義の下、選挙や世論動向における政治の不安定性は不可避だが、近年、多くの国で国民の分断や党派対立が深刻化しており、政策の不確実性およびその経済への影響を考える上で重要なテーマになっている。

図 3-3 日本の政治不安定性指数

（注） 伊藤（2016）が作成・公表している月次の指数から作図。

第4章　企業が直面する不確実性

　ビジネス・サーベイの先行き予測データを利用して企業レベルの不確実性を定量化する研究が盛んに行われるようになってきた。本章は、政府統計のミクロデータや独自の企業サーベイを通じて収集したデータをもとに作成したいくつかの不確実性指標を用いて、日本企業が直面する不確実性の時系列での動向、産業や企業規模による違いなどを観察する。また、経済成長率などマクロ経済の不確実性と企業の業況・生産といったミクロレベルの不確実性の関係について議論する。なお、企業レベルの不確実性が企業行動や経営成果に与える影響については第5章でまとめて扱う。

　世界金融危機、コロナ危機はいずれも非常に大きな世界的ショックだったが、企業データからはかなりの違いが観察される。世界金融危機は先行きが確実に悪化するという見通しの企業が多かったのに対して、コロナ危機は先行きが好転するのか悪化するのか予測が難しい不確実性ショックという性格が強く、ナイト流不確実性という面を持っていたことが示唆される。

　一般にサービス産業よりもグローバル経済との関わりが強い製造業の不確実性が高く、大企業よりも中小企業の不確実性が高い傾向がある。しかし、コロナ危機時にはサービス産業や大企業の不確実性が大きく高まった。

1. 企業レベルの不確実性研究

〈企業の景況感や予測の調査〉

主要国の政府や中央銀行は、企業の景況感や先行き予測に関するビジネス・サーベイを実施し、景気判断やマクロ経済政策運営に活用している。Carstensen and Bachmann（2023）は、企業の期待（予測）に関する主要国のビジネス・サーベイについて、企業の主観的不確実性の把握に力点を置いた最近の調査を含めて鳥瞰している。先行き予測を含んだ調査データの多くは、企業が直面する不確実性を捉えるのにも利用できる。

日本では（「全国企業短期経済観測調査（日銀短観）」（日本銀行）が代表例だが、「法人企業景気予測調査」（内閣府・財務省）、「製造工業生産予測調査」（経済産業省）、「企業行動に関するアンケート調査」（内閣府）などいくつかの公的なビジネス・サーベイがあり、それぞれ異なる情報を含んでいる。いずれも先行き見通し（予測値）の情報が利用できるので、予測のばらつき、事後的な実績値と比較した予測誤差などの不確実性指標を作成することができる。

Born *et al.*（2023b）は、主要国における企業パフォーマンスの予測調査について整理しており、日本の調査としては「日銀短観」、「製造工業生産予測調査」、「法人企業景気予測調査」を挙げている。そしてビジネス・サーベイに基づく企業の生産・価格の予測について概観し、5つの定型化された事実を挙げている。すなわち、①企業の予測誤差にはバイアスがなく、平均的にゼロと有意に異ならない。②企業の回答は企業固有の動向を予測する上で有用性があり、静学的予測や適応的予測を凌駕する。③規模の大きい企業、年齢の高い企業は良好な予測を行う傾向がある。④企業の過去の変数は予測誤差に対する予測力を持っている。⑤予測のばらつき（不一致度）および予測誤差は反景気同調的である、すなわち、不況期に企業の不確実性が増大する。

〈企業の不確実性をどう捉えるか〉

企業は常に不確実性の下で操業しているが、不確実性の程度は時により変動するし、産業によっても異なる。第1章で述べた通り、企業が直面する不確実性は、予測のばらつき（不一致度）、事後的な予測誤差などで計測されてきた（e.g., Bachmann *et al.*, 2013; Morikawa, 2016c; Buchholz *et al.*, 2022）。

最近は個別企業の株価の予想ボラティリティ（インプライド・ボラティリティ）、企業の決算報告などのテキスト分析で作成した不確実性指標を用いる研究もある。個別企業の株価の予想ボラティリティを用いた研究として Dew-Becker and Giglio（2023）、Lakdawala and Moreland.（2024）、テキスト分析によって企業レベルの不確実性を計測した分析として Hassan *et al.*（2019）、Hassan *et al.*（2024）、Handley and Li（2020）を挙げておく。このほか、Kawabata and Senga（2024）は、アナリストによる企業業績予測の不一致度と予測誤差を企業レベルの不確実性指標として、日本企業の不確実性を分析している。

第1章で述べた通り、経済主体の不確実性を正確に捉えるためには、主観的な不確実性を直接に尋ねるのが最善だとされている。そして企業や経営者へのサーベイに基づく主観的不確実性（主観的信頼区間などで計測）を用いた研究も増えている。企業（経営者）の業況や自社株価の見通しに関わる主観的不確実性を計測して分析に用いた例として、Guiso and Parigi（1999）、Bontempi *et al.*（2010）、Ben-David *et al.*（2013）、Barrero *et al.*（2021）、Barrero（2022）、Fiori and Scoccianti（2023）、Dibiasi *et al.*（2024）を挙げておく。筆者自身が行った日本企業の主観的不確実性の計測結果は、第4節で紹介する。

〈マクロとミクロの不確実性〉

企業にとってマクロ経済の先行きには不確実性があるが、それだけでなく企業固有の要因によるミクロレベルの不確実性がある。ビジネス・サーベイは、GDP成長率、物価上昇率などマクロ経済の見通しに関する設問、当該企業自身の業況・売上高・雇用などの見通しに関する設問をともに含

んでいる場合が少なくない。GDP 成長率などマクロ経済指標の実績値は各企業共通なのに対して、企業の業況・売上高・雇用といった変数は事後的にも企業によって異なる。これらをもとに作成された不確実性指標のうち、前者は企業から見たマクロレベルの不確実性、後者はミクロレベルの（企業特殊的）不確実性と言える。[1]

　マクロ経済の不確実性とミクロレベルの不確実性は正相関を持つことが多いが、GDP 成長率見通しの不確実性は低いけれども企業自身の売上高見通しの不確実性は高い、あるいはその逆のケースは当然ありうる。企業が直面する不確実性やその企業行動、経営成果との関係を分析する際は、マクロの不確実性とミクロの不確実性を区別して考えることが有益である。

〈日本企業を対象とした筆者の分析〉

　次節以降、筆者が行ってきた日本企業を対象にした分析をいくつか紹介する。第 2 節は「日銀短観」のオーダーメード集計データに基づき、定性的な業況判断の予測誤差を不確実性の代理変数として用いた分析である。第 3 節は、「製造工業生産予測調査」のミクロデータを使用し、生産予測の定量的な予測誤差を不確実性変数とした分析である。第 4 節は、企業の点予測値とその信頼区間を尋ねた独自の調査によって主観的不確実性を把握する試みを紹介する。第 5 節は「法人企業景気予測調査」のミクロデータを使用し、マクロ経済の景況、自社の業況の先行き「不明」という回答をナイト流不確実性の代理変数とみなした分析である。

　ミクロレベルの不確実性は企業による異質性が大きいこと、サービス産業に比べて製造業（特に IT 関連業種や資本財産業）の不確実性が高いこと、大企業に比べて中小企業の不確実性が高いこと、不況期に不確実性が高くなることなどを指摘する。また、特にコロナ危機の際に不確実性が大きく高まっており、企業レベルでも不確実性ショックという性格が強かったことを再確認する。このほか、不確実性を計測する上での技術的な点と

1　不確実性下の企業の意思決定についてのサーベイ論文である Campello and Kankanhalli（2022）は、最近の不確実性の計測の進展を、①マクロ的な不確実性、②企業特殊的な不確実性に分けて整理している。

して、定量的な生産予測、予測の主観的確率分布などの情報を収集することの意義を述べる。

2. 業況判断の予測誤差：「日銀短観」の分析

　本節では、日本銀行が四半期ごとに実施している日本の代表的なビジネス・サーベイである「日銀短観」のオーダーメード集計データを使用し、日本企業が直面してきた不確実性の動向を、近年の大きな不確実性ショックだった世界金融危機とコロナ危機を比較しつつ概観する[2]。また、産業や企業規模による違い、業況、設備、雇用、販売価格など判断項目による違いを観察する。

　家計や企業が直面する不確実性は直接観測することができないため、さまざまな不確実性の代理変数が開発されてきた。ここでは、企業の先行き予測と事後的な実績判断の比較——予測誤差——から不確実性指標を作成する。企業へのサーベイに基づく同様の指標を用いた研究として、Bachmann *et al.*（2013）、Arslan *et al.*（2015）、Buchholz *et al.*（2022）などの例がある。具体的には、業況判断をはじめとする三者択一方式の判断項目への回答から定量的な2種類の不確実性指標——①絶対予測誤差（*ABSFE*）、②予測誤差のばらつき（*FEDISP*）——を計算する。

〈「日銀短観」について〉

　本書の読者の多くはご存知だと思うが、「日銀短観」は統計法に基づいて日本銀行が行っている統計調査で、日本を代表するビジネス・サーベイである。毎年3月、6月、9月、12月に全国の資本金2,000万円以上の企業から抽出した企業を対象に実施されており、最近の回答企業数は1万社弱である。全産業・全規模のほか、産業（製造業、非製造業）別に大企業（資本金10億円以上）、中堅企業（同1億円以上10億円未満）、中小企業

2　本節の分析は、Morikawa（2016c）、分析期間を拡張した森川（2023c）、仕入価格および販売価格の不確実性を扱った森川（2023d）をもとにしている。

（同 2,000 万円以上 1 億円未満）に分けた集計値が公表されている。

　主な調査項目は、「判断項目」、「年度計画」、「物価見通し」、「新卒者採用状況」で、本章で使用するのは判断項目である。判断項目は、業況、国内での製商品・サービス需給（「国内需給」）、海外での製商品・サービス需給（「海外需給」）、製商品在庫水準、製商品の流通在庫水準、生産・営業用設備、雇用人員、資金繰り、金融機関の貸出態度、CP（コマーシャルペーパー）の発行環境、借入金利水準、販売価格、仕入価格について、三者択一の形で調査されている。業況判断を例にとると、回答の選択肢は「1 良い」、「2 さほど良くない」、「3 悪い」である。「良い」と回答した企業の割合から「悪い」と回答した企業の割合を差し引いた数字が、業況判断 DI（ディフュージョン・インデックス）として公表される。特に製造業大企業の業況判断 DI は市場関係者の注目度が高く、新聞でもしばしば一面で報じられる。

　ここでは 2003 年 12 月調査（2003 年 Q4）から 2022 年 6 月調査（2022年 Q2）までのデータを使用し、前期における翌期の見通し判断と当期における最近の判断の乖離——予測誤差——から前期時点での不確実性指標を作成する。判断項目のうち現状判断だけでなく見通しも尋ねている業況、国内需給、海外需給、設備、雇用人員、借入金利水準、販売価格、仕入価格の 8 つを分析対象にする。

〈不確実性指標の作成〉

　公表されている集計データからも、翌四半期見通しと実績値から予測誤差を計算することはできる。しかし、実績が見通しよりも上振れた企業と下振れた企業が同数ある場合、公表データから計算されるネットの予測誤差はゼロになる。例えば、上振れした企業と下振れした企業が回答企業の5 ％ずつというケースと 20％ずつというケースでは、いずれもネットの予測誤差はゼロだが、見通し時点の不確実性という意味では後者の方が高い不確実性があったと考えるのが自然だろう。後述するように、実際、ネットの予測誤差の背後には大きなグロスの予測誤差が存在する。

　そこで、上記の各判断項目についてオーダーメード集計により、前期調

表 4-1　予測誤差の定量化

		当期の業況判断		
		良い	さほど良くない	悪い
前期の翌期業況予測	良い	0	-1	-2
	さほど良くない	+1	0	-1
	悪い	+2	+1	0

査における 3 カ月先の業況見通しと当期調査における業況の実現値のセル
（3×3＝9 類型）ごとに該当する企業数をクロス集計した。[3] セルごとの企
業数データをもとに各判断項目の DI（現状、見通し）を計算するととも
に、後述する不確実性指標を作成する。なお、設備判断、雇用人員判断の
選択肢は「1 過剰」、「2 適正」、「3 不足」という区分になっており、他の
判断項目と景気循環との関係が逆なので、本章で DI を計算する際は「不
足」企業割合から「過剰」企業割合を引く形で計算して整合性をとる。

　Bachmann *et al.*（2013）以降、企業サーベイに基づく不確実性指標として
頻繁に使用される絶対予測誤差の平均値（*ABSFE*）、予測誤差のばらつき
（*FEDISP*）を作成する。[4] 上述の通り、判断項目は定性的な判断を尋ねたも
のなので、これを量的な指標に変換する必要がある。業況判断を例にとる
と、表 4-1 に示す通り、前期における翌期見通し判断（例えば 3 月（Q1）
調査の 6 月（Q2）見通し）と当期（6 月（Q2）調査）の実績判断が同じ場合
には「0」、見通しに比べて一段階改善（悪化）した場合には「＋1」（「-1」）、
二段階改善（悪化）した場合には「＋2」（「-2」）を予測誤差とする。絶対
予測誤差（*ABSFE*）は、予測誤差（-2 〜 ＋2）の絶対値を企業数でウエイ
ト付けした平均値、予測誤差のばらつき（*FEDISP*）は、予測誤差を企業
数でウエイト付けした標準偏差であり、いずれも 0 〜 2 の間の数字をとる。
これらの数字が大きいほど、予測時点における先行き不確実性が高かった

3　「日銀短観」のミクロデータを外部の研究者が利用することは認められていないが、
　統計法に基づいてクロス集計を依頼することができる。ここで依頼した集計データは、
　「オーダーメード集計の実施状況」として日本銀行のウェブサイトで公表されている
　ので、誰でも利用できる状態になっている。
4　このほか予測自体の分散（*FDISP*）も不確実性指標として利用されることがあり、
　Bachmann *et al.*（2013）は、*FDISP* の動きを *ABSFE* や *FEDISP* と比較している。

ことを意味する。例えば、3月調査の次期業況予測と6月調査の当期業況判断から計算した不確実性指標は、3月調査時点での業況の先行き不確実性を表している。

　これら2つの指標は一見似ているようだが性質が異なり、*ABSFE* は上振れか下振れかは別として、予測と実績が異なった企業が多いと大きい数字になり、例えばすべての企業の業況が揃って上振れした場合には大きな数字になる。一方、*FEDISP* は、予測に比べて下振れした企業と上振れした企業が同程度に多いと大きな数字になり、逆にすべての企業が揃って上振れした場合には小さい数字になる。ただし、実際には *ABSFE* と *FEDISP* はかなり似た動きを示す（Bachmann *et al.*, 2013; Morikawa, 2016c）。

　業況判断を含めた8つの判断項目について同様の手続きで不確実性指標を作成する。例えば、国内需給判断では翌期の需給が需要超過になるか供給超過になるか、設備判断では翌期の設備が過剰になるか不足するかについての予測時点での先行き不確実性を表す。「日銀短観」のオーダーメード集計は、製造業・非製造業別、企業規模（大企業、中堅企業、中小企業）別の集計が認められているので、全産業・全規模のほか企業類型別の不確実性指標も計算し、産業や規模による違いを観察する。

〈業況の不確実性の動向：世界金融危機とコロナ危機〉

　全産業・全規模の業況判断 DI と不確実性指標の時系列での動きを示したのが図4-1である。世界金融危機とコロナ危機の際に DI（当期）が大幅に悪化するとともに、企業の業況の先行き不確実性が高まったことが観察できる。世界金融危機の時の不確実性のピークは2008年 Q4、コロナ危機時のピークは2020年 Q1 である。ただし、世界金融危機時の方がコロナ危機時よりも業況判断 DI の悪化はずっと大きく、コロナ危機時の方が不確実性の増大が顕著である。世界金融危機と比較してコロナ危機が不確実性ショックという性格をより強く持っていたことを示している。なお、業況判断 DI のボトムは世界金融危機時が2009年 Q1、コロナ危機時は2020年 Q2 であり、不確実性指標のピークの1四半期後である。

　2つの不確実性指標は2011年 Q1 に世界金融危機時よりも高い数字に

図 4-1　業況判断 DI と不確実性の動向

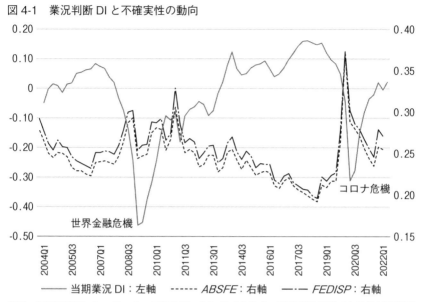

(注)　「日銀短観」オーダーメード集計データに基づき作成。不確実性指標である絶対予測誤差（*ABSFE*）と予測誤差のばらつき（*FEDISP*）は水準自体に差があるので、*FEDISP* は 0.25 を差し引いて作図している。

なっているが、これは東日本大震災により同年 6 月の業況判断が 3 月時点の予測から大幅に下振れたことを反映している。分析対象期間を通じて *ABSFE* と *FEDISP* はよく似た動きをしており、全期間での相関係数は 0.993 と非常に高い。

業況判断の予測誤差を予期せざる悪化（予測が楽観的だった）と予期せざる改善（予測が悲観的だった）に分けると、時期を問わず両者が併存しており、ネットでの予測誤差の背後に非常に大きなグロスの予測誤差が存在する（Morikawa, 2016c）。不況局面でも予想していたほど業況が悪化しなかった企業、好況局面でも予想していたほどには業況が改善しなかった企業が多数存在するわけである。

ここでの分析対象期間平均でネットの予測誤差（企業割合）は＋2.9％だが、上振れした企業 13.3％、下振れした企業 10.4％で差し引き＋2.9％となっている。世界金融危機直後の 2008 年 12 月はネットでの悪化企業割

合は 8.0％だが、上振れ企業も 10.1％存在する（下振れ企業は 18.2％）。コ
ロナ危機直後の 2020 年 3 月も同様で、ネットでの悪化企業割合は 12.9％
だが上振れ企業も 11.2％存在する（同 24.1％）。

「日銀短観」の公表データからもネットの予測誤差は計算できるが、オー
ダーメード集計を行うことで初めてグロスの数字を計算でき、予期せざる
悪化と予期せざる改善を合わせた不確実性を捉えることができる。

〈産業・企業規模による違い〉

製造業と非製造業の業況不確実性（全規模）を比較すると（表4-2参照）、
一般に製造業の方が非製造業よりも不確実性が高い傾向にある。製造業は
国内だけでなく海外の経済情勢の影響を強く受けるからだと考えられる。
しかし、コロナ危機時には製造業、非製造業とも不確実性が大きく増大し
ており、特に FEDISP で見ると非製造業の不確実性水準が製造業と同程度
まで高まった。非製造業の中には新型コロナの負の影響を強く受けて先行
きの見通しが難しかった宿泊・飲食サービス、娯楽サービス、運輸業とい
った産業が含まれる一方、情報通信業、オンライン小売業など想定外の正
の影響を受けた業種も存在する。感染者数の動向、「緊急事態宣言」の発
動や解除のタイミングなど、先行きの業況予測を難しくするさまざまな要
因があり、非製造業の不確実性が過去に例のない水準まで高まったものと
考えられる。

企業規模別には（表4-2下段参照）、期間を通じて見ると大企業は計測
される不確実性が低く、中小企業は不確実性が高い傾向がある。第 3 節で
述べる生産予測でも規模が大きいほど予測誤差が小さい（不確実性が低
い）し、第 5 節で扱う「法人企業景気予測調査」の不確実性指標も大企業
ほど低い。規模の小さい企業ほど情報収集・処理能力の制約があるため、
「合理的無関心（rational inattention）」を反映している可能性がある[5]。しか
し、世界金融危機、コロナ危機という大型のショックの際には大企業の不
確実性増大が顕著で、これら 2 つの危機の際には企業規模による差がほと

---

5 合理的無関心に関するサーベイ論文として Maćkowiak *et al.*（2023）。

第4章　企業が直面する不確実性　　**105**

表 4-2　世界金融危機（GFC）とコロナ危機の不確実性のピーク

| | (1) ABSFE | | | (2) FEDISP | | |
	期間平均	GFC	コロナ危機	期間平均	GFC	コロナ危機
全規模・全産業	0.244	0.293	0.371	0.505	0.552	0.623
製造業	0.259	0.334	0.386	0.522	0.593	0.627
非製造業	0.234	0.286	0.360	0.492	0.552	0.619
大企業	0.208	0.328	0.371	0.464	0.557	0.607
中堅企業	0.240	0.300	0.374	0.499	0.559	0.625
中小企業	0.261	0.283	0.369	0.523	0.546	0.626

（注）「日銀短観」オーダーメード集計データに基づき作成。ABSFE は絶対予測誤差、FEDISP は予測誤差のばらつき（標準偏差）。世界金融危機（GFC）、コロナ危機の際の不確実性指標はピーク（四半期）の数字。

んどなくなった。規模の大きい企業ほどマクロ経済情勢に関する情報収集にリソースを投入し、確度の高い事業計画を作成する傾向があるとしても、これら大きな外生的ショックの下ではそれが難しくなったことを示唆している。

〈判断項目別の不確実性の比較〉

　判断項目ごとの不確実性指標を比較したのが表 4-3 である。ABSFE、FEDISP のいずれも、全期間を均して見ると業況判断の不確実性が最も高く、設備判断（設備過剰感）は最も不確実性が低い。販売価格、仕入価格という価格面の判断項目は、業況判断に次いで不確実性が高い。全般的な業況や価格は変化する頻度が比較的高いことが理由として考えられる。

　世界金融危機時、コロナ危機時の数字を比較すると、国内需要、海外需要の不確実性は同程度である。設備判断の不確実性増大は世界金融危機の時の方が大きいのに対して、雇用人員判断（雇用過剰感）の不確実性はコロナ危機の方が大きい。借入金利水準判断の不確実性は世界金融危機時にはやや高まったが、コロナ危機ではむしろ平時よりも低い。もともと低金利局面であったことに加えて、早期に追加的な金融緩和や資金面の支援策がとられたことが一因だと考えられる。販売価格や仕入価格の不確実性は世界金融危機時には上昇したが、コロナ危機下ではむしろ平時よりも低い

106

表4-3 判断項目別の不確実性

	(1) ABSFE			(2) FEDISP		
	期間平均	GFC	コロナ危機	期間平均	GFC	コロナ危機
業況判断	0.244	0.265	0.302	0.505	0.525	0.560
国内需給判断	0.155	0.190	0.200	0.419	0.469	0.470
海外需給判断	0.149	0.203	0.205	0.403	0.474	0.473
設備判断	0.112	0.137	0.126	0.343	0.380	0.364
雇用人員判断	0.183	0.198	0.221	0.440	0.456	0.485
借入金利水準判断	0.181	0.224	0.117	0.420	0.481	0.349
販売価格判断	0.193	0.230	0.161	0.452	0.495	0.417
仕入価格判断	0.218	0.246	0.190	0.479	0.516	0.449

(注) 「日銀短観」オーダーメード集計データに基づき作成。ABSFE は絶対予測誤差、FEDISP は予測誤差のばらつき(標準偏差)。世界金融危機(GFC)は 2008 年 Q4 ～ 2010 年 Q1、コロナ危機は 2020 年 Q1 ～ 2020 年 Q4 の平均値。

水準である。

　このように、判断項目によって2つの危機における不確実性の動きにはかなりの違いがある。世界金融危機とコロナ危機はいずれも大きな経済的ショックで、先行きの不確実性が高まったが、細かく見ていくとその性質は異なる。世界金融危機は需要ショックという性格が強く(内外需要の落ち込み、設備・雇用の過剰感増大、販売価格の低下)、かつ、金融面の不確実性(借入金利)増大が顕著だった。一方、コロナ危機は供給ショックと需要ショックが混在したショックという性格を持っていたように見える。

　なお、森川(2023c)は、頻繁に利用される他の不確実性指標との比較を行っている。「日銀短観」から作成した不確実性指標は、マクロ経済不確実性(MU)指数と似たパタンである。MU 指数は多数のマクロ経済指標からの予測値と実績値の乖離として作成されており、企業の予測誤差と類似の性質を持っているからだと考えられる。これに対して、「日銀短観」の不確実性指標と、株価の予想ボラティリティ(日経平均 VI)や経済政策不確実性(EPU)指数との相関係数は低い。

〈「日銀短観」データから見た不確実性:小括〉
　以上、「日銀短観」データに基づいて不確実性の動向や企業特性による

違いを見てきた。世界金融危機、コロナ危機の際に業況の先行き不確実性が高まったことが確認される。一般に非製造業よりも製造業、大企業よりも中小企業の不確実性が高い傾向があるが、コロナ危機時は製造業、大企業の不確実性が増大した。世界金融危機の際は資金調達面の不確実性が高くなったが、コロナ危機時は金融面の不確実性増大は見られず、雇用の先行き不確実性の増大が大きかった。これらの指標で測った不確実性が設備投資や価格設定といった企業行動に与える影響については、第5章で考察する。

3. 生産予測の不確実性：「製造工業生産予測調査」の分析

〈定量的予測に基づく不確実性の計測〉

「日銀短観」は日本を代表するビジネス・サーベイだが、業況判断は「良い」、「さほど良くない」、「悪い」という定性的なものである。それらを数値化した上で不確実性指標を作成したが、予測のばらつき、予測誤差いずれも、「どの程度良い／悪い」のかというマグニチュードの情報を含んでいないという限界がある。定性的予測の場合、業況の予測、事後的な実績ともに「悪い」だったとき、予測誤差はゼロという扱いになるが、実際には予測ほどは悪くなかった、逆に予測を超えて悪化したというケースも多いだろう。実績値が5％の下振れなのか20％の下振れなのかで経済的な意味は大きく異なる。

　本節では、生産数量の定量的な予測を調査している「製造工業生産予測調査」（経済産業省）のミクロデータを用いて予測誤差（および絶対予測誤差）を計測し、産業、製品、企業規模による違い、景気循環局面による違いなどを観察した後、マクロ経済活動との関係を推計する[6]。この統計の対象は製造業に限られているが、定量的な予測誤差の情報を用いることによって不確実性のマクロ経済への影響の説明力が高くなることを示す。

6　本節の記述は Morikawa（2019a）の分析をベースとしている。

〈「製造工業生産予測調査」について〉

「製造工業生産予測調査」は、製造業を対象に 1971 年に開始された月次の統計調査である。その集計結果は、「製造工業生産予測指数」として「鉱工業生産指数（IIP）」とともに公表され、景気判断のための基礎データとして頻繁に使用されている。特に、当月見込みと実績値の差（「実現率」）、翌月予測と当月見込みの差（「予測修正率」）は、景気の転換点を把握する上で参考になる指標だと考えられている。すなわち、想定外の下振れは景気後退局面への転換、想定外の上振れは景気回復局面への転換のサインとなる場合がある。不確実性を捉える上でも有用性の高い統計調査で、世界的に見てもユニークなものである。

　同調査の対象は、工業製品約 200 品目、約 800 社である。調査品目ごとに、「生産動態統計調査」（経済産業省）の生産数量の上位から累計約 80％までに含まれる事業所（工場）の属する企業が対象である。調査事項は、生産の①前月実績、②当月見込み、③翌月見込みである。生産の単位はほとんどが数量ベースであり、対象品目のうち 90％以上がトン、台、個など物的な生産量である。したがって、製品価格変動の影響を受けない「実質値」であるという利点がある。

「製造工業生産予測指数」は、基準年（現行系列は 2020 年）を 100 とした指数として、収集したデータをもとにウエイト付けを行って産業別・財別に集計した形で公表されている。現在、産業は、鉄鋼、非鉄金属、金属製品、生産用機械、はん用・業務用機械、電子部品・デバイス、電気機械、情報通信機械、輸送機械、化学、石油製品、パルプ・紙・紙加工品、その他の 13 業種に分類されている。財別には個々の製品の主な用途に基づいて、資本財（除く輸送機械）、建設財、耐久消費財、非耐久消費財、鉱工業用生産財の 5 種類に分類した数字が公表されている。ただし、本節で紹介するのは 2010 年基準のデータによる分析なので、産業は 11 分類、財は 6 種類（資本財、建設財、耐久消費財、非耐久消費財、鉱工業用生産財、その他用生産財）である。

〈定量的な予測誤差、絶対予測誤差〉

月次調査なので、生産の予測誤差は、例えば2月調査における翌月（3月）の生産数量の予測値と、4月調査で明らかになった前月（3月）の実績値の差である。公表された「製造工業生産予測指数」を用いて集計レベルの予測誤差を計算することも可能で、製造工業全体の指数を対象に月次の予測誤差を計算すると、世界金融危機、東日本大震災、コロナ危機の際に極端な下振れが生じたことがわかる（図4-2参照）。

しかし、公表データで予測が下振れていても、個々の企業レベルでは上振れした企業と下振れした企業とが併存している。例えば、世界金融危機の際には大きな下振れがあったが、約20％の企業は実績値が予測値よりも上振れていた。過度に悲観的な予測をしていた場合に生産実績がそれほど悪化しなかったケースがあるからである。産業別や財別の生産の予測値と実績値を集計したネットのデータでは、このような個別企業の異質な動きが相殺されてしまう。上振れした生産量と下振れした生産量とが同じだ

図4-2 製造工業の生産予測誤差

（注）「製造工業生産予測調査」の公表データから実績値マイナス予測値を図示。マイナスの場合は実績値が予測値よりも下振れしたことを意味。

った場合、集計データでは予測誤差ゼロになるが、上振れ／下振れとも大きい場合には、ともに小さい場合よりも予測時点での先行き不確実性が高かったと理解するのが自然である。つまりミクロデータから企業レベルの不確実性を計測することで、グロスの不確実性を捕捉できる。

〈ミクロデータからの不確実性データ構築〉

以下では、「製造工業生産予測調査」の企業・品目レベルのミクロデータをもとに、生産予測の不確実性に関する観察事実を提示する。分析対象期間は 2006 年 1 月〜 2015 年 3 月なので、残念ながらコロナ危機の時期はカバーしていないが、観測値の総数は 10 万超とかなり大きなデータである。このデータセットを利用し、まず、時点 t における企業・品目 i の生産量（q_{it}）を対数変換した上で、企業・品目レベルで事前の翌月生産見通し（$\ln(E(q_{it}))$）と事後的な実現値（$\ln(q_{it})$）の差として、生産の「予測誤差（$error_{it}$）」を計算する[7]。これがプラスの場合には実績値の上振れ、マイナスの場合には実績値の下振れを意味する[8]。予測誤差の絶対値として企業・品目ごとに「絶対予測誤差（$absfe_{it}$）」のデータを作成する。

$$予測誤差（error_{it}）= \ln(q_{it}) - \ln(E(q_{it}))$$
$$絶対予測誤差（absfe_{it}）= |error_{it}|$$

これら企業・品目レベルの予測誤差のデータをもとに、集計レベルの不確実性指標の時系列データを作成する。具体的には、①予測誤差の絶対値（$absfe_{it}$）のサンプル平均値として平均絶対予測誤差（$ABSFE$）を算出する。また、②予測誤差（$error_{it}$）のサンプル企業間の標準偏差として、予測誤差のばらつき（$FEDISP$）を計算する。前節で見た定性的な予測でもそう

7 　対数変換しているので生産予測値または実現値がゼロの場合には欠損値となる。工場が定期修理に入った場合や事故による操業中止で生産量がゼロというケースが生じる。

8 　極端に大きな下振れや上振れが存在するため、$error_{it}$ の絶対値が 1 を超える場合に異常値としてサンプルから除去した。異常値処理を行う前の $error_{it}$ の標準偏差は 0.324 なので、± 3 標準偏差のサンプルを除去するのとほぼ同じである。

だったが、仮にすべての企業の生産が同程度に上振れした場合、*ABSFE* は大きな数字になるが、*FEDISP* はゼロという計算になるので、これら 2 つの不確実性指標は性質が異なる。ただし、後述する通り *ABSFE* と *FEDISP* はかなり似た動きを示す。

〈分析の内容〉

以上の方法で作成した企業レベルの予測誤差およびそれらを集計した不確実性指標を対象に、まずは時系列的な動向、業種別・財別の違いを観察する。どのような業種、どのようなタイプの工業製品で生産予測の不確実性が高いのかが関心事である。

企業レベルでの予測の不確実性に企業規模が関係していることを示す先行研究は多い（e.g., Bachmann and Elstner, 2015; Morikawa, 2016c）。ここで使用するデータセットには企業規模情報がないため、従業者数、資本金などで企業規模区分を行うことはできない。そこで、品目ごとにサンプル期間中の平均生産量（$\bar{q_i}$）を企業ごとに計算し、これが当該品目の平均値よりも大きい企業を大規模生産者、小さい企業を小規模生産者として扱い、*error_{it}* および *absfe_{it}* を比較する。

不確実性の先行研究の多くは、各種の不確実性指標が不況期に高く好況期に低くなるという反景気循環的（counter cyclical）な傾向を持つことを示している（e.g., Bloom, 2014; Jurado *et al.*, 2015）。そこで、景気拡大局面と景気後退局面に分けて *error_{it}* および *absfe_{it}* を比較する。また、集計レベルの不確実性指標（*ABSFE, FEDISP*）と景気循環局面との関係を観察する。マクロ経済活動の指標としては GDP 統計を用いるのが自然だが、四半期データしか存在しないので、月次データが利用可能な①「全産業活動指数（Indices of All Industry Activity: IAA）」（経済産業省）、②「労働力調査」（総務省）の雇用者数と不確実性指標の関係を時系列モデル（VAR）で分析する[9]。

---

9 「全産業活動指数」は、経済産業省が「鉱工業生産指数（IIP）」と「第 3 次産業活動指数（ITA）」から作成・公表していた。ただし、2020 年 7 月をもって作成が終了した。

前述の通り「製造工業生産予測調査」を用いる利点は、「日銀短観」の業況判断のような定性的な予測ではなく定量的な予測の情報を利用して、企業が直面する不確実性を高い精度で把握できる点にある。その利点がどの程度なのかを明らかにするため、企業・品目レベルの定量的な生産予測および実績値を「増加」、「不変」、「減少」というカテゴリー変数に変換した上で、前節で行ったように-2、-1、0、+1、+2という形で予測誤差を作成し、これに基づく平均絶対予測誤差（*ABSFE_QL*）と予測誤差の標準偏差（*FEDISP_QL*）を計算する。そして、*ABSFE*、*FEDISP*を用いるのと同様のVAR推計を行い、パフォーマンスを比較する。定性的な不確実性指標にすることで当然情報量が減少するが、その違いがどの程度なのか、言い換えれば定量的な予測誤差を用いることのメリットがどの程度大きいのかを確認する。

〈生産予測の不確実性の動向〉

個別企業の生産予測誤差（*error_{it}*）と絶対予測誤差（*absfe_{it}*）の期間平均は、それぞれ▲2.4対数ポイント、13.3対数ポイントである。すなわち、企業の生産予測は事後的に見ると平均約2.4％下振れしており、下振れ／上振れを含めた予測誤差の絶対値は平均で約14％とかなり大きい。ただし、中央値はそれぞれ▲0.7、7.4対数ポイントで平均値に比べるとゼロに近づく。集計レベルでは期間を通じて下振れ傾向があった（前出図4-2）が、個別企業の予測誤差の分布を見ると上振れと下振れが同程度に存在する。ゼロ近傍の誤差率が多いものの分布の裾野は左右に大きく広がっており、かなり大きな上振れや下振れが時折ある。

上振れ企業の予測誤差の平均値、下振れ企業の予測誤差の平均値をプロットしたのが図4-3である[10]。比較のため、集計レベルのデータから計算される予測誤差の折れ線も記載している。世界金融危機後、東日本大震災後に下振れ幅の平均値が大きいが、注目されるのは、これらの時期には上振れ企業の上振れ幅も大きいことである。予測誤差は定義上、予測値に対す

10　企業の生産量でウエイト付けしていない単純平均である。

図 4-3　グロスとネットの生産予測誤差

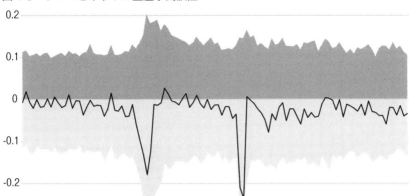

（注）「製造工業生産予測調査」のミクロデータから作成。上・下の帯は正の予測誤差、負の予測誤差の平均値。実線はネットの予測誤差。

る実績値の乖離（サプライズ）だから、例えば先行きの生産の大幅低下を見込んだ企業の中に結果的に予測ほど生産が落ち込まず、大きく上振れた企業が存在したことを示している。大きなマクロ経済的ショックがあったとき、予測誤差の幅、したがって不確実性が増大することを示唆している。もう1つ注目すべき点は、「平時」においても上振れ企業は平均して10%以上の正の予測誤差、下振れ企業は平均して10%以上の負の予測誤差があるという点である。つまりミクロレベルでの生産予測の不確実性は常時存在する[11]。

11　本文で述べた通り平均的には下振れの方が大きく、上振れ／下振れの期間平均値はそれぞれ＋12.8対数ポイント、▲14.5対数ポイントである。上振れや下振れの時系列的な変動度合いを標準偏差で見ると、上振れ0.020、下振れ0.032で、下振れの方が時系列での変動が大きい。この点は、下方不確実性（downside uncertainty）と上方不確実性（upside uncertainty）についての議論（e.g., Adrian *et al.*, 2019; Forni *et al.*, 2024）と関係している。

〈業種・財による不確実性の違い〉

　企業レベルの予測誤差（$error_{it}$）、絶対予測誤差（$absfe_{it}$）を集計した製造工業全体での不確実性指標（$ABSFE, FEDISP$）の時系列の動きを見ると、$ABSFE$ と $FEDISP$ はかなり似た動きとなっており、世界金融危機、東日本大震災の際に生産予測の不確実性が大きく増大した。

　業種別・財別に不確実性指標の期間平均値を計算した結果が表 4-4 である。$ABSFE$ と $FEDISP$ のいずれも情報通信機械の不確実性が高く、次いではん用・生産用・業務用機械、電子部品・デバイス、電気機械の 3 業種の不確実性が高い。一方、金属製品、輸送機械、化学、紙・パルプの 4 業種は相対的に不確実性が低い。財別には、資本財が最も生産の不確実性が高い。資本財は設備投資との関連が強く、設備投資需要の変動が大きいことを反映していると考えられる。

表 4-4　業種別・財別の不確実性

		(1) *ABSFE*	(2) *FEDISP*
製造工業		0.133	0.210
業種別	1　鉄鋼	0.118	0.194
	2　非鉄金属工業	0.120	0.185
	3　金属製品	0.098	0.154
	4　はん用・生産用・業務用機械	0.162	0.249
	5　電子部品・デバイス	0.162	0.237
	6　電気機械	0.165	0.240
	7　情報通信機械	0.194	0.280
	8　輸送機械	0.096	0.177
	9　化学	0.101	0.164
	10　紙・パルプ	0.072	0.126
	11　その他	0.144	0.220
財別	1　資本財	0.188	0.274
	2　建設財	0.123	0.190
	3　耐久消費財	0.131	0.210
	4　非耐久消費財	0.118	0.170
	5　鉱工業用生産財	0.113	0.183
	6　その他用生産財	0.145	0.207

（注）　「製造工業生産予測調査」のミクロデータ（2006 年 1 月～ 2015 年 3 月）から計算。

第4章　企業が直面する不確実性　　**115**

時期別に詳しく見ると、世界金融危機時に生産の不確実性が大きく高まったのは電子部品・デバイス、情報通信機械、鉄鋼といった業種だったのに対して、東日本大震災時は輸送機械が突出しており、不確実性が大幅に増大した業種は異なっている。

〈企業規模による不確実性の違い〉

ビジネス・サーベイのデータを用いた企業レベルでの不確実性の実証研究では、企業規模が大きいほど不確実性が低いことを示すものが存在する。例えば、ドイツ製造業企業の四半期データを用いた Bachmann and Elstner（2015）は、大企業の予測誤差が小さいことを示している。また、「日銀短観」の四半期データを用いた Morikawa（2016c）は、大企業は、業況や設備過不足の先行き不確実性が中堅・中小企業に比べて低い（＝予測精度が高い）ことを示している。

期間平均の生産量が当該品目の平均値を上回る企業を大規模生産者、当該品目の平均値よりも小さい企業を小規模生産者として、不確実性（$ABSFE$）の違いを見ると、小規模生産者15.0対数ポイント、大規模生産者11.9対数ポイントで、量的な差は小さいものの1％水準で統計的有意差がある。業種別・財別に見ても、すべて大規模生産者の絶対予測誤差は小規模生産者に比べて小さく、1％水準で統計的な有意差がある。

大規模／小規模の二分法ではなく、生産者の規模を連続変数として扱い、絶対予測誤差を被説明変数としてシンプルな回帰を行うと、規模が大きい生産者ほど事前予測の精度が高いことが確認できる。生産規模が2倍の企業は絶対予測誤差が約1.5％小さい関係である。これらの結果は、企業規模と不確実性（予測誤差）の負の関係を示す先行研究と整合的であり、大企業ほど需要動向に関する情報収集を積極的に行い、それを生産計画に生かしていることが考えられる。

〈生産のボラティリティと不確実性〉

産業や製品によって企業の生産の時系列でのボラティリティには違いがある。生産変動が大きい企業ほど、先行きの不確実性も高いと考えるのが

自然だが、季節変動などかなりの確度で予見できる変動もある。そこで過去12カ月の生産のボラティリティ（変動係数）と絶対予測誤差の関係を推計すると、企業固定効果を含めるか否かにかかわらず、ボラティリティの係数は1％水準で有意な正値だった。つまり、過去の生産変動が大きいほど予測時点での生産の不確実性が高くなる傾向がある。

　この結果は、過去の生産がボラタイルだった企業ほど、また、そうした時期ほど、精度の高い生産予測を行うのが困難になることを示している。不確実性研究の方法論の観点からは、生産の実績値のボラティリティ自体が、先行き不確実性の代理変数としての有用性を持つことを示唆している。

　逆に、絶対予測誤差でその後1年間の生産のボラティリティを説明する推計を行うと、企業固定効果の有無にかかわらず、絶対予測誤差の係数は正でいずれも1％水準で有意だった。つまり、生産の先行き不確実性が高い企業ほど、また、同一企業でもそうした時期ほど、その後の現実の生産実績がボラタイルとなる傾向がある。

〈景気局面と生産の不確実性〉

　不況期に先行き不確実性が高くなる傾向があることは多くの研究が示している。景気と生産の不確実性の関係について、内閣府が公表している「景気基準日付」に基づいて景気拡張局面と景気後退局面とに区分し、まずは企業レベルで生産の不確実性（*ABSFE*）の景気局面による違いを比較してみる。

　製造工業全体で見ると、景気拡張局面の平均値は12.8対数ポイント、景気後退局面の平均値は15.2対数ポイントであり、景気後退局面で生産の不確実性が高く、統計的には1％水準で有意差がある。業種別には、輸送機械を除き景気後退局面の絶対予測誤差が大きく、11業種のうち8業種で1％水準の統計的有意差が確認される。財別に見ると、資本財、建設財、鉱工業用生産財で景気後退局面における絶対予測誤差が有意に大きい。これらの財は、景気後退局面において精度の高い生産予測が難しくなる傾向が強い。

　以上は、景気局面を二分割した上での比較であり、経済活動全体の強さ

／弱さの量的な違いは度外視している。そこで、製造工業全体の不確実性（*ABSFE, FEDISP*）と月次でのマクロ経済活動の水準を示す「全産業活動指数（IAA）」（経済産業省）の季節調整値との関係を見ると、*ABSFE*、*FEDISP* いずれの指標も、国内の経済活動の水準が高いときほど不確実性が低く、経済活動の水準が低い不況期に不確実性が高いという関係がある。IAA との相関係数を計算すると、*ABSFE* ▲ 0.57、*FEDISP* ▲ 0.67 である[12]。

　さらに、経済活動の水準と生産の不確実性の間の先行・遅行関係について、シンプルな VAR モデルを推計して各不確実性指標（製造工業全体）から IAA へのグレンジャー因果関係を見ると、*ABSFE* と *FEDISP* のいずれも 1 ％水準で IAA への因果関係が確認される一方、IAA から不確実性という逆の因果関係は統計的に有意でない。以上の結果は、企業レベルのデータから観測される予測誤差の下振れが大きくなった後、あるいは絶対予測誤差が大きくなった後、マクロ経済活動が低下する傾向があることを示唆している。

　一方、生産実績がどれだけ上振れ／下振れしたかという定量的な情報を取り除いた定性的な絶対予測誤差（*ABSFE_QL*）を用いた場合、IAA に対する因果関係は検出されない。VAR 推計に基づく不確実性ショック 1 標準偏差に対する IAA のインパルス応答（Impulse Response Functions: IRF）を見たのが図 4-4、雇用者数の IRF が図 4-5 である[13]。*ABSFE* と *FEDISP* を用いた結果に大きな違いはなく、IAA は不確実性ショックの後かなり早く下落し、2 〜 3 カ月後にボトムとなる。雇用者数の場合には影響が現れるのはやや遅く、9 〜 10 カ月後にボトムとなっている。この図には比較のため *ABSFE_QL* を用いた場合の IRF も表示している。この場合にも経済活動や雇用への負の影響が観察されるが、特に雇用の場合には *ABSFE* や *FEDISP* を用いた場合に比べて低下幅が量的にかなり小さい。つまり、定

12　IAA の水準でなく前月比の変化でも、不確実性指標（*ABSFE, FEDISP*）との負の相関関係が観察される。

13　AIC 統計量などに基づき 3 カ月までのラグを用いて推計しているが、6 カ月ないし 12 カ月までのラグを考慮しても結果に大きな違いはない。雇用者数は「労働力調査」（総務省）のデータを用いている。IAA に代えて IIP を用いてもほぼ同様の関係が観察できる。

図 4-4 不確実性ショックに対する全産業活動指数の反応

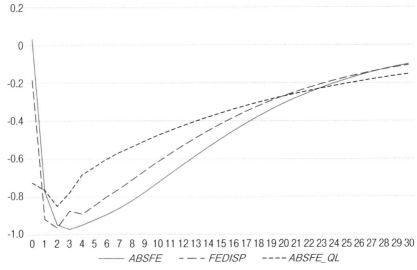

(注) ヨコ軸は月数。タテ軸は「全産業活動指数」の変化幅。ABSFEは絶対予測誤差、FEDISPは予測誤差のばらつき、ABSFE_QLは定性的な絶対予測誤差。

図 4-5 不確実性ショックに対する雇用者数の反応

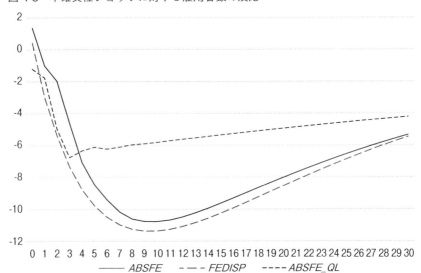

(注) ヨコ軸は月数。タテ軸は雇用者数の変化(万人)。ABSFEは絶対予測誤差、FEDISPは予測誤差のばらつき、ABSFE_QLは定性的な絶対予測誤差。

量的な生産予測のミクロデータから作成したグロスの不確実性指標は「日銀短観」のような定性的なデータにはない情報価値を含んでおり、不確実性の影響を分析する上で有用性が高い。

〈定量的な生産予測の不確実性：小括〉

本節では「製造工業生産予測調査」における企業の生産予測と実績のデータから、日本企業の不確実性の動向と特徴を見てきた。残念ながら本節で用いたデータは 2015 年までなのでコロナ危機の時期をカバーしていないが、いくつかの興味深い観察事実が得られた。

第一に、産業集計レベルで生産が予測に比べて下振れしたときにも上振れした企業が多数存在するなど、予測精度は企業による異質性が顕著である。第二に、生産の不確実性は世界経済危機、東日本大震災という 2 つの大きな外生的ショックの際に大きく増大した。第三に、情報通信機械、電気機械、電子部品・デバイスなど ICT 関連の業種、設備投資との関連が強い資本財、生産規模の小さい企業の不確実性が高い。規模別には、生産規模が小さい企業ほど予測精度が低い傾向がある。第四に、時系列的に見ると、生産の不確実性は不況局面で高い傾向があり、生産の不確実性がマクロ経済の変動に先行する傾向がある。第五に、過去の生産実績のボラティリティが高いほど、先行きの不確実性が高くなる傾向がある。時系列のボラティリティが、企業の直面する不確実性の代理変数として意味があることを示唆している。

本節で使用した「製造工業生産予測調査」の対象は製造業に限られている。広義のサービス産業の GDP シェアが 7 割を超えている現在、卸売業・小売業をはじめ非製造業を対象に定量的な予測の情報を収集できれば、不確実性の捕捉、景気の先行き判断にとって有用性が高いと考えられる。

4. 企業の主観的不確実性：コロナ危機前後の変化

〈企業の主観的不確実性の把握〉

第 2 節、第 3 節では、企業の景況感や生産予測のデータを利用して、事

後的な予測誤差や予測のばらつきとして不確実性を捉えた。しかし、経済主体が直面する不確実性（リスク）を把握するには、点予測値とともにその確率分布（density forecasts）を直接に尋ねるのが最善だとされている（第1章参照）。経済成長率、インフレ率などのマクロ経済変数の先行きについて、そのような形の質問を経済予測の専門家（エコノミスト）を対象に行って主観的不確実性を把握する調査は比較的早い時期から行われてきた。エコノミストは経済統計についてのリテラシーが高いので、そうした調査が比較的容易だからである。

　海外では10年ほど前から、企業を対象とした同様の調査も行われるようになってきた。エコノミストへの調査と異なり、正しい回答を得るためには質問の形式やワーディングに工夫が必要となる。また、マクロ経済変数と違って、売上高、従業者数といった変数は企業によるバリエーションがきわめて大きいため、経済成長率やインフレ率のようにあらかじめいくつかのインターバル（Bin）を設定して主観的確率を割り当てるという形での調査設計は困難である。このため、予測の主観的な最大値と最小値を尋ねるやり方や、最も低いケースから最も高いケースまで複数の予測値を回答企業が設定して、それに主観的確率を割り当てる形で尋ねるなどの工夫がされている[14]。

　他方、企業への調査の場合、マクロ経済変数と売上高など当該企業自身に関わる変数を同時に尋ねることで、マクロ経済の不確実性と企業業績（ミクロ）の不確実性を比較し、また、それらの相互関係を観察することができる利点がある。

〈日本企業の主観的不確実性の調査〉

　残念ながら日本には、米国の「事業不確実性調査（SBU）」のような定期的なサーベイは現時点で存在しない。そこで筆者は10年ほど前から企業の主観的不確実性を尋ねる独自の調査を何回か行ってきた（Morikawa,

---

14　対象は企業のインフレ予測というマクロ経済変数だが、ECB が最近始めた「企業の金融アクセス調査（Survey on the Access to Finance of Enterprises: SAFE）」は、点予測値の±50％を超える主観的確率を尋ねる形をとっている。

2016a, 2021, 2023a; 森川, 2022, 2024c)[15]。具体的には、実質 GDP 成長率と当該企業の売上高の見通しについて、点予測値を尋ねた上でその主観的な90%信頼区間を選択肢の中から選ぶ形で調査してきた。この場合、確率分布が点予測値の左右で対称的であると仮定することになるが、選択式にすることで回答の負担が軽くなり、精度も高くなるのではないかとの判断に基づく。

2012年度に、上場企業を対象として点予測値とその主観的90%信頼区間を尋ねる形の調査を初めて行った（Morikawa, 2016a）。経済産業研究所（RIETI）がインテージリサーチに委託して実施した「日本経済の展望と経済政策に関するアンケート調査」である。東京証券取引所、大阪証券取引所の全上場企業（2,309社）に調査票を送付し、294社から回答を得た。そこではマクロ経済変数として実質 GDP 成長率、消費者物価指数（CPI）上昇率を、ミクロ変数として自社売上高、販売価格、雇用の変化率を対象に、それぞれ翌年度、3年間平均の伸び率を調査した。Morikawa（2023a）は、同調査のデータを企業財務データに基づく事後的な実績値とリンクし、事前の主観的不確実性が事後的な絶対予測誤差と正の関係を持っていることを示している。ただし、それ以降の調査とは母集団が異なり、サンプルサイズも小さい。

そこで、以下では、2018年度、2020年度、2021年度、2023年度の4回にわたり非上場企業を含めて行った調査の結果に基づき、新型コロナ前、コロナ危機下、ポストコロナの時期における企業レベルの不確実性に関する観察事実を提示する（詳細は森川, 2024c 参照）。これら4回の調査は、今後5年間の実質 GDP 成長率というマクロ経済の予測、今後5年間の自社売上高の予測を同じ形式で尋ねており、同一の母集団を対象とした調査なので、時系列での比較が可能である。

具体的には、筆者が調査票を設計し、RIETI が東京商工リサーチに委託

15　筆者自身のもののほか、日本企業に対する独自の調査によって主観的不確実性を尋ねた研究として Chen *et al.*（2021）がある。2017年および2020年の売上高予測の5点の主観的確率分布を調査し、新型コロナの発生に伴って中国と貿易や直接投資の関係がある企業で不確実性が大きく増大したことを示している。

して行った「経済政策と企業経営に関するアンケート調査」である。調査対象は「企業活動基本調査」（経済産業省）の母集団約3万社の名簿から抽出した企業であり、したがってサンプルは常時従業者数50人以上、資本金3,000万円以上の企業である。上場企業、非上場企業をカバーしており、製造業、卸売業、小売業、情報通信業、サービス業の企業を含んでいる。2018年度調査は2019年1〜2月、2020年度調査は2020年8〜9月、2021年度調査は2021年10〜12月、2023年度調査は2023年12月〜2024年1月に実施した。いずれも「経営者ご本人または経営者のご意見を代わって記載いただける部局の方」に回答を依頼している。

2018年度と2021年度の調査は1万5,000社に調査票を送付し、それぞれ2,535社、3,125社から回答を得た。2020年度および2023年度調査は、前回調査に回答した企業を対象とした小規模なフォローアップ調査で、回答企業数は1,579社、1,377社である。2021年度調査を含めて過去に回答した企業を調査対象に含めているので、各年次のサンプル企業に重なりがある非バランス・パネルデータである。企業の産業構成は調査年次を通じて安定しており、製造業が50％強、卸売業が20％弱、小売業とサービス業がそれぞれ約10％、情報通信業が5％強、残りがその他の産業である。

〈不確実性に関する設問〉

ここでの分析に用いる主な調査事項は、今後5年間の日本の実質経済成長率の見通しおよびその主観的不確実性（90％信頼区間）、5年後の自社の売上高の見通しおよびその主観的不確実性（90％信頼区間）である。5年後という中期に着目したのは、中期的なマクロ経済や自社売上高の見通しが、設備投資、研究開発投資、従業員の採用をはじめ現在の企業行動に大きく影響すると考えられるからである。また、この調査は月次、四半期といった高頻度のものでないため、短期的な変動の分析には不向きなことも理由である。

中期的な経済成長率の予測に関する具体的な設問は、「今後5年間の日本の実質経済成長率（平均年率）は、どの程度になると思いますか（小数点以下第一位まで）」である。点予測値の不確実性（主観的90％信頼区間）

についての設問は、「その見通しが 90％の確率で実現すると見込まれる範囲を選択肢からお選びください」で、選択肢は ± 0.1％未満、± 0.1％〜0.3％未満、± 0.3％〜 0.5％未満、± 0.5％〜 1％未満、± 1％〜 2％未満、± 2％〜 3％未満、± 3％〜 5％未満、± 5％以上の 8つである。主観的 90％信頼区間の選択肢は 4回の調査を通じて共通である（後述する売上高の予測も同様）。質問を正しく理解した上で回答できるよう、いくつか具体的な数値例を挙げて 90％信頼区間の意味を説明している。

　中期的な売上高の予測に関する設問は、「5 年後の売上高は、昨年度の実績に比べて何％程度増減すると見込んでいますか」である（年率ではない）。点予測値の不確実性についての設問は、「その見通しが 90％の確率で実現すると見込まれる範囲を選択肢からお選びください」で、選択肢は、± 1％未満、± 1％〜 3％未満、± 3％〜 5％未満、± 5％〜 7％未満、± 7％〜 10％未満、± 10％〜 15％未満、± 15％〜 20％未満、± 20％以上の 8つである。経済成長率に比べて売上高の変化率は大きく、しかもさまざまな企業固有の要因に依存するので、90％信頼区間の幅は広めに選択肢を設定している。

　点予測値は小数点以下第 1位までの具体的な数字を尋ねているが、主観的不確実性（90％信頼区間）は選択式なので、以下、平均値の計算などを行う際は各選択肢の中央値を用いる。最上位のカテゴリーである「± 5％以上」は ± 6％、「± 20％以上」は ± 22.5％として処理する。

〈経済成長率の予測と不確実性〉

　5 年後までの実質経済成長率（年率）の点予測値を集計した結果が表4-5（1）列である。新型コロナ前の 2018 年度（実施時期は 2019 年 1〜2 月）における回答企業の中期的な期待経済成長率は平均 0.4％だった。2020 年度（実施時期は 2020 年 8〜9 月）は新型コロナの影響が強かった時期で、企業の中期的な期待経済成長率の平均値がマイナスとなった（▲ 1.5％）。2021 年度（実施時期は 2021 年 10〜12 月）は新型コロナによる負の影響の反動もあり平均 2.6％と高くなっている。そして新型コロナが 5 類に移行し、ほぼ平時となった 2023 年度（実施時期は 2023 年 12 月〜 2024 年 1

月）の平均値は 0.7％ と日本の潜在成長率に近い数字となった。[16] 4回の調査すべてに回答したパネル・サンプルに絞って計算しても経年的なパタンは同様である。

　回答企業の点予測値の標準偏差を見ると、2020年度に新型コロナ前よりも分散が大きくなり、2021年度にはさらに拡大している。新型コロナの終息時期や経済の回復プロセスをめぐり、企業の見方が大きく分かれていたことを示している。しかし、2023年度の標準偏差は新型コロナ前よりも小さく、マクロ経済見通しの不一致度が低下している。

　点予測値の主観的不確実性（90％信頼区間）の平均値は表4-5(2)列に示している。前述の通り、主観的な90％信頼区間に関する8つの選択肢の中央値を用いて計算している。新型コロナの影響が顕著だった2020年度に不確実性が高まり、その後、2021年度、2023年度と不確実性が逓減していったことがわかる。パネル・サンプルに絞って集計しても同様のパタンである。

　表には示していないが、経済成長率の不確実性を被説明変数とした推計をすると、企業規模が大きいほど、また、企業年齢が高いほど主観的不確実性が小さい関係が観察される。企業規模に関する結果は、事後的な予測誤差を不確実性の代理変数として用いた第2節、第3節の結果と整合的である。大企業や事業経験の長い企業ほどマクロ経済動向に関する情報収集活動を積極的に行っていることが理由として考えられる。

　Tanaka *et al.*（2020）は、日本の上場企業のパネルデータでの分析（GDP成長率予測のデータは内閣府の「企業行動に関するアンケート調査」を使用）において、規模が大きい企業、社齢が高い企業ほどGDP予測の精度が高いことを示している。また、Chen *et al.*（2023）は、「海外事業活動基本調査」（経済産業省）の長期パネルデータを使用した分析において、企業は経験を積むのにしたがって学習効果により予測精度が高くなることを示している。ここでの結果はそれらと整合的である。

16　上場企業を対象とした内閣府「企業行動に関するアンケート調査」（2024年1月調査）によると、今後5年間の実質経済成長率見通しの平均値は年率1.25％である。非上場企業を含む本章のサーベイ・データはそれに比べて低めの数字である。

表 4-5　中期的な実質経済成長率の点予測値と主観的不確実性　　　（単位：%）

年度	(1) 点予測値		(2) 主観的不確実性	
	平均	標準偏差	平均	標準偏差
2018	0.43	5.13	1.26	1.66
2020	-1.48	9.43	2.69	2.14
2021	2.59	18.23	2.21	2.05
2023	0.65	3.70	1.89	1.89

(注)　日本企業を対象とした「経済政策と企業経営に関するアンケート調査」の回答に基づき計算。主観的不確実性は点予測値の主観的90％信頼区間。

〈売上高予測の不確実性〉

　5年後の自社売上高伸び率の点予測値（調査前年度比）を集計した結果が表 4-6(1)列である。コロナ禍の2020年度に中期的な予測売上高の伸びが低くなり、その反動で2021年度の予測値が高くなっているのは実質経済成長率と同様である。4回の調査すべてに回答したパネル・サンプルに絞って集計しても基本的に同じパタンである。

　売上高予測値のクロスセクションのばらつき（標準偏差）は、2021年度にきわめて大きくなっており、自社売上高の先行きへの新型コロナの影響が企業によって大きく違っていたことを示している。一方、新型コロナの感染症法上の扱いが5類に移行した後の2023年度はコロナ前よりもばらつきが小さくなっている。

　中期的な売上高伸び率予測の主観的不確実性（90％信頼区間）の集計結果をまとめたのが表 4-6(2)列である。マクロ経済成長率とは異なり、2021年度においても中期的な売上高伸び率の主観的不確実性は高水準が続いており、新型コロナからの回復プロセスが自社に与える効果について確信が持ちにくい状況が続いていたこと、あるいは新型コロナ後の産業構造変化が個々の企業の需要見通しを難しくしていることを示唆している。2023年度には主観的不確実性が低下したが、2018年度よりは依然として高い。この点は実質経済成長率の不確実性と同様で、世界の安全保障をめぐる状況の悪化など新型コロナ以外の新たな不確実性ショックの影響を反映している可能性がある。

表 4-6　中期的な自社売上高伸び率の点予測値と主観的不確実性　　　　（単位：%）

| 年度 | (1) 点予測値 | | (2) 主観的不確実性 | |
	平均	標準偏差	平均	標準偏差
2018	9.18	34.44	7.82	5.95
2020	4.48	30.32	9.16	6.17
2021	22.49	115.92	9.39	6.44
2023	7.68	19.58	8.52	6.03

(注)　日本企業を対象とした「経済政策と企業経営に関するアンケート調査」の回答に基づ
　　　き計算。主観的不確実性は点予測値の主観的 90%信頼区間。

〈産業・企業規模による違い〉

　マクロ経済成長率の予測と違って、売上高の予測やその不確実性は産業
によって違いがある。特に新型コロナという対人接触への制約が強かった
特殊なショックの下、大きな負の影響を受けた産業、逆に正の影響を受け
た産業、先行きが見通しにくくなった産業があった。産業別・企業規模別
に売上高伸び率の予測値と主観的不確実性の平均値を示したのが表 4-7 で
ある。すべての産業で 2020 年度の売上高の中期的な点予測値は 2018 年度
と比べて大幅に低下し（同表 A 欄）、非製造業の低下幅が大きい。2021 年
度にはすべての産業で中期的な売上高予測値が好転し、特にサービス業は
大きなプラスとなっている。企業規模は従業員 100 人以上と 100 人未満で
区分しており、総じて企業規模が大きい方が平均的な売上高伸び率の期待
値が高いが、年次別の変動パタンは同様である。

　売上高伸び率の主観的不確実性の平均値を産業別・企業規模別に比較し
たのが同表 B 欄である。2020 年度にはすべての産業で不確実性が増大し
た。不確実性の絶対水準は年次を問わず製造業の方が非製造業よりも高く、
各年次をプールしたデータで製造業と非製造業の売上高伸び率の不確実性
の違いを見ると、製造業の不確実性が約 0.9%ポイント高く統計的に有意
差がある。パネル・サンプルに絞って比較しても同様である。しかし、
2018 年度から 2020 年度にかけての上昇幅は製造業よりも非製造業で大き
く、特に小売業やサービス業で顕著だった。2021 年度には製造業で不確
実性がさらに増大した一方、非製造業は微減となっており、産業による違

第 4 章　企業が直面する不確実性　　**127**

表 4-7　売上高伸び率の点予測値とその主観的不確実性（産業別・企業規模別）

(単位：%)

A. 売上高伸び長率の点予測値（平均値）

年度		2018	2020	2021	2023
産業	製造業	8.31	4.58	23.21	7.33
	非製造業	10.05	4.38	21.45	8.16
	卸売業	32.03	20.91	30.62	11.72
	小売業	7.05	2.12	19.75	8.16
	情報通信業	5.18	2.02	13.06	7.04
	サービス業	10.30	2.53	25.69	8.83
規模	100人以上	10.37	6.05	22.29	8.43
	100人未満	7.20	1.54	22.41	6.36

B. 売上高伸び率の不確実性（平均値）

年度		2018	2020	2021	2023
産業	製造業	8.13	9.42	9.92	9.08
	非製造業	7.42	8.88	8.82	7.85
	卸売業	8.99	9.80	9.67	8.11
	小売業	7.29	8.70	8.38	7.56
	情報通信業	6.32	7.54	8.52	7.63
	サービス業	7.63	9.34	9.65	8.49
規模	100人以上	7.87	9.08	9.32	8.37
	100人未満	7.66	9.36	9.53	8.81

(注)　日本企業を対象とした「経済政策と企業経営に関するアンケート調査」の回答に基づき計算。主観的不確実性は点予測値の主観的 90% 信頼区間。

いがある。2023 年度にはすべての産業で売上高の不確実性が低下したが、卸売業を除き依然として 2018 年度よりも高水準である。企業規模別に見ると、新型コロナ前の 2018 年度には規模の大きい企業の不確実性がわずかに高かったが、新型コロナ後は規模の小さい企業の不確実性が高くなっている。

　表の形では示していないが、売上高伸び率の主観的不確実性を、企業規模（従業者数の対数）、企業年齢、産業、調査年次で説明するシンプルな回帰を行うと、マクロ経済成長率と異なり、企業規模が大きいほど不確実性が小さいという関係は見られない。すべての企業に共通するマクロ経済変数と違って、売上高の予測には企業規模以外のさまざまな要因が強く影

響していることを示唆している。一方、企業年齢の係数は1％水準で有意な負値だった。つまり、創業からの経過年数が短い若い企業ほど、売上高の期待成長率が高いが、主観的な不確実性も高い。

これは興味深い結果と言える。企業成長に関する多くの研究は、若い企業ほど存続した場合には成長率が高いが、退出（廃業）リスクも高いことを示しており、ビジネス・ダイナミクスの定型化された事実となっている。事前の期待成長率およびその主観的不確実性についての本章の結果は、事後的な分析に基づく定型化された事実と整合的である。

〈マクロ経済予測とミクロ売上高予測の関係〉

マクロ経済予測およびその不確実性とミクロの不確実性はどういう関係があるのだろうか。売上高伸び率の予測値を経済成長率の予測値で説明する固定効果推計を行うと、予測経済成長率の係数は1％水準で有意な正値で、係数は0.419である（表4-8(1)列参照）。つまり観測されない企業特性および年次をコントロールした上で、予測経済成長率（年率）が1％ポイント高くなると5年後までの売上高伸び率の予測値が0.4％ポイント高くなる関係である。

売上高伸び率の不確実性を経済成長率の不確実性で説明する固定効果推計を行うと、予測経済成長率の不確実性の係数は1.056と1％水準で有意な正値である（表4-8(2)列参照）。つまり企業による回答のクセなどに起因するクロスセクションの相関関係ではなく、同じ企業でもマクロ経済の

表4-8　マクロとミクロの予測および不確実性の関係

	（1）売上高点予測値	（2）売上高不確実性
GDP 成長率点予測値	0.419***	
	(0.041)	
GDP 不確実性		1.056***
		(0.050)
Nobs.	7,680	7,273
R2（within）	0.0816	0.1400

(注)　調査年次固定効果、企業固定効果を含む推計。カッコ内はロバスト標準誤差。***: $p<0.01$。

不確実性が高いときほど自社売上高の不確実性が高くなる関係がある。

〈企業の主観的不確実性：小括〉

　本節では筆者が行ってきた日本企業への調査に基づき、企業の主観的不確実性の特徴を見てきた。第一に、新型コロナは企業にとって非常に大きな不確実性ショックだったが、新型コロナが不確実性を高めた程度は産業や企業特性によって違いがあった。第二に、マクロ経済の不確実性と企業の売上高の不確実性は正の関係を持っている。第三に、規模の大きい企業ほどマクロ経済の不確実性は低いが、自社売上高の不確実性は企業規模と関係がない。第四に、若い企業ほど売上高伸び率の期待値が高いが、その主観的不確実性も高い。若い企業ほど廃業リスクが高いが存続した場合には高成長するという、企業成長の実証研究における定型化された事実と整合的である。

5.　ナイト流不確実性：「法人企業景気予測調査」の分析

〈ナイト流不確実性の統計的把握〉

　不確実性には、リスク——確率分布がわかっている——とナイト流不確実性（純粋の不確実性）ないし Ambiguity ——確率分布すらわからない——という 2 つのタイプがあるとされている（第 1 章参照）[17]。前節で見た企業の主観的不確実性はリスクを定量的に把握する上では最善の指標だが、確率分布すらわからないナイト流不確実性を捉えてはいない。企業のナイト流不確実性を統計データから計測した研究はほとんどないのが現状である[18]。

　本節の分析は、「法人企業景気予測調査」（内閣府・財務省）の調査デザイン上の特徴を利用し、日本企業のナイト流不確実性を捉えようとする試みである[19]。「法人企業景気予測調査」は、政府の四半期ビジネス・サーベ

17　Ambiguity に関するサーベイ論文として Ilut and Schneider（2023）。
18　ドイツの企業サーベイのデータを用いた Bachmann *et al.*（2020）は、企業レベルでの Ambiguity を明らかにすることを試みた稀な例である。

イで、自社業況や国内景況の先行きの見通し——「上昇」、「不変」、「下降」——を尋ねている。この調査のユニークな点は、「不明」という選択肢が存在することである。異論はありうるが、これを選択した企業は先行きの方向性（符号）すら見通せないと解釈できるので、ナイト流不確実性に近いものを捉えている可能性がある。後述する通り、「不明」と回答した企業の割合は時系列的にかなりの変動があり、特にコロナ危機に伴って大きく増加した。

〈「法人企業景気予測調査」の概要〉
「法人企業景気予測調査」は、統計法に基づく一般統計調査で、2004 年第 2 四半期（Q2）に始まり、その後四半期ごとに継続して行われている。製造業、非製造業をカバーする法人企業（資本金 1,000 万円以上）が対象で、「法人企業統計調査」（財務省）の母集団名簿をもとに調査対象が選定されている。最近の調査対象企業数は約 1 万 4,000 社、回答企業数は約 1 万 1,000 社である。調査時点は、2 月 15 日（Q1 調査）、5 月 15 日（Q2 調査）、8 月 15 日（Q3 調査）、11 月 15 日（Q4 調査）で、約 1 カ月後に集計結果が公表される。

　調査事項は、定性的な判断調査項目と定量的な計数項目を含んでいる。以下で使用するのは、判断調査項目のうち①自社業況（「貴社の景況」）、②国内景況（「国内の景況」）の先行きの見通しである。第 2 節で用いた「日銀短観」と比較すると、当期および次期（1 四半期先）だけでなく、次々期（2 四半期先）の見通しも調査していること、「良い」、「悪い」といった水準ではなく、前四半期との比較での「上昇」、「不変」、「下降」という変化を調査していること、自社業況（ミクロ）だけでなく国内景況（マクロ）の見通しも調査している点が異なる。そして、自社業況や国内景況の回答の選択肢として「不明」が存在することが、多くのビジネス・サーベイと異なる特色である。

19　本節のミクロデータを用いた分析は、Morikawa（2018b）および森川（2022）をもとにしている。

「上昇」、「不変」、「下降」の回答割合に基づき、景況 BSI（Business Survey Index）が資本金規模別（大企業、中堅企業、中小企業）、産業別（製造業、非製造業）に集計・公表されている。大企業は資本金 10 億円以上、中堅企業は 1 億円以上 10 億円未満、中小企業は 1,000 万円以上 1 億円未満である。BSI は、「上昇」と回答した企業の割合から「下降」と回答した企業の割合を引いた数字である。

〈ナイト流不確実性の指標〉

　本節では、自社業況、国内景況それぞれの「不明」という回答（*Unsure*）を企業のナイト流不確実性の指標とみなして、その時系列での動きや産業・企業規模による違いを観察する。「不明」と回答した企業は、1 四半期先、2 四半期先の自社業況や国内景況の変化の方向性すら予想できないわけで、ナイト流不確実性（Ambiguity）に直面していると解釈できる[20]。

　厳密に言えば、ナイト流不確実性は、（主観的）確率分布がわからないという状況で、方向性すらわからないという状況よりも広い概念である。例えば、先行きの業況の方向性は「上昇」だが、確率分布まではわからないというケースを含む。つまり、ここでの *Unsure* は、企業のナイト流不確実性を狭義に捉えている。

　なお、ミクロデータを用いるまでもなく、「法人企業景気予測調査」の公表資料から「不明」回答企業の割合を計算することは可能である。すなわち、公表された産業（製造業、非製造業）別×企業規模（大企業、中堅企業、中小企業）別の 6 つの企業類型ごとに、「不明」と回答した企業の割合（％）を見ることができる。全産業・全規模の「不明」回答企業の割合は公表されていないが、6 類型ごとの標本数、回答社数が公表されているので、回答企業数をウエイトとして全産業や全規模の数字を計算できる。

20　上場企業の場合、年度（3 月期）決算において次年度の業績予想を示すのが一般的だが、先行きが不透明で業績予想を示さないケースがある。2021 年度決算では為替レートや原材料価格の見通しの不確実性が高かったため、業績予想を開示しない企業が増加したことが報じられている（2022 年 5 月 19 日付日本経済新聞）。

〈不確実性の時系列の動向〉

「不明」回答企業の割合にはかなり明瞭な季節性があり、1四半期先見通しではQ1（1-3月）調査、2四半期先見通しではQ4（10-12月）調査で高い傾向がある。そして、国内景況判断よりも自社業況判断で「不明」の季節性が強い。こうした季節パタンが生じることには、会計年度が関わっている可能性が高い。すなわち、Q2（4-6月）を対象とした見通しは年度を越えるため、Q1（1-3月）や前年Q4（10-12月）の時点では、確定した年度事業計画や業績見通しに基づいて回答することが困難な企業が多いのではないかと推察される。

そこで、自社業況を対象に季節調整した結果をプロットしたのが図4-6である。「不明」回答割合を四半期ダミーで説明するシンプルな回帰を行い、その残差を用いている。1四半期先と2四半期先の絶対水準の差は調整している。自社業況の不確実性は世界金融危機にかけていくぶん上昇したが（特に2四半期先見通し）、さほど顕著ではない。しかし、コロナ危

図4-6　自社業況の先行き「不明」企業割合の推移　　　　（単位：％）

（注）「法人企業景気予測調査」から作成。1四半期先、2四半期先の自社業況「不明」回答企業割合。水準および季節要因を補正しており期間平均はゼロ。

機の際に極端に上昇し（2020年Q2）、2023年末から2024年初めにかけてようやくコロナ危機前の水準に低下した。

図として示していないが、国内景況の「不明」回答割合の動きを見ても、新型コロナに伴って大きく上昇し、足下でようやくコロナ危機前に近い水準まで低下してきたというパタンは同様である。全期間を通じた自社業況と国内景況「不明」割合の相関係数は1四半期先の見通しで0.95、2四半期先の見通しでは0.98と非常に高い。

〈世界金融危機とコロナ危機の比較〉

世界金融危機とコロナ危機の際の全産業・全規模のBSIのボトム、不確実性（*Unsure*）のピークを比較したのが表4-9である。BSI、不確実性いずれも季節調整しており、全期間の平均値はゼロである。自社業況、国内景況いずれも、また、1四半期先、2四半期先いずれも、世界金融危機の際のBSI悪化のボトムがコロナ危機時よりもかなり深かったことがわかる。

一方、ナイト流不確実性を表す「不明」回答比率のピークは、世界金融危機に比べてコロナ危機の方がはるかに高い。自社業況、国内景況いずれも、また、1四半期先、2四半期先いずれを見ても同様である。表には示していないが、産業（製造業、非製造業）別、企業規模（大企業、中堅企業、中小企業）別に見ても同様である。2つの危機における不確実性の差は、「日銀短観」の不確実性指標でも観察された（第2節）が、ここでの

表4-9　世界金融危機とコロナ危機のBSIと不確実性

	(1) 1四半期先		(2) 2四半期先	
	BSI	不確実性	BSI	不確実性
A. 自社業況				
世界金融危機	-25.8	0.8	-14.2	5.1
コロナ危機	-16.5	17.3	-7.5	19.7
B. 国内景況				
世界金融危機	-43.6	0.5	-27.9	4.6
コロナ危機	-32.9	11.3	-14.1	17.0

（注）「法人企業景気予測調査」より作成。BSI、不確実性（「不明」回答割合）いずれも季節調整後の数字であり、分析対象期間の平均値はゼロ。

不確実性の差はそれよりもはるかに大きい。

　2つの危機はいずれも不確実性ショックとして研究対象となってきたが、ここでの比較から見ると、世界金融危機は企業にとって「先行きが確実に悪化する」という性格が強かったのに対して、コロナ危機は「先行きがどうなるかわからない」という性格が強く、先行きの確率分布すらわからないという意味でのナイト流不確実性ショックに近い性質を持っていたことを示唆している。コロナ危機は感染がどの程度拡大するのかが見えない、ワクチンや有効な治療薬がいつ開発されるのかがわからない、政府による営業自粛や外出制限措置がいつ発動されていつ終了するのかがわからないなど、自社業況や国内景況を予測する上での経済外的な前提条件がきわめて不透明だったことが背景だと考えられる。

〈産業別・企業規模別の比較〉

　2004年Q2から2024年Q3までの公表データ（原数値）をもとに、「不明」回答企業の割合（％）の期間平均値を産業別、企業規模別に計算した結果が表4-10である。1四半期先、2四半期先の自社業況、国内景況の「不明」割合を表示している。

　ここからまずわかるのは、産業・企業規模を問わず1四半期先よりも2四半期先の「不明」割合が高いことである。自社業況よりも国内景況で時間的視野の長さによる違いが若干大きいが、いずれも10％ポイント以上の違いがある。マクロ経済予測でも一般に時間的視野が長いほど不確実性は高い傾向があるので、予想される結果である。

　産業別には、1四半期先では製造業と非製造業の違いは小さい（非製造業の方がわずかに高い）が、2四半期先は製造業の方が「不明」回答割合が高い。企業規模別には、自社業況、国内景況とも、中小企業で「不明」回答割合が高い。ただし、大企業と中堅企業を比較すると、大企業の方が「不明」回答割合が高く、企業規模が大きいほど「不明」回答が少なくなるという単調な関係ではない。

　ここで見たのはあくまでも20年間の平均値である。1四半期先の自社業況の不確実性（水準・季節調整後）を企業規模別に観察すると、上述の

第4章　企業が直面する不確実性　　**135**

表4-10　業況・景況の先行き「不明」回答企業割合　　　　　　　（単位：%）

	(1) 自社業況		(2) 国内景況	
	1 四半期先	2 四半期先	1 四半期先	2 四半期先
全産業・全規模	17.3	28.9	20.2	32.8
製造業	17.1	32.2	19.2	35.1
非製造業	17.4	27.9	20.7	32.1
大企業	16.4	28.0	19.8	32.3
中堅企業	12.9	23.7	16.9	29.1
中小企業	21.0	33.5	23.0	35.9

（注）　「法人企業景気予測調査」より作成。2002 年 Q2 〜 2024 年 Q3 の単純平均値。

通り「不明」回答の水準自体は中小企業が高いが、コロナ危機時に大企業の不確実性が顕著に高まり、その後も大企業の不確実性は歴史的に見て高い状態が長く続いた。

〈企業のナイト流不確実性：小括〉

　本節の結果をまとめると、第一に、世界金融危機、コロナ危機はいずれも代表的な不確実性ショックとして研究対象とされてきたが、コロナ危機はナイト流不確実性という性格が顕著である点で世界金融危機と異なっている。第二に、1 四半期先の見通しよりも 2 四半期先の見通しの方が企業にとっての不確実性が高く、1 四半期先の見通しが確実であっても 2 四半期先の見通しは不確実というケースが多い。第三に、大企業や中堅企業と比べて中小企業で不確実性が高い。ただし、コロナ危機の際は不確実性の水準が通常は低い大企業の不確実性増大が顕著だった。なお、ナイト流不確実性と企業の設備投資の関係は第 5 章で改めて議論する。

第5章　不確実性と企業行動

　本章では、不確実性が投資、従業員の採用、キャッシュ保有、価格設定などの企業行動に及ぼす影響を考察する。不確実性は、①リアルオプション効果、②予備的貯蓄効果、③リスク・プレミアム効果を通じて企業行動を消極化し、実体経済にマイナスの影響を持つ。

　不確実性が企業の設備投資や従業員の採用に負の影響を持つことを多くの研究が示しており、特に不可逆性が高い種類の設備投資、解雇費用が高い正社員の採用への影響が強い。日本企業のデータを用いた分析も同様の結果である。不確実性が企業のキャッシュ保有を増加させること、企業金融に負の影響を持つことも明らかにされている。また、企業の販売価格設定に対して仕入価格の先行き不確実性が影響を与える。

　サービス産業では需要のボラティリティが生産性に大きく影響する。ビッグデータや人工知能（AI）を活用して需要予測の精度を向上する、つまり不確実性を低減することは、サービス分野の生産性向上に寄与する。

1.　不確実性と投資・雇用

〈不確実性の投資への影響〉

　不確実性の増大は、企業の投資、従業員の採用などの意思決定を慎重にさせる。これは、投資の不可逆性、リスク回避性向などがある場合、不確実性が低減するまで意思決定を先延ばしすることが利益になるという「待

つことのオプション価値」が生じるためである。「リアルオプション効果」あるいは「様子見（wait-and-see）メカニズム」と呼ばれる。第1章で述べた通り、不確実性が投資を拡大するメカニズムも理論的には存在し、例えば研究開発投資ではそうした可能性がかなりある。しかし、実証的には不確実性が研究開発を含めて投資に対してマイナスの影響を持つという分析結果が多い。第8章で詳述するが、不確実性は貿易や直接投資に対してもマイナスに作用する。

　投資に着手した後でもコストを伴うことなくそれを解消できたり、投資によって構築した設備を中古市場で容易に売却できたりするならば、こうしたメカニズムは働かない。しかし、一般に投資は少なくとも部分的にはサンクコストになるので、不都合な事態が生じるおそれがある場合にはリアルオプション効果が生じる。雇用についてもいったん採用した場合には解雇費用が発生するので、同様のメカニズムで不確実性が高いときには採用行動が慎重化する。雇用保護制度が強いほどそうした効果が強く働き、特に正社員・正職員の採用で起こりやすい。

　つまり、リスクの高い意思決定、不可逆性の高い投資ほど不確実性の影響を受けやすい。結果として、不確実性の高まりは資源再配分機能を弱め、マクロ経済の生産性上昇率を低下させる。例えば、Dixit and Pindyck（1994）は、「不必要な不確実性を低減・除去することは、投資を促進する上でおそらく最善の政策である」と述べている。

〈設備投資への影響の研究〉

　企業レベルのデータを用いて不確実性が投資行動に及ぼす影響を分析した研究は数多い（e.g., Leahy and Whited, 1996; Bloom *et al.*, 2007; Kang *et al.*, 2014; Gulen and Ion, 2016; Binding and Dibiasi, 2017; Jens, 2017; Dibiasi *et al.*, 2018; Falk and Shelton, 2018; Buchholz *et al.*, 2022; Kumar *et al.*, 2022; Kermani and Ma, 2023; Alfaro *et al.*, 2024; Bloom *et al.*, 2024）。使用する不確実性指標はさまざまだが、いずれも不確実性が企業の投資にマイナスの影響を持つという結果である。いくつかの研究は、不可逆性の高い投資ほど不確実性の影響が大きいことを示している。

代表的な研究である Bloom *et al.*（2007）は、英国製造業の上場企業パネルデータにより、株式収益率のボラティリティを不確実性の代理変数として分析したもので、不確実性が高まるとリアルオプション効果を通じて投資の需要に対する感応度が大幅に低下することを示した。不確実性が政策的な景気刺激策を弱めることを示唆している。

Kang *et al.*（2014）および Gulen and Ion（2016）は、米国上場企業を対象として新聞報道ベースの政策不確実性指数を用いて投資への影響を推計した研究で、政策不確実性が企業の投資に対して負の影響を持つことを示している。特に、投資の不可逆性が強い企業、政府支出への依存度が高い企業で政策不確実性の影響が大きい。Kim and Kung（2017）も米国上場企業を対象とした研究で、不確実性ショックが企業の投資を慎重にさせる効果が、資産の再利用可能性（redeployability）が低い、つまり投資の不可逆性が高い企業ほど大きいことを明らかにしている。米国における資産の企業特殊性について高精度のデータを構築した Kermani and Ma（2023）は、前年の株式収益率のボラティリティを企業レベルの不確実性指標とし、資産の企業特殊性が高い（＝投資の不可逆性が高い）ほど不確実性が投資活動に及ぼす影響が強いという結果を示している。いずれもリアルオプション効果の理論的な考え方を支持するものと言える。

ドイツ製造業企業を対象とした Buchholz *et al.*（2022）は、企業レベルの絶対予測誤差（Bachmann *et al,* 2013）の投資性向との関係を推計し、実績値が予測値に比べて良好だった場合にも投資性向が変化していないことから、不確実性が予期せざる事業環境改善のプラス効果を相殺していると解釈している。「日銀短観」の業況判断の予測誤差を不確実性指標として設備投資に対する負の影響を示した Morikawa（2016a）と共通性のある研究である。

第 1 章で述べたように、企業の不確実性を的確に捉える上では、予測の主観的確率分布を尋ねるのが最善だとされている。Bloom *et al.*（2024）は、米国の製造業事業所を対象に売上高の予測とその主観的不確実性を調査したセンサス局のサーベイ・データ（MOPS）を使用して、投資や雇用との関係を分析した。不確実性が高まると企業は投資を削減するとともに、柔

軟性の高いリース資産や非正規労働者の割合を増やすという結果を示している。

以上のほか、企業の脱炭素化投資に対する不確実性の影響を分析した最近の興味深い研究として Fuchs *et al.*（2024）がある。EU 排出権取引市場における炭素価格の不確実性指標（「炭素 VIX」）——排出権のオプション価格に基づく指数——を作成した上で、将来の炭素価格の不確実性が高まると企業の脱炭素化投資が抑制されるという結果を示し、リアルオプション効果の理論と整合的だと述べている。

〈不確実性の内生性への対処〉

不確実性が投資に与える影響を分析する際、不確実性指標の内生性が問題になる。投資から不確実性へという逆の因果関係の可能性はおそらく低いが、総需要の変動、自然災害など何らかの別の変数が不確実性と投資に同時に影響を与える可能性は否定できない。外生的な不確実性増大の影響を取り出すため、選挙などを自然実験として利用した分析、操作変数を用いた推計、ランダム化実験に基づく分析などが行われている。

Jens（2017）は、米国の州知事選挙を不確実性が外生的に変化する源泉として、政治的不確実性の投資への因果的な効果を推計し、選挙が近くなると企業の投資に負の影響があることを示している。リアルオプション効果の理論によれば不確実性が消失すると投資のリバウンドが生じると予想されるが、選挙後の投資のリバウンドの大きさは前任者が再選されるかどうかに依存し、新しい州知事が当選した場合には投資のリバウンドが小さいという結果を報告している。

Falk and Shelton（2018）も選挙に起因する政策の不確実性が投資に及ぼす影響を、米国製造業を対象に分析したものである。州知事選挙における共和党と民主党の得票率の差を不確実性の指標とし（接戦の時ほど不確実性が高い）、これがその州の企業の投資に負の影響を持つことを示している。興味深いことにその州に近接する州の投資は増えており、「確実性への逃避」が起きていると解釈している。

Dibiasi *et al.*（2018）は、予想外の結果となったスイスの国民投票を事例

に経済政策の不確実性が企業の投資に及ぼした影響を推計し、この不確実性が2年間にわたり投資の不可逆性の強い企業の投資を大幅に減少させたとしている。

Binding and Dibiasi（2017）は、スイスにおける突然の金融政策変更——スイス・フランの対ユーロ為替レートの下限を撤廃（2015年1月）——を自然実験として企業の投資計画への影響を投資のタイプ別に分析した。不確実性が機械・設備への投資に対してリアルオプション効果を通じて負の影響を持つ一方、建造物への投資では影響が見られず、研究開発投資には成長オプション効果を通じて正の効果を持ったという結果を報告している。

Alfaro *et al.*（2024）は、米国企業を対象に、産業レベルの為替レート、石油価格、政策不確実性へのエクスポージャーを操作変数に用いて、不確実性ショックの因果的な影響を推計したものである。①株式収益率の実現ボラティリティ、②オプション・インプライド・ボラティリティを不確実性変数とし、不確実性が有形／無形の投資を削減する効果を持つこと、この影響が資金制約下にある企業で大きいこと、金融摩擦（financial frictions）の高い時期に影響が大きく、金融摩擦が不確実性ショックの影響を増幅することを示している。

Kumar *et al.*（2022）は、自然実験を利用するのではなく、ニュージーランド企業に対して経済成長率の見通しとその不確実性に関する情報（専門家の予測）を提供するランダム化実験を行い、マクロ経済の不確実性の外生的な変化が企業の意思決定に及ぼした影響を分析した例である。企業が不確実性を認識すると、新技術への投資や新しい施設への投資確率が低下するという結果である。

不確実性の内生性への対処はこの分野の実証分析において依然として課題ではあるが、さまざまな手法でこの問題に対応したこれらの研究は、総じて不確実性の外生的な増大が投資に負の影響を持つことを示している。

〈不確実性の研究開発への影響〉
不確実性の研究開発への効果は、設備投資と異なる可能性がある。研究

開発投資はもともとリスクの高い長期的な投資なので、一時的な不確実性の高まりの影響を受けにくいかもしれない。例えば、不確実性と研究開発投資の関係を理論的に分析するとともにキャリブレーションを行ったBloom（2007）は、研究開発投資は設備投資に比べて不確実性への感応度が低いと論じている。また、不確実性が「成長オプション効果」を通じて研究開発を増加させる可能性もある。研究開発は最初のステップの研究が成功した段階で次のステップに進むといった形で逐次的に行われる場合が少なからずあり、不確実性の下で最初の研究開発投資を行っておくことで将来の研究開発が可能になるというオプション価値が生じうる。

　不確実性が研究開発投資に与える影響に関する実証研究の例として、Goel and Ram（2001）、Caggese（2012）、Bontempi（2016）、Binding and Dibiasi（2017）、Barrero *et al.*（2017）、Kraft *et al.*（2018）、Xu（2020）、Atanassov *et al.*（2024）が挙げられる。Goel and Ram（2001）は、OECD主要国（日本を含む）の集計レベルのクロスカントリー・データを使用した推計により、インフレ率のボラティリティで測ったマクロ経済の不確実性が研究開発投資にマイナスの影響を持つという結果を報告している。

　Caggese（2012）は、イタリア製造業企業のパネルデータを使用し、リスクの高いイノベーション活動（新製品開発）に対する不確実性の影響を分析している。産業レベルの総資産利益率のボラティリティを不確実性変数とした分析結果によると、不確実性はリスクの低いイノベーションに対しては影響がないが、リスクの高いイノベーションには大きな負の影響を持っている。Bontempi（2016）もイタリア企業を対象に、不確実性が物的投資、無形資産投資（研究開発など）に及ぼす影響を分析した例である。企業の期待売上高成長率の主観的不確実性（最大値と最小値の差）を使用し、不確実性が研究開発に負の影響を持つという結果を報告している。

　一方、前述の Binding and Dibiasi（2017）や Atanassov *et al.*（2024）は、不確実性ショックが成長オプション効果を通じて研究開発投資には設備投資とは違ってプラスの効果を持つという結果を示している。Kraft *et al.*（2018）は、研究開発投資自体を被説明変数とした分析ではないが、研究開発実施企業の場合、企業レベルの株価のボラティリティが高いほど企業価値（ト

ービンの Q）が高く、成長オプション理論と整合的なことを示唆している。

Barrero *et al.*（2017）は、企業レベルの株価オプションのインプライド・ボラティリティのデータから短期と長期の不確実性を計測し、設備投資、研究開発、従業員採用の不確実性への感応度を比較している。それによれば、研究開発は設備投資や従業員採用に比べて長期的な不確実性への感応度が高く、長期的な政策の不確実性増大が経済成長に対して負の影響を持つ可能性を指摘している。Xu（2020）は、政策不確実性指数を加工して外生的な不確実性を抽出した上で、米国企業の特許で測ったイノベーションとの関係を分析している。その結果によると、不確実性へのエクスポージャーの高い企業は資本コストが高まり、イノベーションが減少する関係がある。投資の不可逆性だけでなく資本コスト上昇という経路を通じて、不確実性がイノベーションに負の影響を持つことを示している点で興味深い。

不確実性が研究開発に対してもネガティブな影響を持つことを示唆する実証研究が多い印象ではあるが、成長オプション効果を支持する結果もいくつか見られ、不確実性が設備投資に与える影響に関する研究に比べると分析結果は確定的とは言えない。

〈不確実性の M&A への影響〉

M&A（合併・買収）も企業にとって大きな投資であり、不確実性の影響を受けることが予想される。不確実性が M&A 活動に及ぼす影響を扱った研究として、Bhagwat *et al.*（2016）、Bonaime *et al.*（2018）の例がある。Bhagwat *et al.*（2016）は、VIX を不確実性指標に使用して米国の M&A への影響を推計した。推計結果によれば、不確実性の 1 標準偏差増大は、翌月の M&A 取引活動を 6 ％低下させる効果を持ち、特に集中度の高い産業、大規模な上場企業を対象にした合併で不確実性の負の影響が大きいという結果である。また、過去の株価ボラティリティが高い企業は M&A のターゲットになりにくいという結果を示している。

Bonaime *et al.*（2018）は、経済政策不確実性（EPU）指数（Baker *et al*, 2016）が M&A に及ぼす影響を推計し、政策不確実性がマクロレベルでも企業レベルでも M&A 活動を減少させるという結果を報告している。また、

分野別不確実性指数を用いた分析により、税制、政府支出、金融・財政政策、規制の不確実性の M&A への影響が大きいとしている。さらに、不可逆性の高いタイプの取引で政策不確実性の影響が大きく、リアルオプションの理論と整合的だと論じている。

〈不確実性の雇用・賃金への影響〉

不確実性の雇用への影響を扱った研究例として、Ghosal and Ye（2015）、Kuhnen and Oyer（2016）、Kumar *et al.*（2022）、Kovalenko（2024）、Alfaro *et al.*（2024）、Choi *et al.*（2024）を挙げておく。Ghosal and Ye（2015）は、マクロ経済の不確実性に関する複数の指標を用いて大企業と中小企業の雇用の部分調整モデルを推計し、不確実性が雇用の伸びに及ぼす負の影響が特に中小企業で確認されるとしている。ドイツ事業所の雇用調整を対象とした Kovalenko（2024）は、Jurado *et al.*（2015）に準拠して作られたドイツのマクロ経済不確実性指数を使用し、不確実性ショックは大規模な事業所の雇用減少の引き金となっているが、小規模な事業所には影響が見られないとしている。企業規模による違いは Ghosal and Ye（2015）と逆の結果である。

Choi *et al.*（2024）は、採用や解雇の不可逆性が国・産業によって違うことを利用した興味深い研究で、不確実性ショックの労働市場への影響が内延（労働時間）ではなく外延（労働者数）で生じていること、雇用への外延での負の影響は雇用保護の強い国、自然レイオフ率の高い産業で強いことを示し、リアルオプション理論と整合的だと論じている。

不確実性から雇用への因果関係を確認する研究として、前出の Kumar *et al.*（2022）、Alfaro *et al.*（2024）の例がある。Kumar *et al.*（2022）は、ランダム化情報実験により、企業がマクロ経済的な不確実性を認識すると雇用を減少させる因果関係を示している。操作変数法を用いた Alfaro *et al.*（2024）は、株式収益率のボラティリティで測った企業レベルの不確実性が、従業員の採用を減少させる因果的な効果を持つことを示している。

以上のほか、Kuhnen and Oyer（2016）は、採用候補者情報の不確実性が及ぼす影響を MBA 卒業者のデータで分析した。マクロ経済や企業パフォ

ーマンスではなく採用候補者の企業への適合性についての不確実性に着目したユニークな研究である。不確実性が採用を抑制する効果を持つこと、この効果は企業の採用・解雇コストが高いほど、また、類似の他社との競合が強くないほど大きいことを示している。その上で、不確実性に直面する企業は従業員の採用に当たって物的投資と同様の意思決定を行うことを示唆していると論じている。

　企業レベルの不確実性が従業者の賃金に与える影響を分析したものとして Di Maggio *et al.*（2022）がある。企業－従業者マッチ・データを使用し、企業固有の不確実性（株式収益率のボラティリティ）の増大が労働者の総報酬を減少させ、その結果、労働者が耐久財消費を減少させていることを示している。不確実性が雇用だけでなく賃金でも労働者に影響を与えることを意味している。

　規模などの企業特性や国の労働市場制度によって異なるが、総じて不確実性がリアルオプション効果などを通じて企業の雇用に負の影響を持つことを示す研究結果が多い。

〈日本企業の実証分析〉

　日本企業を対象とした実証研究として、上場企業データを用いた Ogawa and Suzuki（2000）、田中（2019）、Fujitani *et al.*（2023）などの例があり、いずれも不確実性と設備投資の負の関係を示している。

　日本企業における不確実性と投資の関係を扱った初期の代表的な公刊論文が Ogawa and Suzuki（2000）である。日本の製造業企業のパネルデータを用いて投資関数を推計したもので、売上高のボラティリティを不確実性の代理変数としている。不確実性が設備投資に対して有意な負の影響を持っていること、この関係が資本の不可逆性と密接に関係していることを示している。田中（2019）は、最近までの日本の上場企業データを用いて設備投資関数の推計を行った。トービンの Q に対する設備投資の感応度が以前よりも低下していることを示し、売上高のボラティリティないし予測誤差で測った不確実性が設備投資の意思決定に関わる調整コストを押し上げた可能性を指摘している。

Fujitani *et al.*（2023）は、EPU 指数が日本の上場企業の投資に及ぼす影響を推計し、EPU が高まると企業が投資を削減すること、政策不確実性の種類別に見ると財政と為替レートの不確実性が主因であること、さらに米国の EPU 指数も日本企業の設備投資に負の影響を持っていることを示している。

これらのほか、筆者自身「日銀短観」や「法人企業景気予測調査」のデータを用いて不確実性と投資の関係を分析した。以下、それらを詳しく解説する。

〈「日銀短観」データを用いた分析〉

Morikawa（2016a）は、「日銀短観」のオーダーメード集計データを用いて業況判断の予測誤差に基づく不確実性指標を作成し、設備投資との関係を推計した。そこでの不確実性指標——①絶対予測誤差（*ABSFE*）、②予測誤差のばらつき（*FEDISP*）——の作成方法と時系列での動向については第 4 章で解説した通りである。翌四半期の業況判断の予測値と事後的な実績値の差（予測誤差）を数値化（−2 ～ ＋2）した上で、その絶対値の平均が *ABSFE*、標準偏差が *FEDISP* である。Morikawa（2016a）の分析対象期間は 2014 年までなので、これらの不確実性指標と設備投資の関係を、コロナ危機を含む期間まで延伸して推計する（森川, 2023c 参照）。

企業ではなくセル単位のデータなので、サンプルサイズを確保するため、産業（製造業、非製造業）別×企業規模（大企業、中堅企業、中小企業）別の 6 カテゴリーのデータをプールし、セル・レベルのパネルデータとして各カテゴリー固定効果を考慮する形で推計する。「日銀短観」には計数項目として設備投資額のデータがあるが、2020 年 3 月調査以降は年度の数字だけが調査されるようになった[1]。このため、設備投資額は「法人企業統計調査」の産業別×企業規模別の 6 カテゴリーの四半期データを使用する。

1　Morikawa（2016a）の分析対象期間は 2014 年 9 月（Q3）調査までで、当時は「日銀短観」で調査されていた上半期・下半期別の設備投資データを使用していた。

「法人企業統計調査」の設備投資額には季節調整系列がないため、設備投資額（対有形固定資産残高）の前年同期差（$\Delta INV_{it-4,t}$）を被説明変数とする（添字 i は産業×企業規模カテゴリー、t は四半期）。メインの説明変数（$Uncertainty$）は、業況判断の不確実性指標（$ABSFE, FEDISP$）である。業況の改善／悪化の見通し自体（first moment）が当然設備投資に影響すると考えられるので、DI の見通し（先行き DI の前年同期実績 DI との差：$DI^e_{it-3,t+1}$）をコントロールするとともに、季節ダミー（$Quarter Dummies$）、産業×企業規模カテゴリー固定効果（λ_i）を説明変数とする。

　業況判断の代わりに国内需給判断、設備判断の不確実性指標（$ABSFE, FEDISP$）を用いた推計も行う。「日銀短観」の国内需給判断は「貴業界の国内での製商品・サービス需給」を「1. 需要超過」、「2. ほぼ均衡」、「3. 供給超過」から選択する形式、設備判断は「貴社の生産・営業用設備」を「1. 過剰」、「2. 適正」、「3. 不足」から選択する形式であり、いずれも先行きの予測と最近の実績を調査している。DI の符号が他の判断項目と整合的になるよう、設備判断は「不足」を 1、「過剰」を 3 に変換した上で使用する。具体的な推計式は下記の通りである。

$$\Delta INV_{it-4,t} = \beta_1 \, Uncertainty_{it} + \beta_2 \, DI^e_{it-3,t+1} + \beta_3 \, Quarter \, Dummies + \lambda_i + \varepsilon$$

　関心事は β_1 の係数であり、多くの先行研究が示すようにリアルオプション効果などを通じて不確実性が設備投資にマイナスの影響を持つとすれば、この係数は有意な負値となる。分析対象期間は 2003 年 Q4 ～ 2022 年 Q1 である。

〈推計結果の要点〉

　推計結果は表 5-1 の通りである。(1), (2) 列は業況判断、(3), (4) 列は国内需給判断、(5), (6) 列は設備判断の不確実性（および先行き DI）を説明変数とした推計結果である。いずれの推計においても、不確実性指標の係数は負、先行き DI の係数は正で、予想される符号である。つまり、先行きが改善すると見込まれるときに設備投資は増加するが、DI を所与

148

表 5-1　不確実性と設備投資：「日銀短観」

	(1)	(2)	(3)	(4)	(5)	(6)
	業況判断		国内需給判断		設備判断	
	Δ INV	Δ INV	Δ INV	Δ INV	Δ INV	Δ INV
ABSFE	-0.020		-0.035**		-0.037***	
	(0.015)		(0.011)		(0.007)	
FEDISP		-0.016		-0.025**		-0.028***
		(0.014)		(0.008)		(0.005)
先行き DI		0.011	0.020*	0.020**	0.043***	0.043***
（前年同期差）		(0.006)	(0.008)	(0.008)	(0.009)	(0.009)
Nobs.	420	420	420	420	420	420
R^2(within)	0.067	0.065	0.101	0.101	0.172	0.175

（注）固定効果推計、カッコ内はロバスト標準誤差。***: $p<0.01$, *: $p<0.05$, *: $p<0.10$。被説明変数は設備投資対有形固定資産残高（前年同期比）。推計期間は 2004 年 Q4 ～ 2022 年 Q1。(1)、(2)列は業況判断の DI および不確実性、(3)、(4)列は国内需給判断の DI および不確実性、(5)、(6)列は設備判断の DI および不確実性を説明変数に使用。

とした上で見通しの不確実性が高い場合には設備投資が抑制気味になる可能性を示唆している。

　ただし、業況判断を用いた場合、不確実性の係数、先行き DI の係数はいずれも統計的に有意でない。これに対して、国内需給判断や設備判断を用いた場合、*ABSFE* および *FEDISP* の係数は有意な負値で、先行き DI の係数も有意である。四半期先の需給状況や設備過不足の不確実性が当期における現実の設備投資を抑制する可能性を示唆しており、リアルオプション効果のメカニズムを支持する結果である。

　不確実性の設備投資への影響は、意思決定や執行のラグのために遅れて発現するかもしれない。そこで 1 四半期先の設備投資を被説明変数として推計したところ、おおむね同様の結果で、不確実性の係数の絶対値は当期の設備投資を被説明変数とした場合よりもいくぶん大きい。先行きの不確実性が当期だけでなく翌期の設備投資を抑制する可能性を示唆している。ただし、いずれにしても不確実性の係数は量的には小さく、企業レベルでなくセル単位に集計されたデータを用いているため、不確実性の影響を過小評価している可能性がある。

　推計結果がコロナ危機という特殊なショックの影響によるものかどうか

を確認するため、コロナ危機前（〜 2019 年 Q4）までのデータに限定した推計を行うと、推計された不確実性の係数、先行き DI の係数は、コロナ危機を含む場合よりも絶対値はわずかに大きく、有意水準も高かった。つまり、全期間のデータを用いた推計結果はコロナ危機に引きずられたものではなく、また、コロナ危機下において不確実性に対する設備投資の反応自体が大きく変化したわけではない。

〈「法人企業景気予測調査」の企業データを用いた分析〉

「法人企業景気予測調査」（内閣府・財務省）の自社業況、国内景況などの「不明」回答は不確実性の代理変数の1つであり、確率分布すらわからないというナイト流不確実性ないし Ambiguity を反映している面があると考えられる（第4章参照）。同調査は統計法上の手続きを経てミクロデータを利用できるので、企業レベルでの分析が可能である[2]。

同調査は定性的な判断調査項目のほか定量的な計数項目を含んでおり、売上高、経常利益、設備投資額の実績値と見通しを調査しているが、四半期ではなく年度係数のみである。「法人企業景気予測調査」の対象企業は、「法人企業統計調査」（財務省）の四半期別調査の対象企業から抽出されており、「法人企業統計調査」は四半期ごとの売上高と設備投資額の実績値を調査しているので、これら2つの統計を企業レベルでリンクした 69 四半期のパネルデータ（2004 年 Q2 〜 2021 年 Q2）を作成して分析に使用する[3]。

1四半期先の自社業況（ミクロ）の不確実性（$BC\_unsure_{it, t+1}$）ダミー——「不明」と回答した場合に1、それ以外を選択した場合はゼロ——を説明変数として、次期の設備投資額（$ln(INV)_{i, t+1}$）の実績値を説明する場合の具体的な推計式は、下記の通りである。添字 i は企業である。

$$ln(INV)_{it+1} = \beta\, BC\_unsure_{it, t+1} + \gamma\, ln(Sales)_{it+1} + \lambda_i + \eta_t + \varepsilon_{it}$$

───────────

2　分析結果の詳細は森川（2022）参照。
3　「法人企業景気予測調査」の観測値のうち約 80％が「法人企業統計調査」とリンク可能だった。

この式の λ_i は企業固定効果、η_t は時間ダミー（$t = 1, 2, ……, 68, 69$）である。企業固定効果を含む推計なので、観測されない企業特性——例えば、強め／弱めの見通しをする傾向——の影響は排除される。季節変動とともに企業共通のマクロ経済要因を時間固定効果で処理する。設備投資額は現実の業況と関係していることが予想されるため、売上高の実現値（$ln(Sales)_{it+1}$）をコントロール変数に用いる。2四半期先の設備投資を推計する場合、添字 $t+1$ は $t+2$ となる。自社業況の代わりに国内景況（マクロ）の不確実性（EC_unsure）を説明変数とした推計も行って結果を比較する。さらに、ミクロ（BC_unsure）とマクロ（EC_unsure）の不確実性を同時に説明変数とした推計を行い、両者の説明力を比較する。

〈推計結果の要点〉

　推計結果は表5-2である。自社業況の1四半期先の不確実性（BC_unsure）は1四半期先の設備投資と（(1)列）、2四半期先の不確実性は2四半期先の設備投資と（(4)列）、いずれも1％水準で有意な負の関係がある。業況の先行きの方向性もわからないという意味でのナイト流不確実性が高いとき、企業は設備投資に慎重になることを示唆している。量的には、自社業況の先行きが「不明」なとき、その企業の設備投資が3〜4％低くなる関係である。

　一方、国内景況の先行き不確実性（EC_unsure）を説明変数とした場合には、1四半期先の設備投資との関係は統計的に有意ではなく（(2)列）、2四半期先の設備投資とは1％水準で有意な負の関係だが（(5)列）、自社業況の不確実性に比べて係数の絶対値は約半分である。さらに、自社業況の不確実性と国内景況の不確実性をともに説明変数とした場合（(3)列, (6)列）、国内景況の不確実性の係数は統計的有意性を失う。当然ではあるが、マクロの景況の不確実性よりも自社業況（ミクロ）の先行きの不確実性による投資行動への影響が支配的なことを示している[4]。

　サンプル期間をコロナ危機前までに限定して推計した場合、不確実性の係数はわずかに大きいが、基本的なパタンはコロナ危機時を含む推計結果

第 5 章　不確実性と企業行動　　**151**

表 5-2　不確実性と設備投資：「法人企業景気予測調査」

	(1) $ln(INV)_{it+1}$	(2) $ln(INV)_{it+1}$	(3) $ln(INV)_{it+1}$	(4) $ln(INV)_{it+2}$	(5) $ln(INV)_{it+2}$	(6) $ln(INV)_{it+2}$
BC_unsure	-0.032*** (0.008)		-0.043*** (0.010)	-0.041*** (0.007)		-0.042*** (0.009)
EC_unsure		-0.011 (0.007)	0.013 (0.009)		-0.022*** (0.006)	0.002 (0.008)
$ln(Sales)$	0.402*** (0.005)	0.407*** (0.005)	0.407*** (0.005)	0.408*** (0.005)	0.413*** (0.005)	0.413*** (0.005)
Nobs.	342,782	333,851	333,733	307,088	298,803	298,803
R^2(within)	0.046	0.047	0.047	0.049	0.049	0.049

（注）　固定効果推計、カッコ内はロバスト標準誤差。***: p<0.01。(1)〜(3)列は 1 四半期先、(4)〜(6)列は 2 四半期先の設備投資が被説明変数。対応する説明変数も(1)〜(3)列は 1 四半期先、(4)〜(6)列は 2 四半期先の自社業況・国内景況「不明」ダミー。*BC_unsure* は自社業況「不明」ダミー、*EC_unsure* は国内景況「不明」ダミー。

と同様である。「日銀短観」データでの分析結果と同様、新型コロナによって不確実性と投資の関係自体が変化したわけではなく、もともと存在する関係がコロナ危機下でも生じていたわけである。

〈不確実性と投資・雇用：小括〉

　本節では不確実性が企業の投資や雇用に与える影響について、内外の先行研究をサーベイするとともに、日本企業のデータを用いた分析結果を紹介した。実証分析ではさまざまな不確実性指標が用いられているが、不確実性が投資や雇用にマイナスの影響を持つことを示す研究結果が多い。コロナ危機時に不確実性と投資の関係の構造が変化したことは確認されず、不確実性ショック自体が大きかったことが投資への量的な影響を大きくしたと考えられる。

4　次期、次々期の業況見通しの不確実性が、当期すなわち予測時点での設備投資に影響する可能性を考慮し、当期の設備投資額を被説明変数とした推計も行ってみた。しかし、この場合「不明」回答ダミーの係数は有意でなかった。

2. 不確実性と企業財務・企業金融

〈不確実性とキャッシュ保有の増加〉

　先行きの不確実性が高まったとき、企業は万一に備えてキャッシュを積み増す——企業の予備的貯蓄（firms' precautionary savings）——可能性があり、それを確認する実証研究は多い。前出の Alfaro *et al.* (2024) は、株価収益率のボラティリティで測った企業レベルの不確実性が、設備投資や雇用を減少させると同時に、現金保有増加、債務や配当の削減といった慎重な財務政策をもたらす因果関係があることを示している。また、米国企業を対象に政治的不確実性や政策不確実性がキャッシュ保有の増加をもたらす効果を示す研究がいくつかある（e.g., Cheng *et al.*, 2018; Duong *et al.*, 2020; Jayakody *et al.*, 2023）[5]。なお、不確実性が高いときに予備的動機に基づいてキャッシュ保有を増加させること自体は企業にとって合理的な行動であり、Duong *et al.* (2020) は、キャッシュ保有が実体経済活動への政策不確実性の負の影響を緩和する重要な経路だと論じている。

　日本では、近年、企業が過度にキャッシュを貯め込んでいるとの批判があり、企業のキャッシュ保有は政策実務においても関心が高いイシューである。日本企業を対象とした研究として、いずれもコロナ危機前までを対象としたものだが、Khan and Senga (2019)、第1節でも言及した Fujitani *et al.* (2023) の例がある。Khan and Senga (2019) は、日本の上場企業を対象とした分析で、不確実性（売上高成長率、売上高利益率のボラティリティ）が企業の現金保有と正の関係を持つことを示している。Fujitani *et al.* (2023) は、政策不確実性の影響を扱ったもので、経済政策不確実性（EPU）指数の高まりが日本の上場企業のキャッシュ保有を増加させるという結果である。

5　Cheng *et al.* (2018) は政党対立指数を、Jayakody *et al.* (2023) は政治的アラインメント指数（PAI）を政治的不確実性の代理変数として用いている。Duong *et al.* (2020) は経済政策不確実性（EPU）指数を用いた分析である。

〈不確実性の企業金融への影響〉

　不確実性の増大が企業間信用の減少、銀行融資の減少、クレジット・スプレッドの上昇をもたらすなど企業金融に対する影響を示す研究も多い。銀行の信用供給への影響を分析したものとして、米国を対象とした Bordo *et al.*（2016）、Valencia（2017）、Barraza and Civelli（2020）、韓 国 の Kim *et al.*（2023）の例がある。Bordo *et al.*（2016）は、政策不確実性指数が米国の銀行融資の伸びに対して有意な負の影響を持つことを示し、自己資本比率の高い銀行システムに移行することで政策不確実性に対するレジリエンスが高まる可能性があると論じている。米国商業銀行のパネルデータを用いたValencia（2017）は、エコノミストの実質 GDP 成長率予測の不一致度で測った不確実性の高まりが銀行の信用供給を減少させること、特に自己資本比率の低い銀行でそれが顕著なことを示している。Barraza and Civelli（2020）は、政策不確実性の増大に対して、銀行が企業への信用供給を減少させるとともにクレジット・スプレッドを上昇させることを示す研究で、予測可能性の高い政策形成が重要だと論じている。

　Kim *et al.*（2023）は、韓国企業の銀行－企業をマッチさせた融資レベルのデータを使用し、企業の不確実性（株式収益率のボラティリティ）増大による銀行融資への影響が、不確実性に伴う投資の先送りによる資金需要減少によるのか、銀行側の資金供給減少によるのかを識別しようとした研究である。その結果によると、需要側／供給側両方の経路が存在する。また、投資の不可逆性が高い企業、資金制約下にある企業で負の影響が大きく、不確実性には、①リアルオプション経路、②金融経路（企業の破綻リスク上昇、外部資金コスト上昇）の両面での影響があると述べている。

　前節で言及した Xu（2020）は、政策不確実性指数が資本コストを高めることを示している。また、Kaviani *et al.*（2020）は、政策不確実性指数とクレジット・スプレッドの関係を、米国企業の社債データを用いて分析している。操作変数を用いた推計結果によると、政策不確実性指数の 1 標準偏差増大はクレジット・スプレッドを約 10 ベーシス・ポイント（0.1％）高めており、この影響は規制の強い産業の企業や政府支出への依存度の高い企業で大きい。不確実性のリスク・プレミアム効果を支持するものと言

える。

〈企業間信用への影響〉

このほか企業金融に関連する研究として、不確実性が企業間信用に及ぼす影響を扱ったものがある。Jory *et al.*（2020）は、米国上場企業を対象に政策不確実性と企業間信用の関係を分析し、政策不確実性指数が高いとき、企業間信用の供与期間が短縮する傾向があることを示している。やはり米国上場企業を対象とした D'Mello and Toscano（2020）は、政策不確実性が企業間信用の量を減少させており、政策分野別には金融政策、財政政策、税制、規制の不確実性の影響が大きいことを示している。

以上の通り、不確実性の高まりが予備的動機に基づく企業のキャッシュ保有を増加させることを示す研究、また、銀行融資や企業間信用の減少、クレジット・スプレッドの上昇を示す研究は多い。

3. 不確実性と価格設定

〈不確実性と企業の価格設定行動〉

世界的にインフレ率が高まる中、企業の価格設定行動への関心が高まっている。特に日本では資源・エネルギー価格の上昇および為替レートの円安化を背景に、投入財価格上昇の販売価格への転嫁（パススルー）が注目されている。また、最近は賃金上昇を実現するために製品・サービス価格の引き上げを行うべきであるという論調を頻繁に目にする。

投入コスト上昇は直ちに産出価格引き上げにつながるわけではなく、メニュー・コスト、合理的無関心（rational inattention）、寡占市場における戦略的価格設定行動、販売先との長期継続的取引関係などさまざまな要因が、価格の速やかな変更を制約する。また、現在だけでなく将来のコストや需要の予想も価格設定行動に関わるので、それらの不確実性が企業の価格設定行動に影響する可能性がある。

不確実性とマクロレベルのインフレの関係に関する多くの研究は、不確実性ショックがインフレ率を低下させる関係を持つことを示している

（e.g., Leduc and Liu, 2016; Basu and Bundick, 2017）。第1節で言及した Kumar et al.（2022）は、ニュージーランド企業を対象としたランダム化情報実験により、企業はマクロ経済成長率の不確実性を認識すると価格を引き下げる傾向があるという結果を報告している。

　不確実性と企業レベルの価格設定行動の関係について、理論的には不確実性が価格改定を抑制する可能性、逆に促進する可能性があるが、実証研究は不確実性が価格変更の確率を高めるという結果を示すものが多い（e.g., Vavra, 2014; Bachmann et al., 2019; Koga et al., 2019; Chen et al., 2020）。不確実性は wait-and-see 効果を通じて価格改定を抑制する可能性があるものの、ボラティリティ効果——ボラティリティの高さが企業を「動かない領域（inaction zone）」の外に押し出す効果——の方が強いことが理由として指摘されている（Bachmann et al., 2019）。

　日本を対象とした Koga et al.（2019）は、「日銀短観」のミクロデータを使用し、需要の不確実性——需要見通しの絶対予測誤差で計測——が企業の価格変更確率を高めることを示している。同時に、不確実性は需要変動自体の価格変更への影響を弱めるという結果を示し、価格設定において不確実性の wait-and-see 効果が存在すると述べている。Chen et al.（2020）は、「法人企業景気予測調査」のミクロデータを用いた分析により景気後退期に企業が価格変更を頻繁に行うことを示し、需要の不確実性の下で企業が積極的に情報収集を行う結果によると解釈している。

　企業レベルのサーベイに基づき、販売価格の主観的不確実性を調査した研究として Yotzov et al.（2023）が挙げられる。英国企業の CFO に対して今後1年間の販売価格の予測とその主観的不確実性（5点の確率分布）を月次で尋ねている英国の Decision Maker Panel（DMP）調査に基づくものである。それによると新型コロナ感染症が発生した後に販売価格の不確実性が上昇を続け、2022年には調査開始（2016年）以降で最も高い不確実性となった。そして販売価格の先行きの主観的不確実性が高い企業は、1年後の事後的な予測誤差が大きいこと、価格の予測誤差および価格の主観的不確実性が高い企業ほど利益率や生産性が低いことを示している。世界的にインフレ率が高まる中で価格の不確実性が増大し、それが企業パフォー

マンスにネガティブな影響を持つことを示唆している。

〈「日銀短観」による価格不確実性の把握〉

マクロ経済全体の不確実性とインフレや企業の価格設定行動の関係についての研究は多いが、企業の仕入価格や販売価格の不確実性を直接に計測した研究は、上述の Yotzov *et al.*（2023）などごく限られている。「日銀短観」は、業況判断だけでなく国内需給、海外需給、生産・営業用設備、雇用人員などいくつかの項目について、現状判断と四半期先見通しの判断を三者択一方式で尋ねている。それらの中には、販売価格判断、仕入価格判断が含まれているので、価格に関して企業が直面する不確実性を把握できる。販売価格および仕入価格の選択肢は「1 上昇」、「2 もちあい」、「3 下落」であり、選択肢のうち 1 を選択した企業の割合から 3 を選択した企業の割合を引いた数字が DI（ディフュージョン・インデックス）として公表されている。業況判断と同じように、前期における翌期の見通し判断と当期における実績判断を企業レベルで比較することで、予測誤差に基づく価格不確実性指標——①絶対予測誤差（*ABSFE*）、②予測誤差分散（*FEDISP*）——を作成できる。第 4 章で見た通り、販売価格、仕入価格という価格面の判断項目は業況判断に次いで不確実性が高い。

以下、「日銀短観」のオーダーメード集計データに基づいて、日本企業の仕入価格、販売価格の不確実性の動向を見ていく。[6]業況判断に基づく不確実性指標と同様、前期調査における四半期先の見通し判断と当期調査における実績判断の関係をクロス集計したマトリクス（3 × 3 = 9 類型）を作成する。そしてマトリクスの各セルの企業数をもとに集計レベルの不確実性指標を作成する。分析対象期間は 2003 年 Q4 調査から 2022 年 Q2 調査までである。全産業・全規模のほか産業（製造業、非製造業）別×企業規模（大企業、中堅企業、中小企業）別のオーダーメード集計を依頼した。

業況判断の不確実性指標と同様、販売価格判断および仕入価格判断につ

6　ここでの分析は森川（2023d）をもとにしている。本研究で依頼した集計データは、「オーダーメード集計の実施状況」として日本銀行のウェブサイトで公表されているので、現時点では誰でもアクセス可能である。

いて、ある企業の前期における先行き予測と当期の現状判断が同じ場合には「0」、予測に比べて一段階上昇／下落した場合には「+1」／「-1」、二段階上昇／下落した場合には「+2」／「-2」という予測誤差（ERROR）の値を割り当てる。例えば、先行き判断が「上昇」で事後的な現状判断が「下落」だと-2、先行き判断が「もちあい」で事後的な現状判断が「上昇」だと+1である。マトリクスの9つのセルごとの企業数のデータを使用し、ABSFEは予測誤差（-2〜2）の絶対値を企業数でウエイト付けした平均値（Mean（|ERROR|））、FEDISPは予測誤差の企業数ウエイトでの標準偏差（Std. Dev.（ERROR））として計算する。ABSFEとFEDISPいずれも予測時点での不確実性を表す。業況判断の不確実性と同様、もともとのデータが定性的な判断なので、量的にどの程度の上昇／下落かという情報を含んでいない点はこの指標の限界として改めて保留しておく。

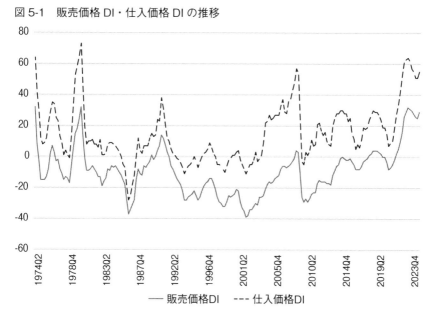

図 5-1　販売価格 DI・仕入価格 DI の推移

（注）「日銀短観」の公表データ（1974年 Q2〜2024年 Q3）から作成。全規模・全産業の数字。

〈販売価格・仕入価格の動向と不確実性〉

　最初に販売価格 DI、仕入価格 DI の時系列での動向を概観しておきたい（図 5-1 参照）。これら DI は公表されたデータから観察できるので、1974 年 Q2 調査から 2024 年 Q3 調査までの長期データを用いて描いている。販売価格 DI、仕入価格 DI とも 2020 年 Q2 をボトムに急上昇し、販売価格の現状判断 DI は 2021 年 Q3 に資源・エネルギー価格高騰を背景に 2000 年以降のピークだった 2008 年 Q2 を超え、その後も 2022 年 Q4 まで上昇を続けた。仕入価格 DI も 2022 年 Q2 に 2008 年 Q2 のピークを上回り、2022 年 Q4 まで上昇が続いた。グラフには示していないが、先行き判断 DI も同様の動きとなっており、販売価格の先行き DI は 2022 年 Q4 に 1980 年 Q2 以来 42 年ぶりの高水準となった。仕入価格の先行き DI も 2022 年 Q3 に 1980 年 Q3 以来の高水準になった。

　こうした価格 DI の上昇が予想されていたのか、それとも予想外に不確実性が高まったのかがこの節の関心事である。そこで、前述の方法で作成

図 5-2　販売価格・仕入価格の不確実性

（注）「日銀短観」のオーダーメード集計データから作成した絶対予測誤差（*ABSFE*）。

した価格の不確実性のうち絶対予測誤差（*ABSFE*）の動きを見たのが図
5-2 である。オーダーメード集計が認められているのが 2003 年 Q4 調査以
降なので対象期間は 20 年弱である。やや意外だがコロナ危機後の仕入価
格の不確実性は、歴史的に見ると低水準である。一方、販売価格の不確実
性は大局的に見れば極端な動きではないものの、2021 年後半以降いくぶ
ん上昇している。グラフには示していないが、もう 1 つの不確実性指標で
ある予測誤差の分散（*FEDISP*）も同様の動きである。

　つまり、コロナ危機後の仕入価格上昇は多くの企業が予想していた通り
で、不確実性が高まったわけではない。それに比べると販売価格上昇はい
くぶん不確実性の増大を伴っていたが、さほど大きな不確実性ショックと
は言えない。なお、分析対象期間の範囲ではリーマン・ショックがあった
2008 年 Q3 に価格不確実性が最大となっている。この時の予測誤差は販
売価格、仕入価格とも主に実績判断の下振れに起因しており、想定外の価
格低下があったことを反映している。

〈販売価格不確実性の源泉〉

　企業の価格設定を規定する主因はコストと需要である。そこで販売価格

表 5-3　仕入価格・国内需給の不確実性と販売価格の不確実性

	(1) 販売価格 *ABSFE*	(2) 販売価格 *FEDISP*
仕入価格 *ABSFE*	0.547***	
	(0.043)	
国内需給 *ABSFE*	0.220**	
	(0.057)	
仕入価格 *FEDISP*		0.633***
		(0.043)
国内需給 *FEDISP*		0.230***
		(0.051)
Nobs.	444	444
R^2(within)	0.585	0.629

（注）　産業別×企業規模別 6 カテゴリーのデータをプールした固定効果推計。カッ
　　コ内はロバスト標準誤差。***: $p<0.01$, **: $p<0.05$。被説明変数は販売価格の不確
　　実性（*ABSFE, FEDISP*）。

の不確実性を仕入価格の不確実性と国内需給の不確実性で説明する推計を行ってみる。国内需給判断の選択肢は「1需要超過」、「2ほぼ均衡」、「3供給超過」であり、価格判断と同様に不確実性指標を作成する。産業別×企業規模別の6カテゴリーのデータをプールし、各カテゴリー固定効果を考慮するとともに季節要因（四半期ダミー）をコントロールする。また、分析対象期間中に消費税率の引き上げが2回行われており（2014年4月、2019年10月）、販売価格や仕入価格に影響した可能性が高いので、2014年Q2調査および2019年Q4調査には消費税率引き上げダミーを割り当てる。

　推計結果は表5-3であり、*ABSFE*、*FEDISP*いずれの不確実性指標を用いても、販売価格の不確実性に対して国内需給の不確実性と仕入価格の不確実性が有意な説明力を持っているが、仕入価格の不確実性の係数の方が大きい。企業にとって仕入価格の先行き不確実性が高いと販売価格の設定に際して不確実性が生じることを示唆している。

〈不確実性と価格転嫁〉

　最近日本で関心が高いのが、原材料価格や賃金上昇の財・サービス価格への転嫁である。販売価格の先行きDIを被説明変数とし、仕入価格DI、国内需給DI（いずれも先行き）に加え、仕入価格の不確実性（*ABSFE*, *FEDISP*）を説明変数としたシンプルな推計を行ってみる。上と同様、カテゴリー固定効果、四半期（季節）ダミー、消費税率引き上げダミーを説明変数に含めている。

　推計結果は表5-4である。予想される通り仕入価格DI、国内需給DIの係数はいずれも1％水準で有意な正値であり、仕入価格の上昇（低下）が見込まれるときほど、また、国内需給のタイト化が見込まれるときほど、企業は販売価格の引き上げを見込む関係がある。仕入価格の販売価格への転嫁のメカニズムが存在すると同時に、需給状況が価格転嫁に影響する可能性を示している。ここでの関心事である仕入価格不確実性の係数を見ると、有意水準はさほど高くないものの負値である。つまり仕入価格の上昇が見込まれるときに企業はそれを販売価格に転嫁しようとするが、その見

第 5 章　不確実性と企業行動　**161**

表 5-4　仕入価格の不確実性と販売価格

	(1) 販売価格（先行き）DI	(2) 販売価格（先行き）DI
仕入価格 DI（先行き）	0.417*** (0.018)	0.418*** (0.017)
国内需給 DI（先行き）	0.581*** (0.093)	0.569*** (0.097)
仕入価格 ABSFE	-0.352** (0.132)	
仕入価格 FEDISP		-0.362* (0.145)
Nobs.	444	444
R^2(within)	0.825	0.826

（注）　産業×企業規模6カテゴリーのデータをプールした固定効果推計。カッコ内はロバスト標準誤差。***: $p<0.01$, *: $p<0.05$, *: $p<0.10$。被説明変数は販売価格（先行き）DI。説明変数は季節ダミー、消費税率引き上げダミーを含む。

通しが不確実なときには価格転嫁を控える、あるいは販売価格を引き下げる傾向があると解釈できる。

　現実の物価指数の前期比変化（$\Delta Price_{t-1, t}$）を被説明変数として同様の推計を行ってみる。企業の販売価格が関心事なので、物価指数は製造業については「企業物価指数（CGPI）」の工業製品の数字を、非製造業には「企業向けサービス価格指数（SPPI）」を利用する[7]。CGPI および SPPI の公表データは月次なので、3カ月の単純平均を用いる。これら物価指数は規模別の数字が存在しないので、企業規模にかかわらず同じ数字を使用することになる。企業類型ごとの固定効果、季節ダミー、消費税率引き上げダミーをコントロールする点は販売価格 DI を説明する回帰と同様である。

　推計結果は表 5-5 である。仕入価格 DI の係数は 1 ％水準で有意な正値だが、国内需給 DI の係数は有意でない。その上で、仕入価格の不確実性（*ABSFE, FEDISP*）の係数は有意な負値であり、仕入価格の先行き不確実性

7　日銀短観の非製造業の中には卸売業、小売業という財を販売するセクターが含まれているので、販売価格の指標としてSPPIを用いることには議論の余地がある。しかし、「日銀短観」のオーダーメード集計は非製造業を細分化した業種別に行うことができないため、便宜上 SPPI を非製造業全体の販売価格として扱っている。

表 5-5 仕入価格の不確実性と企業物価

	(1) $\Delta\ Price_{t-1,t}$	(2) $\Delta\ Price_{t-1,t}$	(3) $\Delta\ Price_{t,t+1}$	(4) $\Delta\ Price_{t,t+1}$
仕入価格 DI（現状）	3.836*** (0.420)	3.956*** (0.498)		
国内需給 DI（現状）	0.580 (0.331)	0.253 (0.264)		
仕入価格 DI（先行き）			4.118*** (0.866)	3.881*** (0.882)
国内需給 DI（先行き）			-1.851 (0.919)	-1.887 (0.974)
仕入価格 ABSFE	-5.304*** (0.847)		-14.839*** (2.869)	
仕入価格 FEDISP		-6.106*** (0.872)		-13.466*** (3.160)
Nobs.	438	438	444	444
R^2(within)	0.381	0.395	0.400	0.374

(注) 産業別×企業規模別 6 カテゴリーのデータをプールした固定効果推計。カッコ内はロバスト標準誤差。***: p<0.01。企業物価は、製造業は CGPI（工業製品）、非製造業は SPPI を使用。(1), (2)列は当期の物価、(3), (4)列は翌期の物価の前期比を被説明変数としている。説明変数は季節ダミー、消費税率引き上げダミーを含む。

が現実の価格上昇を抑制する方向に作用することを示唆している（同表(1), (2)列）。1 期先の企業物価の当期比を被説明変数として同様の推計を行った結果が同表 (3), (4)列である。この場合、仕入価格 DI および国内需給 DI は翌期見通し DI を使用している。仕入価格の不確実性はやはり高い有意水準の負値であり、その絶対値は当期物価の前期比の推計に比べて大きい。仕入価格の不確実性が 1 標準偏差大きいと当期の企業物価約▲0.3％ポイント、1 期先の企業物価▲0.7％ポイントという関係であり、量的に無視できない大きさである[8]。

以上を総括すると、仕入価格というコスト面の不確実性は販売価格を押し下げる方向に働いている。コスト上昇局面において、不確実性が販売価

---

8 国内需給の不確実性を追加的な説明変数とした場合、国内需給の不確実性の係数は有意でないが、仕入価格不確実性の係数は高い有意水準であり、大きさもほとんど変わらない。

第5章 不確実性と企業行動　**163**

格の上昇（価格転嫁）を抑制することを意味しており、企業の価格設定における リアルオプション効果の存在と整合的である。ただし、分析対象期間の多くがデフレ状況だったことが影響している可能性がある。また、あくまでもオーダーメード集計データを用いた推計で、企業レベルの分析ではないので、示唆的な結果にとどまることを留保しておきたい。

4. ボラティリティと生産性

〈サービス産業の稼働率と生産性〉

　実証研究において不確実性の代理変数としてさまざまなものが用いられているが、時系列のボラティリティはその1つである（第1章参照）。日本の製造業企業のデータによると、生産のボラティリティが高いほど生産予測の不確実性が高い関係が観察された（第4章参照）。「生産と消費の同時性」という特徴を持つ多くのサービス産業では、その生産性や収益性に対して需要（＝生産）のボラティリティが強く影響する（森川, 2014, 2016）[9]。このため、宿泊サービス業の客室稼働率、航空運輸業の座席占有率、タクシーの実車率など稼働率がKPI（重要業績評価指標）となっている。

　この点に関連して、Hummels and Schaur（2010）は、国際航空輸送という迅速な運輸サービスの存在は、それを利用する企業に対して国際市場における需要のボラティリティ（不確実性）を平準化するためのリアルオプションを提供する効果を持つことを明らかにしている。そして、いくつかの輸送手段のミックスを通じて需要の不確実性をヘッジできることの経済的価値は非常に大きいという試算を示している。

　サービス産業の多くは製造業のように在庫というバッファーが存在しな

9　日本のサービス産業を対象に、ボラティリティの高い事業所ほど生産性が低いことを示す実証研究としてMorikawa（2012, 2019b）。Collard-Wexler（2013）は、産業分類上は製造業に属するがサービス産業に近い性質を持つ生コンクリート産業を対象に、将来の需要の不確実性（ボラティリティ）を平準化した場合に市場規模が拡大することを示している。

いので、的確な需要予測が企業パフォーマンス向上に重要な役割を果たす。販売量や来客数の予測精度が高まれば需要の先行き不確実性が低下するので、合理的な生産計画、労働者の最適配置などを通じて生産性を高めることができる。この点、AIやビッグデータは予測精度を高めうる（不確実性を低減しうる）新技術であり、サービス企業のパフォーマンス向上に寄与する潜在的可能性は大きい[10]。

〈ボラティリティと非正規雇用〉

　サービス産業でパートタイム労働者、臨時・日雇労働者など非正規労働者が多いのも、需要のボラティリティが関係している。すなわち、雇用調整コストが存在する下で最適な労働投入量を実現するためには、雇用調整コストの小さいタイプの雇用比率を高くすることが企業にとって合理的だからである。米国の研究は、企業がパートタイム、臨時労働者、派遣労働者、契約労働者などを使用する動機が、労働需要の変動——予期せざる業務急増や常用労働者の休暇など——への対応にあると指摘している（e.g., Houseman, 2001）。また、クロスカントリー・データを用いた研究は、正規労働者の雇用保護が強い国では、労働需要の変動が大きいと非正規労働者を利用する傾向が強くなることを示している（Dräger and Marx, 2017）。

　筆者も日本企業のパネルデータを用いた分析で、売上高伸び率のボラティリティが大きい企業ほど非正規労働者比率が高く、ボラティリティが高い企業では、非正規雇用の利用が生産性と正の関係を持っていることを示した（森川, 2014）。一方、非正規労働者の立場からは、雇用の先行き不確実性が高いという問題がある（第7章参照）。AIやビッグデータの利用が広がり、仮に企業の労働需要の先行き不確実性が低減できるならば、企業の生産性向上だけでなく正規労働者比率を高める潜在的効果もありうる。

10　AIという「予測技術」が人間の労働に及ぼす影響についてのサーベイ論文であるAgrawal, *et al.*（2019）は、予測というタスクにおいて労働をAIが代替する一方、予測の自動化が不確実性を十分に低減し、それまで不可能だった決定を可能にする場合、新たな意思決定タスクを創出すると論じている。

〈ダイナミック・プライシング〉

　需要予測の精度向上は、需要変動に対応して生産量や労働投入量を調整することで生産性を高める効果を持つが、ダイナミック・プライシング（価格変動制）を通じて需要自体の平準化を図る余地も広がるだろう。実際、運輸サービス、宿泊サービス、飲食サービスなど多くのサービスで、季節料金、週末料金、時間帯による価格変更などの取り組みが行われている。最近はポイント還元率を調整するといった形での実質的なダイナミック・プライシングも行われている。

　もちろんこうした価格設定戦略の有効性は、消費者が異時点間での価格差に対してどの程度感応的なのかに依存する。この点に関して筆者は、①飲食店、②ホテル・旅館、③航空運輸を対象に、どの程度の価格差があれば繁忙期・時間帯と閑散期・時間帯との間で利用する時期・時間帯をスイッチしてもよいかを調査した（森川, 2018b）。回答の平均値は、飲食店14.2％、ホテル・旅館17.6％、航空運輸18.6％だった。生産と消費の同時性という性格を持つサービスにおいて、自分にとって好都合な時間帯に利用することに対して十数パーセントの支払意思額（WTP）が存在するわけだが、逆に言えばそれ以上の価格差があれば（個人差は大きいが）需要のタイミングをシフトさせることができる。

　もちろんサービスの種類によっても違いがある。いくつかのサービスを対象に、ダイナミック・プライシングへの賛否を尋ねた最近の調査によれば、医療サービスについては賛成する人は約3分の1と少数なのに対して、ホテル・旅館、娯楽・スポーツ施設への適用には約3分の2が賛成だった[11]。

　AIという予測技術の活用は急速に進んでおり、これが需要予測の不確実性を低減し、あるいは需要の時間的なパタン自体を変えることを通じて企業の生産性を高めることが期待される。従業員50人以上の日本企業を対象に筆者が行った調査によれば、AIを利用する企業は2018年度には3％に過ぎなかったが、2023年度には10％になっている（森川, 2024b）。た

11　2021年に実施した「経済の構造変化と生活・消費に関するインターネット調査」で、回答者数は8,909人である。

だし、AI を活用することによって需要の不確実性を実際にどの程度低減
できるのかは、今後の重要な研究課題である。

第6章　家計の不確実性と消費・貯蓄

　本章では、不確実性と家計の消費・貯蓄行動や経済厚生の関係について、内外の研究を概観するとともに、筆者が日本人を対象に行った調査に基づく分析結果を紹介する。

　欧米主要国では家計に対して所得や物価の主観的不確実性を尋ねる調査が積極的に行われるようになっており、不確実性の経済的影響に関する研究の深化につながっている。

　家計は所得や雇用の先行き、物価動向、健康や寿命の見通しなどさまざまな不確実性に直面している。家計に強い影響を与える政策不確実性としては、所得税・消費税、社会保障負担・給付の不確実性が挙げられる。

　不確実性は消費・貯蓄、労働供給などの経済的な意思決定に影響を与えており、予備的動機に基づく貯蓄の積み増し、株式などリスク資産保有比率の低下をもたらすことを多くの研究が明らかにしている。

　税制や社会保障制度をはじめ個人の意思決定に関わる政策の不確実性をできるだけ低減することが、国民の経済厚生を高めることになる。

1.　家計が直面する不確実性

〈家計の将来見通しの統計的把握〉

　家計消費は GDP 需要項目の中で最大のシェアを占めており、その先行きは景気動向を左右する。そして、消費者にとっての不確実性は、予備的

動機に基づく貯蓄の積み増し、耐久消費財購入時期の先送りなどを通じてマクロレベルの消費に影響する。

そうした中、景気判断のため消費者のセンチメントや将来予測を把握することを目的とした調査が各国で行われており、Bruine de Bruin *et al.*（2023）は、家計を対象とした各国の調査について詳しく解説している。米国では「ミシガン大学消費者調査（Michigan Survey of Consumers: MSC）」（1946年〜）が長い歴史を持っており、ニューヨーク連邦準備銀行の「消費者期待調査（Survey of Consumer Expectations: SCE）」（2013年〜）も不確実性の実証研究で頻繁に使用されている。欧州ではイタリア、スペイン、ドイツの中央銀行が消費者期待の調査を行っているほか、欧州中央銀行（ECB）も2020年から「消費者期待調査（Consumer Expectations Survey: CES）」を開始した。最近は点予測値だけでなく主観的確率を尋ねる形の調査が増えており、後述するように不確実性の分析に利用され始めている。

〈日本の消費者意識調査〉

日本では「消費動向調査」（内閣府）が、①消費者の意識（暮らし向き、収入、雇用環境、耐久消費財の買い時判断）の今後半年の見通しを、「良くなる」から「悪くなる」まで5段階の定性的な選択肢から選ぶ形で、また、②1年後の物価の見通しをあらかじめ設定された複数の上昇率／下落率の数字の中から選択する形式で尋ねている。[1]この結果をもとに「消費者態度指数」が毎月作成・公表され、消費マインドを捉える指標として景気判断の材料に利用されている。

「生活意識に関するアンケート調査」（日本銀行）は四半期ごとの調査で、調査事項は多岐にわたるが、景況感、収入、支出、物価については定性的な選択肢から選ぶ形で、①1年前と比較した現状、②1年後の見通しを尋ねている。物価については、何パーセント程度変化したと思うか、1年後までに何パーセント程度変化すると思うかの具体的な数字、また、5年後

1　調査の名称、内容、頻度は現在と異なるが、1957年に始まった歴史の長い調査である。

図 6-1　物価見通しの不確実性

(注)　「消費動向調査」(内閣府) の公表データ (総世帯の回答) から、物価見通しが「わからない」という回答の割合 (%) をプロット。

の物価の見通しも尋ねている。このほか 1 年後までの雇用・処遇面の不安、5 年後の暮らし向きを三者択一方式で尋ねている。

　これらは家計の主観的不確実性を直接尋ねてはいないが、「消費動向調査」の物価見通しには「わからない」という選択肢があるので、第 4 章で「法人企業景気予測調査」を対象に行った分析と同様、これを不確実性 (ナイト流不確実性) の代理変数と考えることもできる。調査方法の変更などに伴う不連続があるので、2014 年 4 月以降の推移を見ると (図 6-1 参照)、新型コロナ初期の 2020 年 4 月に「わからない」という回答が増加しており、その後 1 年間の物価見通しの不確実性が高まった可能性を示唆している。時期を問わず女性、低所得世帯は「わからない」という回答が

2　「生活意識に関するアンケート調査」は、個人レベルのパネルデータではないが、景況感、収入、支出、物価について 1 年後の見通しと 1 年前と比較した現状を尋ねているので、集計レベルで予想と実績の比較を行って予測時点の不確実性を計測する余地はある。

多い傾向があるが、新型コロナ初期の増加は性別、世帯年収を問わず観察される。一方、消費者物価指数の上昇率（前年同期比）が高まった2022年4月以降の「わからない」という回答は低水準で推移しており、物価が確実に上昇すると予測している消費者が多くなったことを示している。

〈家計の主観的不確実性の調査〉

自分自身の雇用や所得の見通し、健康、寿命、引退時期などミクロ変数について主観的確率を尋ねる形の調査は、30年以上前から行われている[3]。初期の研究として、全米経済学会の会員を対象に寿命の主観的予測値およびある年齢まで生存している主観的確率を調査したHamermesh（1985）がある。大規模な調査としては、1992年から米国ミシガン大学が高齢者を対象に行っている「健康と引退に関する調査（Health and Retirement Study: HRS）」が代表例である。そこでは一定の年齢まで生存している主観的確率、フルタイム就労している主観的確率などを尋ねており、多くの研究で利用されているだけでなく、社会保障制度の設計にも利用されている[4]。

HRSに準拠した形で行われている英国のEnglish Longitudinal Study of Aging（ELSA）、欧州のSurvey of Health, Aging and Retirement in Europe（SHARE）といった高齢者のパネル調査も確率的質問を含んでいる。日本の高齢者を対象に行われた「くらしと健康の調査（JSTAR）」は5歳刻みで生存の主観的確率を尋ねている。

最近は、インフレ率、GDP成長率などマクロ経済変数の先行きについても、家計・消費者の主観的不確実性を直接に尋ねる形の調査が増えている（サーベイ論文としてDräger and Lamla, 2024。インフレ率の主観的不確実性についてはWeber et al., 2023参照）。個人（家計）を対象に確率分布

3　ウィスコンシン大学が1994年から2002年まで間実施していた「経済予測調査（Survey of Economic Expectations）」は、犯罪被害、医療保険、失業、所得の一定水準以下への低下などの主観的確率を尋ねていた。

4　Hurd（2009）は、米国HRSを中心に家計を対象とした主観的確率の調査に基づく研究についてのサーベイ論文である。

を尋ねたデータに基づく先駆的な研究として、イタリア銀行のサーベイ・データ（Survey of Household Income and Wealth: SHIW）を用いて所得の不確実性と予備的貯蓄の関係を分析した Guiso *et al.* (1992) が挙げられる。この調査は 1 年間のインフレ率および名目所得の伸び率の予測値をあらかじめ設定されたインターバル（Bin）──「25％超」から「0％未満」まで 12 のインターバル──に合計が 100％となるように回答させる形式で、これに基づいて計算した実質所得の分散を主観的不確実性の指標としている。Jappelli and Pistaferri (2000)、Bertola *et al.* (2005) も、SHIW データにおける将来所得の主観的不確実性の情報を用いて消費との関係を分析した研究である。

　現時点において最も代表的なのが、米国で 2013 年に始まった「消費者期待調査（SCE）」で、多くの研究で利用されている（e.g., Ben-David *et al.*, 2018; Armantier *et al.*, 2021; Zhao, 2024）。米国経済全体のインフレおよび住宅価格、回答者自身の所得変化の先行き見通しとその不確実性を、点予測と密度予測（不確実性）の形で調査している。いずれも事前に設定したいくつかのインターバル（Bin）──インフレ率の場合、現在は「プラス 12％以上」から「マイナス 12％以下」まで 10 の選択肢──に合計が 100％になるように主観的確率を回答する形式である。回答者自身の所得の変化の予測も、同じ 10 の選択肢に主観的確率を割り当てる形式で質問している。カナダの「消費者期待調査（Canadian Survey of Consumer Expectations: CSCE）」も米国 SCE に準拠した設計に基づく四半期調査である。マクロのインフレ率と回答者自身の 1 年後の賃金の主観的確率分布を調査しており、2014 年以降のデータが利用可能である（Jain *et al.*, 2024）。

　これらのデータから、主観的確率分布の標準偏差や四分位範囲（interquartile range）という形で個人レベルの不確実性が計測される。

〈独自のサーベイによる主観的不確実性の把握〉

　独自の調査によって家計・消費者の主観的不確実性を定量的に把握し、

5　同調査の解説として Armantier *et al.* (2017)。

その結果を利用した研究もある。初期の試みとして、米国消費者のインフレ予想の主観的不確実性を調査した Bruine de Bruin *et al.*（2011）が挙げられ、そうした形での調査が実行可能なことを示した。最近では、米国消費者への日次の調査を利用して新型コロナに伴う家計の不確実性増大の実態とマクロ経済的インパクトを試算した Dietrich *et al.*（2022）、オランダ家計に対する調査に基づいて所得や消費の主観的不確実性を分析した Coibion *et al.*（2023）が挙げられる。Dietrich *et al.*（2022）は、新型コロナ下で増大した家計の不確実性が GDP 低下の約 3 分の 2 を説明するという結果を示し、家計への有効なコミュニケーションにより不確実性の増大を抑制すること自体が、大規模ショックの負の影響を緩和する可能性があると論じている。Coibion *et al.*（2023）は、将来所得の不確実性が高い人は将来の非耐久財支出の不確実性も高いことなどを示している。

　ただし、経済の専門家ではない一般個人にとって、この種の調査への回答は認知能力的に難しい面がある（cognitively demanding）。例えば Comerford（2024）は、米国 SCE におけるインフレ率の密度分布調査の回答には無視できないバイアスがあると指摘している。主観的確率分布の代表的な調査方法として、①事前に設定した選択肢（Bin）に確率を割り当てる形の密度分布予測（米国 SCE など）と、②シナリオ・ベースの設問——高いケース、中間ケース、低いケースの数字を回答者自身が決めた上でそれぞれに確率分布を割り当てる——による密度分布予測がある。第 1 章でも述べたが、米国家計への独自の調査に基づいて両者を比較した Boctor *et al.*（2024）は、インフレ予測とその主観的不確実性はどちらの調査方式かによって大きく異なる——シナリオ方式の調査は事前にインターバルを設定した Bin 方式の調査に比べて予想インフレ率の平均値が高く、主観的不確実性が小さい——ことを示した上で、真の主観的予測のベンチマークはわからないが、シナリオ・ベースの設問の方が良いアプローチの可能性があると述べている。

　家計・個人の主観的不確実性を直接に尋ねる調査は理論的に優れているが、現実にはこうした問題があることに留意しつつ解釈する必要がある。

第 6 章　家計の不確実性と消費・貯蓄　**173**

〈日本人を対象とした調査〉

　筆者は経済成長率および自身の所得の将来見通しとその主観的不確実性について、日本の個人を対象とした独自の調査を何回か行ってきた（森川, 2023b, 2024d）。第 4 章で述べた企業への調査と同様、点予測値の具体的な数字を回答した上で、その主観的 90％信頼区間を 7 つの選択肢の中から選ぶ形式の調査である。これに基づき、新型コロナ下における主観的不確実性の実態、また、個人特性（性別、年齢、学歴、所得水準など）による違いを分析した。

　使用するのは「経済の構造変化と生活・消費に関するインターネット調査」のデータである。筆者が調査票を作成した上で、楽天インサイトに委託して実施したもので、対象は同社に登録しているモニターから日本全体を代表するように抽出した個人である[6]。2020 年 6 月、2021 年 7 月、2023年 9 月の 3 回実施しており、①新型コロナ発生直後の先行き不透明感の高かった時期、②ワクチン接種が始まっていくぶん落ち着いた時期、③新型コロナの感染症法上の扱いが 5 類に移行して経済活動がほぼ正常化した時期を比較できる。

　回答者数は、2020 年 5,105 人（うち就労者は 3,163 人）、2021 年 8,909人（うち就労者は 5,533 人）、2023 年は就労者 1 万 3,150 人である[7]。2023年調査は 2021 年以前の調査のサンプルへの追跡調査ではなく、フレッシュ・サンプルとしている。ここで使用する主な調査事項は、①マクロ経済（実質 GDP）、②自身の賃金（年間勤労収入）の 2 年後見通しとそれらの主観的不確実性（90％信頼区間）である。当然のことながら、賃金に関する質問は就労者のみが対象である。2020 年調査は 2022 年の予測値を 2019年実績との比較で、2021 年調査は 2023 年の予測値を 2020 年との比較で、2023 年調査は 2025 年の予測値を 2022 年と比較して尋ねる形、つまり 3

6　2020 年および 2021 年の調査は、日本人の性別・年齢階層別の構成にマッチするように抽出した 20 歳以上の個人が対象である。2023 年調査は「就業構造基本調査（2022年）」（総務省）の性別・年齢階層別就労者構成にマッチするように抽出した就労者が対象である。

7　2021 年調査の回答者のうち 4,479 人は、2020 年調査にも回答しているパネル・サンプルである。

年間の変化（増減）の見通しを質問している。

〈具体的な設問〉

実質経済成長率の具体的な設問は、「今後の日本経済の見通しを伺います。2年後の日本の実質国内総生産（GDP）の金額は、昨年と比べて何％ぐらい増加／減少すると思いますか」である。回答の選択肢は、①「昨年より x ％程度増加」、②「昨年と同程度（0％の変化)」、③「昨年より x ％程度減少」の中から1つを選択した上で、増減の数字（％）を記入する形式である。実質経済成長率予測の主観的不確実性の設問は、「その数字が90％の確率で実現すると思う範囲は以下のどれに当たりますか」で、回答の選択肢は、「±3％未満」、「±3％程度」、「±5％程度」、「±10％程度」、「±15％程度」、「±20％程度」、「±20％超」の7つである。第4章で紹介した企業サーベイと同様、90％の実現確率についてはいくつか数値例を示して誤解を少なくするようにしている。

賃金に関する具体的な設問（2023年調査のケース）は、「あなたご自身の勤労収入（税込み）の今後の見通しについて伺います。2年後（2025年）のあなたの勤労収入（税込み）は、昨年（2022年）1年間に比べてどうなると予想しますか」である。回答の選択肢は、①「現在より x ％程度増加」、②「現在と変わらない（0％の変化)」、③「現在より x ％程度減少」、④「2025年には働いていないと思う」の中から1つを選択して数字（％）を記入する形式である。これらのうち④を選択した場合は、分析の対象に含めない。3年間の変化率を尋ねているので、必要に応じて年率換算した数字を用いる。賃金の不確実性の設問は、「その数字が90％の確率で実現すると思う範囲は以下のどれに当たりますか」で、選択肢は実質GDP成長率と同じ「±3％未満」〜「±20％超」までの7カテゴリーである。

主観的不確実性を分析に用いる際は、各カテゴリーの数字を使用し、「±3%未満」は1.5％、「±20％超」は25％として処理する。なお、企業を対象とした最近の調査では、最低、低め、中位、高め、最高の5点の予測値とそれらの確率分布を尋ねる形をとるものがある。これらは非対称的

な主観的確率分布を許容するとともに上方／下方の不確実性を比較できるなどの利点がある。しかし、一般個人にそのような形の質問をして的確な回答を得るのは難しいと考えられ、この調査では90%信頼区間の選択肢から選ぶ方式をとっている。

〈実質経済成長率の予測と不確実性〉

　実質 GDP 成長率の点予測値とその主観的不確実性の平均値をまとめたのが表 6-1 である。コロナ危機直後に行われた 2020 年調査に比べて 2021 年調査の実質 GDP の予測の平均値は改善しており、年率換算した数字は2020 年調査▲ 2.7%、2021 年調査＋0.0%である。新型コロナの感染症法上の扱いが 5 類に移行した後に実施された 2023 年調査の平均値は年率▲0.2%である。調査年次によって年齢構成が異なっている影響を除去するため、2021 年調査の性別・年齢別構成比をウエイトにして再計算した結果が同表(2)列である。性別・年齢別構成の違いを補正しても実質 GDP 成長率予測の平均値はほとんど変わらない。

　2020 年調査の平均的な予測値（▲ 2.7%）に対応する実績値（2019 ～ 2022 年）は年率▲ 0.3%なので、当時の主観的予測はかなりの過小評価だった（悲観バイアスがあった）ことになる。2021 年調査の平均予測（＋0.0%）に対応する実績値（2020 ～ 2023 年）は年率＋1.8%なので、やはり平均的にはかなり過小評価だった。

　この表には示していないが、2020 年、2021 年の調査における点予測値の標準偏差（年率換算前）は非常に大きく（13.8%、11.6%）、個人間での

表 6-1　実質 GDP 成長率予測とその主観的不確実性　　　　　　　（単位：%）

	(1) 伸び率 （年率）	(2) 同・ウエイト補正	(3) 不確実性 （90% 信頼区間）	(4) 同・ウエイト補正
2020年	-2.71	-2.65	8.5	8.5
2021年	0.03	0.03	7.3	7.3
2023年	-0.21	-0.22	6.5	6.6

(注)　「経済の構造変化と生活・消費に関するインターネット調査」の回答を集計。(2), (4)列は、2021 年調査への回答者の性別・年齢別構成比と一致するようにウエイト付けして2020 年と 2023 年調査の数字を補正。

表 6-2　個人特性と実質 GDP 成長率の予測・主観的不確実性　　　　　（単位：%）

	（1）実質 GDP 成長率予測値		（2）予測の不確実性	
女性	-1.108	(0.128)***	-0.177	(0.079)**
20歳代	-0.200	(0.185)	0.157	(0.131)
30歳代	-0.419	(0.172)**	-0.060	(0.119)
50歳代	-0.262	(0.171)	0.711	(0.114)***
60歳代	-0.689	(0.186)***	0.953	(0.113)***
70歳以上	-0.046	(0.274)	0.955	(0.150)***
専門学校卒	-0.139	(0.213)	0.242	(0.128)*
短大・高専卒	0.168	(0.230)	0.015	(0.130)
大学卒	0.249	(0.152)	0.422	(0.092)***
大学院卒	0.462	(0.255)*	1.019	(0.175)***
2021年	7.976	(0.228)***	-1.155	(0.109)***
2023年	7.231	(0.200)***	-1.899	(0.106)***
Cons.	-7.217	(0.251)***	7.778	(0.134)***
Nobs.	27,143		27,143	
R-squared	0.0890		0.0219	

（注）　OLS 推計、カッコ内はロバスト標準誤差。***: $p<0.01$, **: $p<0.05$, *: $p<0.10$。参照カテゴリーは男性、40 歳代、高卒以下、2020 年。

予測の分散が顕著だった。しかし、2023 年調査では標準偏差 5.7％と大幅に縮小しており、予測の不一致度という指標から見たマクロ経済の不確実性が大幅に低下したことを示唆している。

　予測の主観的不確実性（90％信頼区間）の平均値は、2020 年調査± 8.5％、2021 年調査± 7.3％、2023 年調査± 6.5％と徐々に縮小してきた（同表(3)列）。2021 年調査の性別・年齢別構成比をウエイトにして再計算した結果は同表(4)列であり、回答者の性別・年齢別構成の違いによる影響はほとんどないことが確認できる。

　個人特性（性別、年齢、学歴）と点予測値および主観的不確実性の関係をプール推計した結果が表 6-2 である。実質 GDP 成長率の点予測値は年率換算していない 3 年間の変化率である。個人特性（性別、年齢、学歴）の説明力は限定的だが、女性は男性より低めの予測をする傾向がある。一方、主観的不確実性は、男性、中高齢層、高学歴層で有意に高い。高学歴者の主観的不確実性が高いという結果（後述する賃金の予測値も同様）は、

第6章　家計の不確実性と消費・貯蓄　**177**

米国 SCE データを用いて、教育水準の低い人ほどインフレ率や所得伸び
率の主観的不確実性が高いことを示した Ben-David *et al.* (2018) とは異なる。
なお、これら個人特性をコントロールした上で、2021 年、2023 年にマク
ロ経済の不確実性が低下したことも確認される。

〈賃金の予測と不確実性〉

　賃金変化率（年率換算）の点予測値とその主観的不確実性の平均値をま
とめたのが表 6-3 である。平均値は 2020 年 ▲ 0.9％、2021 年 ▲ 0.2％、
2023 年 ＋0.1％と徐々に改善している（同表 (1) 列）[9]。2021 年調査の性別・
年齢別構成比をウエイトにして再計算した結果が同表 (2) 列である。2020
年はウエイト補正前後でほとんど違いがないが、2023 年の予測賃金上昇
率の数字はプラスからマイナスへと符号が逆転する。2023 年調査は若い
世代のウエイトが高いため、予測賃金上昇率の平均値が高めだからである。
しかし、ウエイトを補正しても予測賃金上昇率のマイナス幅は、2020 年、
2021 年、2023 年と徐々に縮小してきており、就労者の賃金見通しが改善
していったことを示している。

　この表にはないが、予測賃金上昇率の標準偏差は 2020 年 12.0％、2021
年 11.2％、2023 年 14.1％で 2023 年に拡大している。実質 GDP 成長率の
予測の不一致度とは異なり、2023 年に分散が大きくなっている。賃金は
マクロ経済指標である GDP と違って個々の特殊事情を反映するため、新
型コロナ以外の個人固有の諸要因が賃金変化率の予測値に差をもたらして
いると考えられる。長期デフレ下で硬直的だった名目賃金がこの頃から積
極的に引き上げられるようになってきたことも関係している可能性がある。

　主観的不確実性（90％信頼区間）の平均値は、2020 年の ± 7.3％から
2021 年には ± 6.5％といくぶん低下した（同表 (3) 列）。ワクチン接種の拡

8　性別、年齢、学歴による主観的不確実性の違いは、実質 GDP 成長率の点予測値を
　　説明変数に加えて推計しても同様である。
9　2017 年に行ったサーベイでは 5 年間の予想賃金変化率を尋ねていた。予測の時間
　　的視野が異なるため単純には比較できないが、予測の平均値はプラスだったので、新
　　型コロナに伴って賃金の期待上昇率が低下したと見られる。

178

表6-3　賃金上昇率の予測とその主観的不確実性　　　　　　　　　　（単位：%）

	(1) 伸び率 （年率）	(2) 同・ウエイ ト補正	(3) 不確実性 （90% 信頼区間）	(4) 同・ウエイ ト補正
2020年	-0.87	-0.80	7.3	7.2
2021年	-0.17	-0.17	6.5	6.5
2023年	0.07	-0.08	6.7	6.9

（注）　就労者のサンプルを使用して計算。(2)、(4)列は、2021 年調査への回答者の性別・年齢
　　　別構成比と一致するようにウエイト付けして 2020 年と 2023 年調査の数字を補正。

大などを背景に先行き不透明感がいくぶん低下したことを示唆している。
ただし、2023 年調査では ± 6.7％とほぼ横ばいである。2021 年調査の性
別・年齢別構成比をウエイトにして再計算した場合（同表(4)列）、2023
年の主観的不確実性は ± 0.2％ポイント拡大し、2021 年に比べて 2023 年
の賃金の不確実性増大傾向が顕著になる。物価が上昇するとともに労働力
不足が深刻化する中、日本企業が賃上げに取り組むようになっており、名
目賃金が動きやすくなったことが賃金の主観的不確実性にも関係している
かもしれない。

〈個人特性による違い〉

　3 回のデータをプールして予測賃金上昇率およびその主観的不確実性を
個人特性で説明する推計をした結果が表 6-4 である。賃金上昇率の点予測
値は年率換算していない 3 年間の変化率である。男性よりも女性の予測賃
金上昇率が高く、また、若年層ほど賃金上昇率の予測値が高く、年齢が高
くなるほど予測値が低い（同表(1)列）。日本の年齢賃金プロファイルや定
年制の存在を考慮すると予想される結果である。賃金の主観的不確実性の
推計結果（同表(2)列）を見ると、女性は低く、60 歳代、70 歳以上、高学
歴者は高い[10]。これら個人特性をコントロールした上で、2020 年よりも
2021 年、2023 年の調査で賃金の不確実性が低いが、2021 年に比べると

10　マクロ経済の予測と同様、性別、年齢、学歴による主観的不確実性の違いは、賃金
　　変化率の点予測値を説明変数に追加しても確認される。

第6章　家計の不確実性と消費・貯蓄　**179**

表6-4　個人特性と賃金上昇率の予測・主観的不確実性　　　　　　（単位：%）

	（1）賃金上昇率予測値		（2）予測の不確実性	
女性	0.351	(0.191)*	-0.320	(0.096)***
20歳代	2.008	(0.290)***	0.248	(0.144)*
30歳代	1.114	(0.234)***	0.026	(0.128)
50歳代	-2.211	(0.230)***	0.896	(0.126)***
60歳代	-5.335	(0.306)***	1.489	(0.144)***
70歳以上	-4.525	(0.586)***	1.209	(0.264)***
専門学校卒	0.496	(0.300)*	0.175	(0.156)
短大・高専卒	0.217	(0.323)	-0.119	(0.165)
大学卒	0.204	(0.225)	0.225	(0.114)**
大学院卒	0.365	(0.406)	0.752	(0.193)***
2021年	1.738	(0.258)***	-0.671	(0.129)***
2023年	2.118	(0.247)***	-0.397	(0.123)***
Cons.	-1.252	(0.292)***	6.591	(0.155)***
Nobs.	20,587		20,587	
R-squared	0.0426		0.0112	

（注）　OLS推計、カッコ内はロバスト標準誤差。***: $p<0.01$, **: $p<0.05$, *: $p<0.10$。参照カテゴリーは男性、40歳代、高卒以下、2020年。

2023年の不確実性は若干高い。

　なお、表には示していないが、実質GDP成長率の予測値が高いほど賃金上昇率の予測値も高く、実質GDP成長率の主観的不確実性が高いほど賃金上昇率の主観的不確実性も高いというクロスセクションの関係がある。2020年と2021年の調査はパネルデータとしての分析が可能なので、個人固定効果をコントロールしても同様の結果が得られる。すなわち、単なる回答者のクセによるクロスセクションの相関関係ではなく、マクロ経済の不確実性が高まると自身の賃金の不確実性も高くなる関係がある。

〈**主観的不確実性を正しく回答できるか？**〉

　個人レベルでの実質GDP成長率の主観的不確実性の平均値を、「マクロ経済不確実性（MU）指数」（篠原他, 2021）と比較したのが表6-5である。2020年6月の数字との比較で、2021年7月、2023年9月の不確実性がどの程度低下したかを示している。主観的90％信頼区間を尋ねる形式

表 6-5　個人の主観的不確実性とマクロ経済不確実性（MU）指数の比較

	主観的不確実性 （平均値）	MU 指数
2021年7月	-13.9%	-13.7%
2023年9月	-23.9%	-23.6%

（注）　2020 年 6 月と比較して不確実性が何パーセント低下したかを示す。

での調査は、一般個人にとって回答が難しい可能性があるが、結果的に中期的な実質 GDP 成長率の主観的不確実性は、平均的には多数のマクロ経済変数を用いて計量モデルで作成された MU 指数と非常に近い動きになっている。つまりこの時期の不確実性の動きを正しく捉えているように見える。

　ただし、ここで見たのは主観的不確実性の平均値である。森川（2023b）は、2016 年に行った個人への調査における中期的な経済成長率の見通しの主観的 90％信頼区間の妥当性を事後評価した。具体的には、2016 年に行った今後 5 年間の経済成長率の点予測値およびその主観的不確実性（主観的な 90％信頼区間）を 2016 ～ 2021 年の実績値と比較して、実績値が点予測値の主観的 90％信頼区間の範囲に収まった割合を計算した[11]。

　その結果によれば、実績値が点予測値の主観的 90％信頼区間の範囲に収まった割合は全サンプルで 86％だった。この割合が 90％だと予測時点の 90％信頼区間が狭すぎず広すぎなかったこと、つまり自信過剰／過小のいずれでもないことになる。それに比べると外れ率がわずかに多いものの、この調査において事前の主観的信頼区間は事後的に見ておおむね妥当だった[12]。予測期間にコロナ危機を含むこの 1 回の結果だけから確定的なことは言えないし、選択肢の設定にも依存する可能性があるが、予測値の 90％信頼区間を尋ねる形の調査は一般個人の主観的不確実性を把握する上で一定の意味があると考えられる。

11　2016 年調査の予測対象期間は 5 年間で、2020 年以降の調査の 3 年間とは長さが異なるが、主観的 90％信頼区間の選択肢は同様に「± 3 ％未満」から「± 20％超」までの 7 つである。

2. 不確実性と消費・貯蓄行動

〈マクロ経済の不確実性と消費・貯蓄〉

　前節で見た通り、家計・個人のマクロ経済の先行き、また、自分自身の所得の先行きの見通しには相応の不確実性がある。本節では、こうした不確実性が家計の意思決定に与える影響について、内外の研究を概観する。マクロレベルの不確実性指標と実体経済の関係を分析したこれまでの研究は、不確実性が消費に対して負の影響を持つことを示している（Bloom, 2014）。

　最近は家計レベルのデータを用いた研究も多く、例えばNam *et al.*（2021）は、米国労働統計局の「消費支出調査（Consumer Expenditure Survey）」のミクロデータを使用し、いくつかのマクロ経済の不確実性指標と米国の家計消費の関係を推計した。そして MU 指数（Jurado *et al.*, 2015）や株価ボラティリティ（VIX）のショックが家計消費を抑制するという結果を報告している。

　ランダム化実験（RCT）によって、マクロ経済の不確実性の外生的な増大が家計消費に及ぼす影響を分析したものとして Coibion *et al.*（2024）、Kostyshyna and Petersen（2024）が挙げられる。Coibion *et al.*（2024）は、欧州 6 カ国の家計を対象に将来の経済成長率に関する RCT を行い、マクロ経済の不確実性の高まりは、その後の非耐久財およびサービスに対する家計支出を減少させるとともに、特に高額商品の購入を減少させるという結果を示している。一方、Kostyshyna and Petersen（2024）は、カナダの家計を対象としたインフレ予測とその不確実性に関する情報提供実験を行った研究である。興味深いことに、インフレの点予測値だけでなくその不確実性についての情報をあわせて提供することが、現実の家計の消費支出を増

12　調査時期や予測期間の長さが異なるので単純には比較できないが、企業の 3 年先の GDP、CPI の予測を分析した例（Morikawa, 2023a）によれば、90％信頼区間の範囲に収まる予測を行った企業の割合は GDP 成長率で 81％、CPI 上昇率で 66％だった（調査時期は 2013 年）。

加させる効果を持つことを示している。

〈所得の不確実性と予備的貯蓄〉

　上で見たのはマクロ経済の不確実性と消費・貯蓄の関係を分析した研究だが、個人の所得や雇用のリスクが「予備的動機」に基づく貯蓄積み増しをもたらすことは以前から指摘されてきた。貯蓄はさまざまな動機で行われるが、所得が減少したり、失業したりするリスクに備えるのが「予備的動機」に基づく貯蓄である。[13] 逆に言えば、所得の先行きの不確実性が高まった場合に消費は減少し、企業の設備投資と似た性質を持つ耐久財支出や住宅購入でこの効果が大きいと考えられる。

　予備的貯蓄の実証研究はきわめて多く網羅的に整理するのは筆者の知見の範囲を超えるが、興味深いものをいくつか例示しておきたい。日本では小川（1991）が、勤労者家計と農家家計を対象に、所得伸び率の世帯間の分散を所得リスクの指標として集計レベルの貯蓄関数を推計し、量的には小さいものの予備的貯蓄が存在することを確認している。現時点では素朴な分析だが先駆的な研究である。肥後他（2001）は、「生活意識に関するアンケート調査」（日本銀行）のミクロデータを用いた分析により、将来の可処分所得に対する不確実性が高まると消費支出を削減し、予備的動機による貯蓄を増やす傾向があるという観察事実を示している。

　第 1 節で触れた Guiso *et al.*（1992）は、家計所得の伸びおよび物価上昇率の主観的確率分布を調査したイタリアのミクロデータ（SHIW）を使用して実質所得の主観的不確実性の指標を作成し、予備的貯蓄との関係を分析した。[14] 所得の不確実性は予備的動機に基づく貯蓄を増やしているが量的には小さく、所得よりも健康、寿命などのリスクが貯蓄の重要な決定要因であると論じている。Christelis *et al.*（2020）も、家計の主観的不確実性の

13　予備的動機に基づく貯蓄は、ミルトン・フリードマンが最初に論じたとされている。宇南山（2023）は、予備的動機に基づく貯蓄の理論・実証研究について丁寧な解説を行っており、特に第 2 章「所得の不確実性と消費」は、本章の議論と強く関係している。

14　前出の Bertola *et al*（2005）は、SHIW データを使用して不確実性が耐久財消費に及ぼす影響を分析している。

データを用いた研究で、オランダ家計へのサーベイ——翌年の消費の予測の最大値／最小値とともに両者の中間よりも高くなる主観的確率を 0 ～ 100 の範囲で調査——により、予備的動機による貯蓄を確認している。

Feigenbaum and Li（2015）は、米国家計の追跡調査（Panel Study of Income Dynamics: PSID）のデータを用いて、予測誤差の分散という形で所得不確実性を計測し、家計所得の不確実性に上昇トレンドがあることを示すとともに、所得不確実性の増大が予備的貯蓄の増加をもたらしたという結果を示している。ただし、マクロの貯蓄率への量的影響は 1 ％ポイント程度と大きくはない。

企業と個人をリンクしたデータにより不確実性が個人の消費・貯蓄行動に及ぼす影響を分析した研究として、Fagereng *et al.*（2017）、Di Maggio *et al.*（2022）の例がある。企業の不確実性は個人にとっては外生的なので、因果関係を捉えることができる利点がある。Fagereng *et al.*（2017）は、ノルウェーの企業と個人をリンクした長期パネルデータを使用し、ボラティリティで測った所得リスクの（企業へのショックに起因する）外生的な増大が消費に与える効果を推計し、予備的動機に基づく貯蓄が量的に大きいことを実証している。Di Maggio *et al.*（2022）は、米国の企業－従業者をリンクしたデータを使用し、企業の株価のボラティリティで測った不確実性が労働者に及ぼす影響を分析したものである。企業レベルの不確実性増大は雇用者の報酬を減少させ、労働者は自動車・住宅という耐久財消費を減少させることを示している。

以上のように、不確実性が家計の貯蓄動機を強め、量的にはともかく消費を抑制する効果を持つことにはコンセンサスがあると言えるだろう。予備的貯蓄についての最近のサーベイ論文（Lugilde *et al.*, 2019）によれば、将来の所得の不確実性が消費・貯蓄の意思決定に及ぼす効果を直接にテストした研究、特にミクロデータを用いた研究は、予備的貯蓄動機の存在を頑健に示す傾向がある。

〈家計貯蓄におけるリアルオプション効果〉

ところで、企業の投資や従業員の採用に対する不確実性の影響の分析で

は、リアルオプション効果（wait-and-seeメカニズム）に焦点が当てられることが多い（第5章参照）のに対して、家計消費の分析では伝統的に予備的貯蓄動機が注目されてきた。しかし、この2つのメカニズムは厳密には異なる。

　齊藤・白塚（2003）は、日本のマクロデータを用いて貯蓄率への予備的貯蓄動機、リアルオプション動機の2つのいずれで説明できるかを分析した興味深い研究である[15]。予備的動機はリスクの大きさに依存するのに対して、リアルオプション動機は将来の不確実性が解消されていくときに生じると整理し、1980年代以降の貯蓄動機は予備的動機と整合的だが、1990年代はリアルオプション動機による貯蓄を支持する結果も見られるとしている。失業統計と「消費者態度指数」（内閣府）の集計データが所得リスクの尺度として使用されており、近年の不確実性データと比較するとプリミティブな指標ではあるが、この分野の重要な先行研究である。

〈子供の将来所得の不確実性と親の貯蓄〉

　最近の興味深い研究として、子供の将来所得の不確実性が両親の貯蓄積み増し――「王朝型予備的貯蓄（Dynastic Precautionary Savings）」――をもたらすという研究がある。もともと恒常所得仮説に立脚した遺産動機による貯蓄という考え方は存在するので、そこに予備的動機を組み合わせた考え方と言える。

　Boar（2021）は、米国の親と子供をマッチさせたデータを使用し、年齢および産業・職業グループによる恒常所得の不確実性――恒常所得の予測誤差――の違いを利用して推計したもので、子供の恒常所得の不確実性が高いほど両親は消費を抑制する傾向があることを示している。そして王朝型予備的貯蓄は、①ライフサイクル・モデルの予想よりも引退時の資産の減少が小さいこと、②生涯所得をコントロールしても引退時の資産に異質性が大きいことなどの実証的なパズルを説明できると論じている。

15　リアルオプション効果を、齋藤・白塚（2003）は「待ちのオプション」と表現している。

〈税還付の不確実性と予備的行動〉

税制の先行きに不確実性が高いこと、それがマクロ経済や企業行動に負の影響を持つことは第 3 章および第 5 章で述べた通りだが、当然のことながら税制は家計行動にも影響する。海外のいくつかの国には、所得が一定以下の人に税還付を行う所得再分配の仕組み——「給付付き税額控除」という一種の「負の所得税」——がある。米国の Earned Income Tax Credit（EITC）はその代表例で、日本でも就労インセンティブを阻害することなく所得分配の公平性を高めるための税制としてしばしば議論される。

Caldwell *et al.*（2023）は、この制度の複雑さが貧困世帯にとって還付の不確実性の一因になっていることに着目した研究である。税申告者に対して税還付額の予測値の主観的確率分布を尋ねる調査——自分が「プラスの納税」、「0 〜 500 ドルの還付」、……、「5,000 ドル超の還付」までの 6 つの幅（Bin）に入る主観的確率を質問——を行った結果を用いた分析である。低所得の納税者にとって還付額に大きな主観的不確実性があること、主観的不確実性の高い納税者は借入額が少なく予備的動機に基づく行動と整合的なこと、そしてこの不確実性が経済厚生の大きな損失をもたらしていることを示している。

日本には恒久的な制度としての給付付き税額控除は現時点で存在しないが、消費刺激を目的とした時限的な減税や還付措置は頻繁に行われる。2024 年度の定額減税制度もその一例である。このような個人税制が複雑な仕組みになると不確実性の源泉となり、政策が意図した効果を減殺する可能性があることを示唆する研究と言える。

〈新型コロナの不確実性と予備的貯蓄〉

本書で何度も述べてきた通り、新型コロナ感染症は歴史的に見ても大きな不確実性ショックだった。ロックダウンが行われた新型コロナ初期の米国の消費動向を独自の調査に基づいて概観した Coibion *et al.*（2020）は、消費支出減少が予備的貯蓄を反映している場合、税還付などの所得移転は通常の不況よりも消費回復への有効性が低い可能性を指摘していた。日本では 2020 年に国民 1 人当たり 10 万円の特別定額給付金が支給されたが、

給付金の多くは貯蓄に回ったとされている。例えば、宇南山他（2021）は給付金の限界消費性向は 10％程度だったと推計している。

　新型コロナの下での消費・貯蓄動向を予備的貯蓄の観点から分析した研究として、Levine et al.（2021）があり、米国におけるコロナ危機下での銀行への大量の預金流入の原因を、カウンティ・レベルのデータを用いて分析している。地域における高い新型コロナ感染者数は家計の将来の仕事や所得損失への懸念―― Google Trends における失業・貯蓄といった単語の検索数で計測――と関係しており、先行きの不安が予備的貯蓄動機に基づく銀行預金増加をもたらしたと解釈している。

　所得の不確実性の効果を扱ったものではないが、Armantier et al.（2021）は、米国 SCE データのインフレ率の密度予測と 2020 年コロナウイルス支援・救済・経済保証法（Coronavirus Aid, Relief, and Economic Security Act: CARES 法）に基づく給付金の使途との関係を分析したものである。インフレ率の主観的不確実性が大幅に増大したことを示すとともに、不確実性が現金給付に対する反応（＝貯蓄増加）と関連しており、予備的貯蓄動機と整合的だとしている。コロナ危機下での家計行動に関する研究のサーベイ論文である Yannelis and Amato（2023）は、過去の不況と比べて政府の刺激策の有効性は低く、予備的貯蓄行動と整合的だと述べている。

〈不確実性の資産選択への影響〉

　不確実性は消費と貯蓄の間の選択だけでなく、資産のポートフォリオ配分にも影響しうる。実際、いくつかの研究は所得リスクが家計の資産配分に影響することを実証的に確認している（e.g., Guiso et al., 1996; Angerer and Lam, 2009; Betermier et al., 2012; Chang et al., 2018; Fagereng et al., 2018）。例えば、Fagereng et al.（2018）は、前述の Fagereng et al.（2017）と同じくノルウェーの企業と個人をリンクした長期パネルデータを使用し、家計ポートフォリオにおけるリスク資産（株式、株式を含む投資信託）の保有に対する外生的な所得（賃金）リスクの効果を分析している。平均的には量的な影響は小さいが、保有資産の少ない家計では所得リスクの影響が大きいという結果である。

Bayer *et al.*（2019）は、世界金融危機のような不確実性が、予備的動機に基づく貯蓄増加だけでなく家計のポートフォリオ・リバランシング、つまり流動性の高い資産の積み増しにつながることに着目し、所得リスク増大が流動性への逃避というそれまでの研究では考慮されていなかった新たな経路でマクロ経済に負の影響をもたらすことを指摘した。Park and Suh（2019）は、韓国家計のパネルデータを使用し、経済政策不確実性（EPU）指数の増大が家計のリスク資産保有確率、リスク資産保有比率を低下させることを示している。前出の Coibion *et al.*（2024）は、欧州家計を対象としたランダム化実験により経済成長率の不確実性が、消費支出を抑制するだけでなく、リスクの高い金融資産（投資信託）への投資を減少させるという結果を示している。

〈不確実性と消費・貯蓄：小括〉

以上見てきた通り、マクロ経済や自身の所得の先行き不確実性が予備的動機に基づく貯蓄をもたらすことは多くの研究が確認しており、量的なマグニチュードはともかく頑健な実証的事実と言える。また、いくつかの研究は、不確実性が家計の資産選択に影響する——リスクの低い資産、流動性の高い資産への再配分をもたらす——ことを示している。このほか、子供の将来所得の不確実性が親の消費を抑制すること、複雑な所得税制が不確実性の源泉となることなどを示す興味深い研究も現れている。

3. 社会保障の不確実性

〈健康や寿命の不確実性〉

人口高齢化が進む中、年金をはじめとする社会保障制度の先行きは、消費・貯蓄、就労など個人の意思決定に大きく影響する。平均寿命の統計（生命表）があっても、自分自身が何歳まで生きるかには大きな不確実性がある。寿命（余命）の長さはライフサイクル消費理論において最も重要な要素であり、消費・貯蓄行動に大きく影響する。やはりライフサイクル消費を規定する要因である就労からの引退時期にも不確実性があり、景気

循環などマクロ経済環境、技術の変化、労働市場・社会保障制度なども関係するが、自身の健康とその不確実性が引退時期に大きく影響する。

第1節で述べた通り、米国の「健康と引退に関する調査（HRS）」は一定の年齢まで生存している主観的確率、就労している主観的確率、医療費の予測などを尋ねている。HRSにおける引退年齢の主観的確率を事後的な実績と比較したKézdi and Shapiro（2023）は、全体として事前の主観的確率と事後的な実現確率の間に大きな差がない、つまり過大／過小バイアスがないことを示している。

主要国における高齢者を対象とした調査も同様の質問を含むものが多い。これらの調査によって寿命などの主観的不確実性を捕捉することができるので、研究だけでなく社会保障制度の設計にも利用されている。寿命および健康に関する調査に基づく研究のサーベイ論文としてHudomiet *et al.*（2023）を挙げておく。

〈社会保障制度の不確実性〉

一般に、確率分布を客観的に定義でき、大数の法則が働く「リスク」に対しては火災保険、自動車保険などの制度が機能する。労働市場のリスクに対しては失業保険や労災保険があり、病気・事故、高額医療、要介護などのリスクに対しては医療保険や介護保険が存在する。公的年金制度は想定外の「長生きリスク」への制度的対応という側面を持っている。

それらの保険制度でカバーされる場合、予備的貯蓄の必要性は小さくなるが、現実の社会保障制度はすべてのリスクをカバーするわけではないし、給付額には上限がある。特に年金制度は超長期の制度なので、人口動態、マクロ経済情勢、財政事情などによって制度の持続可能性が問題となり、結果として給付額の削減、拠出額の引き上げなど、制度自体が変更されるかもしれないという不確実性がある。

Kashin *et al.*（2015）は、米国の社会保障制度における平均寿命、出生率、労働参加率、平均賃金上昇率などの予測値と実績値を比較している。不確実性研究の文脈で言えば予測誤差の事後評価である。その結果によれば、2000年までは予測にバイアスがなかったが、その後バイアスが見られる

ようになり、かつ、時間の経過とともにバイアスは拡大している。Ciani et al.（2023）は、欧州の高齢者を対象とした代表的なサーベイ・データ（SHARE）の確率的予測データに基づき、支給開始年齢の引き上げや給付額の引き下げという年金制度改革が行われるかどうかについての主観的不確実性が非常に高いこと、制度変更の実施時期が近づくにしたがってメディアやインターネットを通じた情報収集により主観的確率が改定されていくことを示している。

　日本の公的年金は数年ごとに財政再計算が行われて制度改正に反映されるが、出生率・死亡率、物価・賃金の上昇率の想定といった前提条件は毎回変化する。結果として支給開始年齢、給付額など制度の不確実性が避けがたい。筆者が行った日本人へのサーベイ（2016年）によれば、年金制度、介護保険制度、医療・医療保険制度の先行きへの不確実性は高く、かつ、生活への影響が大きいと意識されていた（第3章参照）。特に高齢層ほど介護保険制度、医療・医療保険制度の不確実性を高く認識している傾向が見られた。さらに2023年に行った調査によれば、回答者の半数近く（46.3％）が社会保障制度の将来には「非常に不透明感がある」と回答している（森川, 2024d）。

〈年金の不確実性と貯蓄〉

　ライフサイクル消費の考え方に基づくと、年金支給開始年齢の引き上げや給付額の引き下げは当然に家計の私的貯蓄率を高める行動につながるが、制度変更の方向性だけでなく政策の不確実性が追加的な影響を与える可能性がある。日本でも年金制度の先行き不確実性が消費低迷の原因になっているという議論がしばしば行われている。

　年金の不確実性に関する海外の実証研究例として、欧州の国を分析対象としたGiavazzi and McMahon（2012）、Van Santen（2019）、Jappelli et al.（2021）が挙げられる[16]。Giavazzi and McMahon（2012）は、失業対策とともに年金

16　米国では、Blau（2016）が年金制度を対象としたライフサイクル・モデルのシミュレーションにより、年金制度の不確実性が予備的な貯蓄に大きく影響するとしている。

制度が大きな争点となった1998年のドイツ総選挙を自然実験として、家計貯蓄に与えた影響を推計した。この選挙は第二次世界大戦後のドイツの選挙の中で最も接戦だったため、選挙結果の予測が困難で制度改正の先行き不確実性が非常に高かった。選挙結果次第で制度改正が実施されないまたはすでに決定した改正案が覆される可能性があるため、将来所得の不確実性が高まり、経済活動を鈍化させるかどうかを検証したものである。制度変更の影響を受けない公務員を比較対照群としたDID（差の差）推計により不確実性から貯蓄率への因果関係を明らかにした点が特徴である。家計のパネルデータを用いて、今後の経済状態が不確実と回答した割合を不確実性の指標として使用した推計によると、家計貯蓄率は大きく（年3％ポイント）上昇していた。貯蓄率の上昇は、消費抑制に加えて労働時間の増加を通じて起きていた。

Van Santen（2019）は、オランダ家計へのサーベイ・データを用いて年金収入の不確実性による予備的貯蓄効果を分析したものである。年金給付額の主観的不確実性の情報——年金収入が現在の賃金の何パーセントになるかの主観的確率分布を質問——のデータ（Pension Barometer）を使用している点が特徴である。回答者が属する年金基金のパフォーマンスの外生的変化を操作変数に使用し、因果関係の分析を試みている。年金と私的貯蓄の代替関係（公的年金の民間貯蓄置換効果）があることを確認した上で、年金収入の不確実性が高い家計ほど貯蓄を多く保有することを示している。

Jappelli *et al.*（2021）は、すでに何度か言及しているイタリア家計を対象とした調査（SHIW）を使用し、将来の社会保障給付の不確実性と退職後に備えた貯蓄の関係を推計したものである。2016年の調査は将来の年金給付の予測所得代替率の主観的な最小値と最大値を尋ねており、平均値だけでなく不確実性を測ることができる。予想される通り、社会保障給付の予測値が低いほど、また、その不確実性が高いほど、民間年金に加入する傾向があることを示している。そして金融リテラシーが高い人ほどこうした関係が顕著だった。

以上の研究はいずれも公的年金と私的貯蓄の代替関係、そして年金制度の先行き不確実性が私的貯蓄を増加させる効果を確認するものと言える。

〈日本の年金制度の不確実性〉

少子高齢化が世界で最も早く進んでいる日本では社会保障制度の持続可能性への関心が高く、前述の通り国民の間で制度の先行きに対する不透明感も強い。そして、社会保障制度の先行き不確実性が、個人消費が停滞を続ける一因になっているという見方もある。

日本の社会保障制度の不確実性が貯蓄に与える影響についてミクロデータを用いて分析した例として、村田（2003）、Okumura and Usui（2014）、Morikawa（2019c）がある。村田（2003）は、「消費生活に関するパネル調査」（家計経済研究所）のミクロデータ（1993 ～ 1998 年）を用いて、公的年金制度に対する家計の不安が貯蓄行動に及ぼす効果を推計した。「老後の経済的な備えとして公的年金制度は頼りになると思うか」という質問への定性的な回答を所得リスクの変数として使用し、年金不安のある家計は不安のない家計に比べて金融資産（リスクの低い預貯金や個人年金・保険）を多く保有する傾向があることを指摘している。

Okumura and Usui（2014）は、「くらしと健康の調査（JSTAR）」のミクロデータを用いた分析により、年金支給開始年齢の引き上げが年金受給申請や仕事から引退する年齢の上昇につながっていること、また、年金制度の将来への不安（不確実性）が貯蓄増加につながっていることを示している。

筆者自身の研究（Morikawa, 2019c）は、必ずしも年金制度の不確実性だけに焦点を当てたものではないが、日本人を対象とした独自のサーベイ・データ（2016 年）を使用し、税制や社会保障制度の不確実性と消費・貯蓄の関係についての観察事実を示したものである。まず、「あなたがお感じになっている税制や社会保障制度の先行き不透明感は、あなたの消費行動に影響がありますか」というシンプルな二者択一の質問に対して「消費を抑えている」と回答した割合を個人特性別に集計すると、「消費を抑えている」という回答が約 70％にのぼっていた。[17]
「消費を抑えている」を性別、年齢、世帯年収など各種個人特性で説明するプロビット推計を行った結果が表 6-6 である。女性、就労者の係数はプ

17　選択肢は「消費を抑えている」、「消費への影響はない」の 2 つである。

表6-6　個人特性と税制・社会保障制度の不確実性による消費抑制

個人特性	係数	標準誤差
女性	0.026	(0.010)***
就労者	0.038	(0.012)***
20歳代	-0.088	(0.018)***
30歳代	-0.032	(0.016)**
50歳代	0.009	(0.014)
60歳以上	0.005	(0.014)
世帯年収（対数）	-0.061	(0.006)***
持家	-0.013	(0.011)
世帯年収伸び率の予測値	-0.055	(0.019)***

(注)　「あなたがお感じになっている税制や社会保障制度の先行き不透明感は、あなた
　　　の消費行動に影響がありますか」という質問に対して、「消費を抑えている」と回
　　　答した人＝1とするプロビット推計。***: p<0.01、**: p<0.05。参照カテゴリーは男性、
　　　40～49歳、借家。世帯年収伸び率の予測値は、「あなたの世帯年収は5年後、現
　　　在に比べてどうなると予想しますか（％）」という質問への回答。N＝9,976人。詳
　　　細はMorikawa（2019c）参照。

ラス、世帯年収の係数はマイナスであり、非就労者、低所得層は税制・社
会保障制度の不確実性が消費を抑制する関係が強い。世帯年収伸び率予測
の係数はマイナスで、今後の所得増加を予測している人ほど不確実性の消
費への影響が少ない傾向がある。税制や社会保障制度の不確実性が逆進的
な性質を持つ可能性を示唆している。

　また、貯蓄志向を被説明変数とし、各種個人特性と主観的な政策不確実
性を説明変数とする推計を行った。「今後、あなたの賃金や世帯所得が増
加した場合、主にどのように使いたいと思いますか」という設問に対して
「貯金を増やす」と回答した場合を1とするプロビット推計である。その
結果、政策不確実性の係数は高い有意水準の正値だった。[18] 総じて税制や社
会保障制度の長期的な予測可能性が消費・貯蓄行動に影響することを示唆
している。ただし、この分析は一時点のデータの定性的な判断に依拠して
いるという大きな限界があり、定量的な情報を含むパネルデータでの分析

18　説明変数の政策不確実性は、税制・社会保障制度以外の政策も含む不確実性スコア
　　を用いているが、スコアを構成する政策の中で年金制度、介護制度、医療制度の不確
　　実性が高い。

が課題である。

　これらの研究とは異なり、第3章でも言及した Kitao（2018）は、一般均衡ライフサイクル・モデルにより、高齢化の下での賦課方式の社会保障制度改革のタイミングや内容の不確実性がある場合、改革の遅れ、改革規模の縮小による世代間への影響をシミュレーションしている。そして改革の先送り、改革規模の縮小は若者や将来世代の負担増と厚生の悪化をもたらすとともに、年金財政の不確実性が、大きな所得リスクと退職貯蓄の収益率低下に直面する高齢者に対して大きな悪影響を及ぼすことを指摘している。

〈不確実性と社会保障制度改革〉

　以上見てきたように、社会保障制度の不確実性が予備的動機に基づく貯蓄積み増しをもたらしていることは多くの実証研究で確認されている。しかし、社会保障制度改革が行われて不確実性が解消された場合に消費・貯蓄がどう変化するかは何とも言えない。例えば、年金給付額の削減が行われて先行きの不確実性がなくなった場合の消費・貯蓄への効果は、①公的年金と私的貯蓄の代替関係の強さ、②不確実性に起因する予備的貯蓄の大きさの大小関係に依存する。また、そもそも最終的な政策目標は消費拡大ではなく経済厚生の向上にあることは言うまでもない。

　この点について、Luttmer and Samwick（2018）は、米国において将来の社会保障給付に対する不確実性が経済厚生に及ぼす負の影響を独自の調査に基づいて推計した研究である。その結果によると、個人差が非常に大きいが、回答者は現行制度で受給できる金額の約60％しか受給できないと予想している。そして、平均的には将来の年金受給に関する政策的な不確実性が除去されるならば、現行制度での給付額の約5.8％を犠牲にしてもよいと考えている。結果として、不確実性に起因するリスク・プレミアムは期待受給額の約10％に相当するとしている。社会保障制度の不確実性を除去することへの支払意思額（willingness to pay: WTP）を明らかにした興味深い研究である。

　将来所得の不確実性の下で予備的貯蓄を行うことは、家計・個人にとっ

ては合理的な行動である。しかし、社会保障制度など政策の不確実性を可能な限り低減することは政府の役割であり、それが国民の経済厚生を高めることにつながる。

第7章　労働市場における不確実性

　本章は、労働市場における不確実性について、①雇用の不確実性（失業リスク）、②不確実性と非正規雇用の関係、③就労スケジュールの不確実性を取り上げ、労働供給側と労働需要側の両面から議論する。

　日本における雇用の不確実性は米国に比べると低いものの、世界金融危機、コロナ危機といった大きなショックの際に高まった。所得の不確実性と同様、雇用リスクも予備的動機に基づく貯蓄を増加させる。人的資本投資の効果や生涯所得にも不確実性があり、高等教育への進学や女性の就労・出産の意思決定に影響する。

　需要のボラティリティや不確実性に直面する企業は労働投入量の柔軟な調整を必要とする。特に正規労働者の調整費用が大きい欧州や日本では、非正規労働者増加の一因になっている。予測技術の高度化やダイナミック・プライシングによって需要変動や不確実性自体を低減できれば、企業にも労働者にもメリットがある。しかし、それらを完全に解消することは困難で、企業の利益と労働者の雇用安定の間のトレードオフが残る。「働き方」に関して労働時間の総量規制が強まっているが、就労スケジュールの不確実性が広く存在し、労働力不足が深刻化する中で不確実性に対する補償賃金という形での調整が起きる可能性もある。

1. 雇用の先行き不確実性

　労働市場においては失業リスク、賃金変動などさまざまな不確実性が存在する。企業の雇用者の場合には、社内での昇進や人事異動もそうだし、労働市場に参加する前の学生の場合、入学試験の合否、学校での成績、卒業や就職など人的資本形成の多くの局面で不確実性に直面する。企業にとっても、製品・サービス需要の動向次第で労働需要の不確実性が生じる。日本の場合、正社員・正職員の雇用調整には制約が強いので、中長期の企業業績見通しの確度が採用行動にも影響する。本章では扱わないが、労務災害も労働市場における不確実性の中で重要な要素である。

〈マクロ経済的な雇用の不確実性〉

　まずはマクロ経済レベルでの雇用の不確実性を概観しておきたい。政府経済見通しは、実質・名目 GDP やその需要項目別の数字、物価上昇率、鉱工業生産指数などのほか、労働市場に関しては労働力人口、就業者数、雇用者数、完全失業率の翌年度見通しを示している。また、「ESP フォーキャスト調査」（日本経済研究センター）は、民間エコノミストの完全失業率の予測を調査している。[1]

　政府および民間エコノミストの完全失業率の翌年度予測を実績と比較し、予測誤差（実績値 − 予測値）を示したのが図 7-1 である。エコノミストの予測は毎月調査されているが、ここでは政府経済見通しの閣議決定と同じタイミングに当たる 1 月調査の数字を使用し、回答者の平均値を用いて作図している。[2] 世界金融危機、コロナ危機の際に失業率の実績値が上振れしているが、平時には実績値が下振れすることも多い。[3]

1　米国（フィラデルフィア連銀）や欧州（ECB）の Survey of Professional Forecasters は、経済成長率やインフレ率だけでなく、失業率についてもエコノミストの確率的予測を調査しており、エコノミストの主観的不確実性を見ることが可能である。

2　政府経済見通しは 2000 年度見通しから完全失業率の数字を示しているが、「ESP フォーキャスト調査」と比較できる 2005 年度見通し以降の数字を使用している。

図 7-1 完全失業率の予測誤差　　　　　　　　　　　　　（単位：％ポイント）

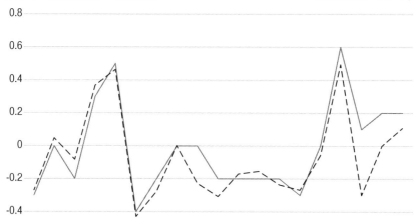

（注）　予測誤差は実績値 − 予測値であり、プラスの数字は完全失業率の実績値が予測値よりも上振れたことを意味。エコノミストは「ESP フォーキャスト調査」の 1 月調査の翌年度予測をもとに予測誤差の平均値を計算。

　この間の予測誤差の平均値は政府経済見通し▲ 0.0％ポイント、エコノミスト▲ 0.1％ポイントであり、平均的には上方バイアスも下方バイアスもない（表 7-1 参照）。第 2 章で見たように経済成長率の見通しには上方（楽観）バイアスがあり、特に政府経済見通しで顕著だが、失業率の見通しは中立的である。また、世界金融危機のあった 2009 年度とその反動があった 2010 年度、コロナ危機の 2020 年度を除くと± 0.3％ポイント程度の範囲であり、経済成長率の予測に比べて予測誤差自体が小さい。予測の不確実性の代理変数である絶対予測誤差は、政府経済見通し 0.2％ポイント、エコノミスト 0.3％ポイントである。米国と異なり日本の労働市場では景気悪化時にも直ちに労働者を解雇することはなく、失業率の変動自体

3　民間エコノミストの予測の不一致度は、2010 年度予測、2021 年度予測で大きくなっており、予測誤差より 1 年遅行して増大している。

表 7-1 完全失業率予測の不確実性（単位：%ポイント）

	政府	エコノミスト平均
予測誤差	-0.02	-0.07
絶対予測誤差	0.22	0.26

(注) 2005 ～ 2023 年度予測の平均値。エコノミストは「ESP
フォーキャスト調査」の 1 月調査の翌年度予測をもとに予
測誤差の平均値を計算。

が小さいことを反映している。マクロ経済的に見る限り、日本における雇
用の不確実性は比較的小さい。

〈欧米における雇用の主観的不確実性の調査〉

しかし、マクロの労働市場と個々の労働者にとってのリスクは別である。
賃金の不確実性についてはすでに第 6 章で議論したので、ここでは雇用リ
スクに焦点を当てる。米国などいくつかの国では、労働者に対して自身の
雇用の主観的不確実性を尋ねる調査が行われている。サーベイ論文として
Meeller and Spinnewijn（2023）を挙げておく。ただし、個人に対するこの種
の調査はまだ歴史が浅く、世界金融危機時をカバーするような長期時系列
データはない。

代表例が第 6 章でも取り上げた米国ニューヨーク連邦準備銀行の「消費
者期待調査（Survey of Consumer Expectations: SCE）」で、12 カ月以内に仕
事を失う主観的確率、（求職中の人の場合）12 カ月以内および 3 カ月以内
に受け入れ可能な仕事が見つかる主観的確率などを具体的な数字（%）で
尋ねている。ミクロデータ自体が EXCEL の形でダウンロード可能になっ
ているので誰でも利用可能で、このデータを用いた研究も多い。

仕事を失う主観的確率の平均値はコロナ危機時に 20％を超える数字と
なったが、平時でも十数パーセントで米国労働者の主観的雇用リスクはか
なり高い。年齢別、学歴別、所得水準別、計算能力（numeracy）別、地域
別の数字も公表されており、時期を問わず所得水準の低い人ほど主観的雇
用リスクが高い。また、コロナ危機以降、高齢層（60 歳以上）が高い数
字を示している。

欧州中央銀行（ECB）の「消費者期待調査（Consumer Expectations Survey: CES）」も、今後3カ月以内の失業、（非就労者の）就職の主観的確率を尋ねている。国別、年齢3類型別、所得5分位別の集計値も公表されている。主観的失業リスクの平均値は10%前後で、米国に比べると低い。ただし、ドイツが低いのに対してスペインは高いなど国による違いは大きい。年齢別には若年層（18〜34歳）が高く、所得水準別には米国と同様、所得水準が低いほど主観的雇用リスクが高いというシステマティックな関係が見られる。

〈日本における雇用リスクの動向〉

日本には主観的雇用リスクを数字で尋ねる形の公的な統計調査はないが、「生活意識に関するアンケート調査」（日本銀行）、「消費動向調査」（内閣府）が、雇用リスクに関する定性的な質問を行っている。「生活意識に関するアンケート調査」には、勤労者を対象に勤め先での雇用・処遇についての不安を、「あまり感じない」、「少し感じる」、「かなり感じる」から選択する形式の設問があり、「あまり感じない」（％）から「かなり感じる」（％）を引いた数字を雇用環境DIという形で集計・公表している。

雇用環境DIの短期的な変動は比較的小さく、完全失業率が5％を超えた世界金融危機の前後にかなり悪化しているが、コロナ危機時の悪化は非常に小さい（図7-2参照）[4]。雇用調整助成金をはじめ雇用維持のための大規模な政策が一定の効果を持ったためかもしれない。この対象期間を通じて雇用不安が低下するトレンドがあるが、これは失業率と比較すると明らかなように、労働需給がタイト化してきたことを反映していると見られる。「消費動向調査」は雇用に関する質問を含んでおり、「消費者態度指数」を構成する1つの要素になっている。具体的な質問は、「職の安定性、みつけやすさなどの雇用環境は、今後半年間に今よりも良くなると思いますか、悪くなると思いますか。（ご自身やご家族、近隣地域の状況からお答

4　2006年3月以前は調査方法・内容に不連続があるため、2006年6月以降のデータで作図している。

図 7-2　雇用・処遇への不安（DI）

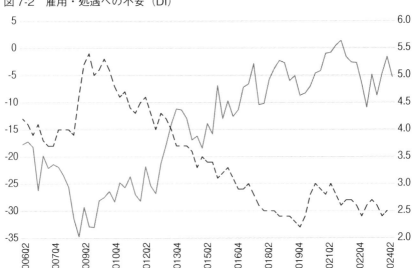

（注）「生活意識に関するアンケート調査」（日本銀行）の勤労者の回答から作成。DI は「あまり感じない」から「かなり感じる」を引いた数字なので、マイナスの場合に雇用・処遇への不安が高いことを意味。

えください）」で、回答の選択肢は「良くなる」、「やや良くなる」、「変わらない」、「やや悪くなる」、「悪くなる」の 5 つである。「良くなる」= 1、「やや良くなる」= 0.75、「変わらない」= 0.5、「やや悪くなる」= 0.25、「悪くなる」= 0 として計算した雇用環境の DI が集計・公表されている。「生活意識に関するアンケート調査」が雇用不安の水準を尋ねているのに対して、この調査は今後半年の変化を尋ねている点が異なる[5]。また、回答者本人の雇用リスクだけでなく周辺の労働市場全体を含む形で尋ねている点でも違いがある。

　雇用環境 DI の時系列での動きは比較的振幅が大きく、特に世界金融危機、コロナ危機時に大きく悪化している。この調査は世帯主の就業形態別、

5　企業サーベイでも「日銀短観」が業況の「水準」を尋ねているのに対して、「法人企業景気予測調査」（内閣府・財務省）は景況の「変化」を尋ねているという違いがある。

表 7-2　世帯主の属性別に見た雇用環境 DI

世帯属性		雇用環境 DI
世帯区分別	正規雇用	40.9
	非正規雇用	37.6
	自営業者	39.6
世帯年収別	300万円未満	37.1
	300万円〜400万円未満	39.6
	400万円〜550万円未満	40.0
	550万円〜750万円未満	41.1
	750万円〜950万円未満	41.9
	950万円〜1,200万円未満	43.2
	1,200万円以上	44.3

（注）　「消費動向調査」（内閣府）より計算。2016 年 4 月〜 2024 年 6 月 の平均値。

世帯年収別の集計結果を公表しているので、世帯属性別に 2016 年 4 月から 2024 年 6 月までの平均値を計算すると、正規雇用者世帯に比べて非正規雇用者世帯で DI が低く、世帯年収別には年収が少ないほど DI が低い（表 7-2 参照）。予想される通りのパタンではあるが、世帯属性による量的な違いは比較的小さい。なお、時系列の動きを見ると、世界金融危機、コロナ危機時の悪化は属性別にもほぼ同じパタンで、しいて言えば平時の雇用環境 DI が高い正規雇用世帯、世帯年収の高い世帯の悪化の方が大きい。

〈雇用の不確実性と労働者の行動〉

　失業リスクに対応するため、日本を含めて多くの国には失業保険制度が存在する。また、世界金融危機、コロナ危機といった大きなショックが起きた際には、緊急の所得補償政策が講じられる。しかし、政策によって賃金が 100％補填されることは一般的ではなく、また、失業後に再就職できた場合にも企業特殊的人的資本が失われるため、中長期的な所得への負の影響がありうる。[6]

6　ただし、コロナ禍の初期には米国の CARES 法に基づく失業給付の上乗せのように賃金の 100％を超える補償が行われたケースがある。

このため、雇用の不確実性は所得の不確実性を経由して予備的貯蓄行動をもたらす可能性がある。例えば土居（2004）は、「消費動向調査」と「家計調査」（総務省）のデータを用いて雇用リスクと家計貯蓄率の関係を推計し、1990年代日本の貯蓄は所得リスクでは説明できないが雇用リスクは説明力を持つという結果を報告している。また、第6章で取り上げたGiavazzi and McMahon（2012）は、失業対策と年金制度が大きな争点となったドイツ総選挙に伴う政策の不確実性が、家計貯蓄を増加させるとともに、パートタイム労働者の労働時間を増加させた——収入を増やす行動を促した——ことを示している。雇用の不確実性は消費・貯蓄の選択や就労行動に影響を与える。

〈労働需要の不確実性〉

日本における労働需要サイドすなわち企業の不確実性は、第4章で用いた「日銀短観」のデータから計測できる。雇用人員判断のオーダーメード集計データを用いて、労働需要の不確実性を示す絶対予測誤差（*ABSFE*）と予測誤差のばらつき（*FEDISP*）をプロットしたのが図7-3である。業況判断から作成した不確実性指標と比較すると雇用人員判断の不確実性は時系列での変動が小さいが、新型コロナ感染拡大の初期（2020年3月）には、いずれの不確実性指標も跳ね上がっている。2020年6月に四半期前の予測と比べて雇用過剰感が急激に高まったからである。世界金融危機時にもいくぶん上昇しているが、コロナ危機時の上昇の方が顕著である。

不確実性が「様子見（wait-and-see）メカニズム」を通じて企業の労働需要に負の影響を持つことは、第5章で述べたように多くの研究が示しているが、雇用調整助成金などの政策もあって米国のような失業率上昇にはつながらなかった。また、2020年Q2には雇用人員判断の不確実性は大きく低下し、2020年Q3には新型コロナ前と同水準に戻った。

雇用人員判断の不確実性指標（*ABSFE*、*FEDISP*）の期間平均値を産業別、企業規模別に比較すると（表7-3参照）、製造業の不確実性がいくぶん高く、規模別には中小企業の不確実性が高い。コロナ危機時にも製造業の方が非製造業よりも高く、中小企業の方が大企業よりも高いというパタンに

は変化がなかった。

図 7-3 雇用人員判断の不確実性

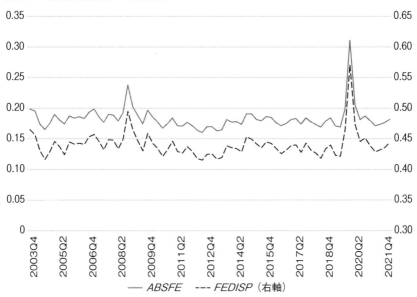

(注)「日銀短観」のオーダーメード集計データから作成した全産業・全規模の数字。ABSFE は事後的な予測誤差の絶対値の平均、FEDISP は予測誤差のばらつき（標準偏差）。数字が大きいほど不確実性が高いことを意味。計算方法の詳細は第 4 章参照。

表 7-3 雇用人員判断の不確実性の期間平均値

	ABSFE	FEDISP
全産業・全規模	0.183	0.440
製造業	0.192	0.450
非製造業	0.177	0.433
大企業	0.118	0.350
中堅企業	0.171	0.425
中小企業	0.216	0.479

(注)「日銀短観」のオーダーメード集計データから計算した不確実性指標の期間平均値。ABSFE は事後的な予測誤差の絶対値の平均、FEDISP は予測誤差のばらつき（標準偏差）。

〈コロナ危機下の主観的雇用リスク〉

　筆者は、コロナ危機直後の2020年6月に個人を対象とするサーベイを行い、勤労収入の見通しとその主観的不確実性について調査した（第6章参照）。その際、就労者に対して失業するリスクについても選択方式で尋ねている。具体的な質問は、「新型コロナウイルス感染症は、あなたのお仕事の先行きに影響があると思いますか」である。集計結果は、「仕事を失うおそれがある」8.5％、「仕事を失うまではいかないものの、仕事量が減る」40.4％、「仕事が忙しくなる」14.5％、「特に影響はない」36.5％だった。

　米国の「消費者期待調査（SCE）」によれば、2020年4月における今後1年間の失職の主観的確率の平均値は20.9％で、平時でも10％を超えている。コロナ危機という大きなショックの直後にもかかわらず、レイオフが頻繁に行われる米国とは異なり、日本の主観的失業リスクはそれほど高くなかったと言えるだろう。

　しかし、労働者特性による違いは大きい。労働者特性別の集計結果から

表7-4　新型コロナ感染症によって失業するリスク

属性		選択率（％）
計		8.5
性別	男性	8.0
	女性	9.5
就労形態	正社員・正職員	6.1
	パートタイム	9.7
	派遣社員	15.7
	自営業主	13.6
産業	情報通信業	4.6
	金融・保険業	4.2
	飲食・宿泊業	24.7
	サービス業	13.0
	公務	1.0

（注）「経済の構造変化と生活・消費に関するインターネット調査」（2020年6月）の回答（「仕事を失うおそれがある」）を集計。N＝3,324人。就労形態は9分類、産業は14分類の中からピックアップして表示。

ピックアップしたのが表7-4である。就労形態別では派遣労働者の主観的失業リスクが15.7％と正社員・正職員の6.1％よりもずっと高く、自営業主も13.6％とかなり高い。就労先の産業別では、飲食・宿泊業24.7％、サービス業13.0％が高い数字である。当然ではあるが公務員は1.0％ときわめて低い。対人接触が必要な個人サービス業に対して、新型コロナ感染拡大防止のための外出自粛や「三密」回避の要請が、サービス分野の就労者の雇用リスクを高めたことが確認される。

〈教育投資効果の不確実性〉

　労働市場における不確実性は雇用や賃金だけでなく、より長期的な不確実性も存在する。学校教育をはじめ人的資本投資の意思決定には、その期待収益率が影響する。そして企業の投資判断と同様、進学するかどうかや専攻分野の選択に当たっては、期待収益率（将来所得）の点予測値とともにその不確実性が影響する可能性がある。例えば、医学部の入試を通るのは難しいにもかかわらず入学希望者が多いのは、所得が平均的に高いだけでなく、失業したり低所得になったりするリスクが低いことも寄与しているだろう。

　学校教育だけでなく、職業資格取得のための学習も、特に業務独占資格の場合、資格を保有していることで失業リスクが小さく、一定以上の収入が期待できる——雇用・賃金の不確実性が低い——ことが関係している。例えば、Blair and Chung（2024）は米国のデータを用いた分析により、世界金融危機およびコロナ危機において職業資格保有者が失業しにくかったことを示している。

　教育（学歴）による賃金プレミアム、教育投資の経済効果については内外で膨大な研究が行われており、教育投資の平均的な収益率がどの程度なのかかなりわかっている。また、大学や大学院の専攻分野による賃金の違いについてもかなりの研究蓄積がある。平均的な収益率が注目されるが、高学歴の労働者でも賃金の分散はかなり大きく（森川, 2024e）、年齢とともに賃金の分散が増加する傾向がある。つまり教育投資の長期的な収益率には不確実性がある。

Dominitz and Manski（1996）を嚆矢として、欧米では学生に対して教育に伴う将来所得の予測値とその主観的不確実性（確率分布）を尋ねるサーベイを用いた研究がいくつか存在し、将来の所得にかなりの主観的不確実性があることを示している（サーベイ論文として Giustinelli, 2023）。借り入れ制約だけでなく教育効果の不確実性も、個人が危険回避的な場合には、高等教育進学などの人的資本投資を過小にする可能性がある。

〈不確実性と女性・高齢者の就労〉

以上のほかにも労働市場にはさまざまな制度的不確実性がある。社会保障制度の不確実性が消費・貯蓄に及ぼす影響は第6章で見た通りだが、社会保障制度や所得税制は、女性や高齢者の就労行動にも大きく影響する。例えば、「経済財政白書」（内閣府, 2023）は、「出産後に女性の労働所得が減少することが多いが、このことが結婚前の女性の生涯収入の見通しの不確実性を高め、結婚時に夫に高い年収を求める傾向につながっている可能性がある」と述べている。

失業リスクや将来賃金の不確実性は、子供を持つ意思決定にもネガティブな影響を持つ可能性があることが指摘されている（e.g., Doepke *et al.*, 2023; Bloom *et al.*, 2024）。例えば、Sommer（2016）は、出産の意思決定のライフサイクル・モデルにより、所得リスク増大が子供の数を減らす効果を持つことを示している。また、Gozgor *et al.*（2021）は、126カ国のクロスカントリー・データを用いた分析により、不確実性の高まり——世界不確実性指数（World Uncertainty Index: WUI）の各国データを使用——が出生率を低下させることを示し、予備的動機に基づく行動と整合的だと論じている。

子育てに関連する政策——保育所の利用可能性、育児休業制度、児童手当など——は頻繁に制度が変更されるため、長期的にどうなるのか不確実性があり、女性の就労行動や結婚・出産の意思決定に影響している可能性がある。就労と育児の両立に関する諸政策は長期の意思決定に関わるので、予見可能性の高い安定的な仕組みとすることが望ましい。

最近、労働力不足の深刻化などを背景に高齢者の雇用拡大が進んでいる

が、定年制度や社会保障制度の先行きの不確実性は、人的資本投資の意思決定にも影響する。すなわち、60歳まで働くのか70歳まで働くのかで、50歳代までの教育訓練投資は違ってくる。定年延長や継続雇用制度の拡大が進んでいるが、長寿化が進む中、何歳まで働くか（働けるか）に関わる制度の中長期的な予測可能性を高めることが、中高年層のスキル劣化を避ける上で重要だろう。

2. 不確実性と非正規雇用

〈不確実性と非正規労働者の増加〉

　客観的な指標から見ても主観的なデータから見ても、就労形態によって雇用リスクには違いがあり、非正規労働者、特に派遣労働者は仕事を失うリスクが高い。一方、企業の立場からは、正社員・正職員の雇用調整コスト（採用や解雇に関わる費用）が大きい場合、需要の不確実性への対応策として非正規労働者を利用することには合理性がある。

　海外のいくつかの研究は、この点を実証的に明らかにしている。特に南欧諸国の中には正規労働者への強い雇用保護制度によって、日本と同じように解雇費用が高い国が多く、生産のボラティリティや不確実性が非正規労働者増加の要因になっていることを示す研究が少なくない。南欧諸国の労働市場を対象とした研究として、Cappellari *et al.*（2012）、Devicienti *et al.*（2018）、Fernandes and Ferreira（2017）、Dräger and Marx（2017）などの例がある。

　Cappellari *et al.*（2012）は、イタリア企業のパネルデータを用いて有期雇用の利用を容易にすることを意図した制度改正が企業の労働者構成や生産性に及ぼした効果を分析した。有期雇用契約に関わる紛争処理が裁判所に委ねられたため企業にとっての不確実性が高まり、有期雇用労働者を外部スタッフに代替する効果を持つとともに、企業の生産性に負の影響を持ったという結果を示している。異なるタイプの非正規労働者間の代替を示すものだが、制度的な不確実性の影響を明らかにした興味深い研究である。

　Devicienti *et al.*（2018）は、やはりイタリア企業のデータを用いて製品市

場のボラティリティが企業による有期雇用の利用に及ぼす因果的な効果を推計した。産業レベルの需要ボラティリティ——売上高の標準偏差——が当該産業における企業の有期雇用シェアを高める効果を持つことを示している。Fernandes and Ferreira（2017）は、ポルトガルの企業－従業者リンクデータを使用して世界金融危機が企業の従業者構成に及ぼした効果を分析した。資金制約の強い企業は有期契約労働者の採用比率を高めたことを示し、金融危機と不確実性の増大が柔軟性の高い有期契約労働者の利用を増加させたと解釈している。

Dräger and Marx（2017）は、欧州20カ国を対象とした事業所レベルのデータと各国労働市場制度の情報を組み合わせた分析である。南欧諸国のように無期雇用労働者の雇用保護が厳格な国では、業務量の変動——1日、週間、年間の業務量の変動——が大きいほど有期雇用労働者および派遣労働者の雇用確率が高いのに対して、無期雇用労働者への雇用保護が弱い国（英国、アイルランドなど）ではそうした関係が見られないことを示している。その上で、生産プロセスにおいて労働投入量の柔軟性は不可避であり、無期雇用労働者の解雇コストの高さは二重労働市場を形成すると論じている。

米国では正規労働者でも比較的容易にレイオフの対象になることもあって、不確実性と非正規雇用の関係への関心は低い印象があるが、Houseman（2001）は、米国事業所へのサーベイに基づき、業務量の変動や予期せざる業務増大が非正規労働者を使用する重要な要因であることを示している。また、Ono and Sullivan（2013）は、米国製造業の工場レベルのデータを使用し、生産の減少が予想される工場、将来の生産水準の不確実性が高い工場は、派遣労働者比率が高いという分析結果を報告している。

以上のように欧米の実証研究は、不確実性が非正規労働者増加の一因になっていること、労働市場制度がそれに関係していることを明らかにしている。

〈日本の実証研究〉

日本では非正規雇用の問題への関心が高く、比較的多くの研究がこのテ

ーマを扱っている。筆者自身、「企業活動基本調査」（経済産業省）のパネルデータを使用して、売上高のボラティリティと企業の非正規雇用者（パートタイム労働者、派遣労働者、臨時・日雇労働者）比率の関係を分析した（Morikawa, 2010）。売上高のボラティリティが高い企業ほど非正規労働者（派遣労働者、臨時・日雇労働者）を多く利用していること、ボラティリティの高い企業は派遣労働者、臨時・日雇労働者を多く利用することで生産性（TFP）が高くなることを指摘した。

その後もいくつかの研究が、企業パネルデータを使用した分析を行い、需要の不確実性——売上高のボラティリティや予期せざる需要変動——が、非正規労働者、特に派遣労働者比率を高める重要な要因になっているという結果を示している（e.g., Asano et al., 2013）。特に興味深いのが Yokoyama et al.（2021）で、日本の製造業企業のパネルデータを使用して円の実質実効為替レート増価（円高）が輸出企業の正規雇用には影響を持たない一方、非正規労働者の減少をもたらすことを示している。そして事業環境に不確実性がある中、企業が外生的ショックを吸収するために非正規労働者を使用していると解釈している。

上述の Morikawa（2010）は十数年前までのデータでの分析なので、最近のデータを用いてアップデートしてみる。具体的には、「企業活動基本調査」の 2007 ～ 2021 年度のパネルデータを使用し、売上高のボラティリティ、派遣労働者の使用、生産性（TFP）の関係を推計した。[7]

結果の要点は表 7-5 に示す通りである。ボラティリティと派遣労働者比率の関係を推計した結果が同表 A 欄である。過去 5 年間の売上高のボラティリティ（前年比売上高の標準偏差）が 1 標準偏差大きい企業は派遣労働者比率（対常用労働者）が 0.3％高い関係で、製造業と非製造業の差は小さい。なお、パートタイム労働者比率の場合には、Morikawa（2010）と同様こうした関係は確認されなかった。パートタイム労働者のかなり多くは常用労働者でフルタイム労働者に近い性格を持っていることに加え、週

7　2007 年度以降をサンプル期間とするのは、2006 年度以前は「企業活動基本調査」の産業分類がかなり異なるためである。「企業活動基本調査」のミクロデータ利用に当たっては、経済産業省関係部局の協力を得ている。

表 7-5 売上高のボラティリティと派遣労働・生産性 （単位：％）

	全産業	製造業	非製造業
A. ボラティリティと派遣労働者	0.3	0.3	0.2
B. ボラティリティ、派遣労働と生産性（TFP）	2.3	1.7	3.9

（注）「企業活動基本調査」（経済産業省）の 2007 ～ 2021 年度のデータを使用して OLS 推計した結果による。A 欄は売上高（前年比）の過去 5 年間のボラティリティが 1 標準偏差大きいと派遣労働者比率（派遣労働者／常用労働者）が何パーセント多いかを示す。B 欄は生産性に対する売上高ボラティリティと派遣労働者比率の交差項の推計係数に基づき、売上高のボラティリティが 1 標準偏差大きい場合に、派遣労働者比率が 1 標準偏差多いと企業の生産性（TFP）がどの程度高いかを示す。

次・月次など高頻度でのボラティリティとは関係する可能性がありうるが、年次レベルでのボラティリティとの関係は小さいことが理由として考えられる。非正規労働者と一括して議論されることが多いが、形態によって性質が違うことを示唆している。[8]

〈不確実性、非正規雇用と生産性〉

次に、売上高のボラティリティ、派遣労働者比率、両者の交差項を説明変数とし、企業の TFP を被説明変数とする推計を行うと、交差項の係数は高い有意水準の正値だった。量的には、ボラティリティが 1 標準偏差大きい場合に派遣労働者比率が 1 標準偏差高いと TFP が 2.3％高いという関係なので、無視できない大きさである（表 7-5B 欄参照）[9]。そして製造業に比べて非製造業で派遣労働者比率と生産性との関係が大きい。

以上を総括すると、需要のボラティリティや不確実性が高い場合、企業にとっては労働投入量を柔軟に調整できるタイプの非正規労働者を使用することに合理性がある。しかし、労働者にとっては雇用や収入の不安定性を伴う働き方である。仮に予測技術の高度化や価格設定の工夫を通じて需

---

8 ボラティリティは不確実性の代理変数として使用されるが、厳密に言えば、株価や為替レートと違って売上高や生産量など実体経済のボラティリティは、季節変動などかなりの程度予見可能なボラティリティと予期せざるボラティリティ（不確実性）を含んでいる。

9 企業固定効果を含めて推計しても、交差項の係数は 1 ％水準で有意な正値である。

要変動の予見可能性を高め、あるいはボラティリティ自体を低減できれば、企業にも労働者にもメリットがある。ただし、それらを完全に解消することは不可能であり、企業の利益と労働者の経済厚生の間のトレードオフは残らざるをえない。

1つの対応として、補償賃金による調整——不確実性の不利益を受けるタイプの就労に対する賃金プレミアム——という方法があるかもしれない[10]。非正規労働者への賃金プレミアムは非現実的に見えるかもしれないが、例えば、Booth and Wood（2008）や Laß and Wooden（2019）は、オーストラリアにおいて非正規労働者に賃金プレミアムが存在すること、Hamersma *et al.*（2014）は、米国の派遣労働者に時間当たり賃金のプレミアムがあることを示している。Pouliakas and Theodossiou（2010）は、欧州7カ国の個人を対象としたサーベイ実験に基づき、無期雇用契約の労働者が雇用リスクのある有期雇用契約に移行する場合、大きな賃金プレミアムを必要とするという結果を報告している。

次節で扱う就労スケジュールの不確実性に関しては、サンフランシスコ、シアトル、シカゴなど米国の大都市や州で、急に就労スケジュールを変更する場合に「予測可能性給付（predictability pay）」を義務付ける制度を導入しているケースがあり（Mas and Pallais, 2017; Lambert and Haley, 2021）、不確実性を受け入れることへの補償賃金の問題という点で共通している。

3. 就労スケジュールの不確実性

〈労働時間の不確実性〉

第1節で見たように、米国と比べて日本は雇用自体の不確実性（失業リスク）は高くないが、それ以外にも労働市場にはさまざまな不確実性が存在する。最近、注目されているのが就労スケジュールの不確実性——働く時間の予測可能性の欠如——である。森川（2018a）でも「働き方と生産

10　非正規雇用に焦点を当てたものではないが、Lavetti（2023）は、仕事のアメニティと賃金のトレードオフに焦点を当てて補償賃金格差についての研究をサーベイした論文である。

性」というテーマの中で取り上げているが、その後も新しい研究成果が現れており、最近の研究をカバーする形で改めて議論したい。

近年、長時間労働の是正が「働き方改革」の重要課題の1つとされ、労働時間規制の強化が進められてきた。2018年に労働基準法の改正が行われ、時間外労働の上限が原則として月45時間、年360時間、臨時的な特別な事情がある場合でも年720時間、単月100時間未満とされた。上限規制の適用が5年間猶予されていた建設業、自動車運転業務、医師についても2024年4月から上限規制が適用され、「2024年問題」として社会的に注目されている。

しかし、労働者の厚生の観点からは、勤務時間の長さだけでなく予期していない急な残業や休日出勤、有給休暇の計画的な取得の難しさといった就労スケジュールの不確実性（＝予測不可能性）も無視できない。企業の現場では、顧客・取引先からの突然のクレームへの対応、急な事件・事故への対処をはじめ労働者の就労スケジュールの予測可能性を失わせる要因が数多くある。国家公務員の国会対応業務は深夜労働の大きな原因として指摘されているが、長時間労働だけでなく国会開会中はいつ質問が入るかわからないという不確実性がある。結果的に質問が入らなくても、プライベートな予定が立てられない人が少なくない。

逆に言えば、フレックスタイムなど時間の柔軟性がある働き方は、仕事と生活の両立などの観点から労働者にとってアメニティ価値が高い。したがって、そのような時間的な不確実性が低い働き方ができるならば多少賃金が低くても受け入れるという支払意思額（willingness to pay: WTP）が存在する（サーベイ論文として森川, 2020）。労働需要（企業）側から見ると、予想外の需要変動や突発的な事態がある以上、急な残業や休日出勤をゼロにして就労時間を完全に予測可能にすることは困難なので、労働者がそうした不確実性を受け入れるのに必要な賃金の割り増し（willingness to

---

11　働く場所の柔軟性についても同様である。新型コロナ下で急速に普及した在宅勤務がそれ以前のレベルに戻ることは考えにくいが、補償賃金の視点からは、職場勤務者に対する在宅勤務者の相対賃金が低下する形の調整が起こる可能性がある（Barrero *et al.*, 2023; 森川, 2023a）。

accept: WTA）が必要になる[11]。

〈就労時間の予測可能性の実態〉

近年、就労スケジュールの不確実性の実態、それが労働者の経済厚生に及ぼす影響、さらに不確実性に対する補償賃金に関する調査・研究が行われるようになってきた。例えば、米国労働統計局（BLS）の「時間使用調査（American Time Use Survey）」は、2017 ～ 2018 年調査において仕事の柔軟性や就労スケジュールについて補足的な調査を行っている（Bureau of Labor Statistics, 2019）。それによると、雇用者の 57％は仕事の開始・終了時間を変更する自由度があると回答している。男女差はほとんどないが、大卒以上の高学歴者、専門サービス業、金融業、情報サービス業などの雇用者で高い数字である。

どの程度事前に働く時間の予定がわかるかという設問に対して、55％の雇用者は 4 週間以上前と回答しているが、19％は 1 週間より短いと回答しており、一部の雇用者はスケジュールの予測可能性が低いことを示唆している。女性よりも男性、大卒以上よりも高卒未満、建設業、運輸業、娯楽サービス業などの産業の雇用者で高い数字となっている。

総じて高学歴のホワイトカラー労働者は就労スケジュールの不確実性が低いのに対して、低学歴の現場労働者は不確実性が高い。米国における働き方に関する研究をサーベイした Mas and Pallais（2020）は、働き方の柔軟性は教育水準によって大きく異なることを指摘している。

〈働く時間の不確実性への補償賃金〉

米国のいくつかの研究は、就労スケジュールの予測可能性がないことが仕事と生活の調和（ワークライフ・バランス）に負の影響を持つとともに、仕事満足度を低下させることを示している（e.g., Henly and Lambert, 2014; Choper et al., 2022）[12]。そうだとすると、予測可能性の欠如に対しては補償賃

12　ただし、Mas and Pallais（2020）は、スケジュールや場所の柔軟性のある仕事は、平均的には必ずしもファミリー・フレンドリーではないと述べている。

金が必要になる可能性がある。

　就労スケジュールの確実性や柔軟性に対する労働者の支払意思額（WTP）を、実験的手法により定量的に推計する研究も行われている（e.g., Mas and Pallais, 2017; Maestas *et al.*, 2023）。代表例が Mas and Pallais（2017）で、企業がショート・ノーティス（1週間前）で就労スケジュールを決定するのを回避するための WTP は、平均的な労働者で賃金の20％に当たるという数字を示している。そして、柔軟な就労に対する WTP がある労働者がいるにもかかわらず必ずしも労働者がそうした選択ができていないのは、企業にとって働き方を柔軟化するコストが大きいことを示唆していると述べている。Maestas *et al.*（2023）は、米国の顕示選好実験に基づき、就労スケジュールの柔軟性、テレワーク、有給休暇など賃金以外の仕事のアメニティ価値に対する労働者の WTP を推計している。そしてスケジュール設定の自由度は、賃金9％と等価だと推計している。その上で、こうした就労条件の違いを考慮すると賃金だけで見るよりも人種や学歴による格差は大きくなると述べている。

〈日本における就労スケジュールの不確実性〉

　日本では就労スケジュールの不確実性を調査した公的統計はないので、日本の就労者への独自の調査の中で、就労スケジュールの不確実性――①予期せざる残業、②予定していた休暇の急な変更がどの程度あるか――について尋ねた（Morikawa, 2018a 参照）。筆者が調査票を作成し、経済産業研究所（RIETI）が楽天リサーチ（現在は楽天インサイト）に委託して行った「経済の構造変化と生活・消費に関するインターネット調査」である。実施時期は2017年11月で、回答者のうち就労者は6,856人である。

　具体的な質問は、①「あなたは、もともと予定されていなかった残業を急にしなければならなくなることがありますか」、②「あなたは、予定していた休暇を業務上の事情で取ることができなくなることがありますか」で、回答の選択肢は、いずれも「頻繁にある」、「時々ある」、「あまりない」、「全くない」の4つである。

　その集計結果によると（表7-6参照）、予期せざる残業は「頻繁にある」

第 7 章　労働市場における不確実性　　215

表 7-6　就労スケジュールの不確実性 (単位：%)

	(1) 予期せざる残業		(2) 予期せざる休暇中止	
	頻繁にある	時々ある	頻繁にある	時々ある
男女計	14.0	38.3	5.2	23.4
男性	16.3	41.3	6.6	27.8
女性	10.8	34.2	3.2	17.3
正規労働者	18.4	47.2	6.3	28.5
非正規労働者	7.1	27.9	1.9	13.7

(注)　「経済の構造変化と生活・消費に関するインターネット調査」(2017 年 11 月) の回答を集計。N＝6,856 人。

14.0％、「時々ある」38.3％で、過半数の労働者が残業の不確実性に直面している。予期せざる休暇の中止は残業よりは少ないが、それぞれ 5.2％、23.4％である。いずれも女性よりも男性、非正規労働者よりも正規労働者で多く、この表には示していないが、若年層、週労働時間が長い人ほど多い傾向がある。

　予期せざる残業については 2024 年 10 月に同様の調査を行った。その結果によれば、「頻繁にある」という回答は約 10％であり、7 年前の調査よりもやや減少している。ただし、性別、雇用形態など労働者特性別のパタンには変化がない。

　第 2 節で見たように非正規労働者、特に派遣労働者は、企業の需要の不確実性やボラティリティの影響を強く受ける不安定な立場にあるが、一方、就労スケジュールの予測可能性の面では正規労働者がその影響を強く受けている。非正規労働者の雇用不安定性に対する補償賃金が必ずしも観察されないのは、こうした別の不確実性が逆方向に作用しているからかもしれない。

〈不確実性を受け入れるのに必要な賃金の上乗せ〉

　就労スケジュールの不確実性を受け入れるのに必要な賃金の上乗せ (WTA) は、上述した米国の研究のように実験的な手法を用いたわけではないが、仮想的な質問を行った。質問は、「突然の残業があったり休暇取得予定の急な変更を余儀なくされたりする仕事と、そうしたことが全くな

い仕事を比べた時、プライベートな予定が立てにくい前者の仕事は何％ぐらい給与が高ければ受け入れることができますか」で、具体的な数字（％）を尋ねている。その結果によると、WTAの平均値は27.4％で、男性27.0％、女性28.0％と男女差はない（中央値はいずれも20％）。つまり、平均的には不確実な就労スケジュールを受け入れるには20〜30％の補償賃金が必要ということになる。設問や方法が異なるので単純に比較はできないが、米国のMas and Pallais（2017）と近い数字である。

　ただし個人差は大きく、10パーセンタイル値は5％、90パーセンタイル値は50％である。性別、年齢、就労形態、子供の有無といった観測可能な個人特性はほとんど説明力がなく、それ以外の何らかの個人差（選好の違いなど）による。なお、回答者の賃金の情報をもとに推計すると、予期せざる残業に対して若干の補償賃金が現実に存在すると見られるが、労働者のWTAに比べると量的に小さい。

　以上をまとめると、日本の労働市場において就労スケジュールの不確実性は広範に存在する。これは労働者の経済厚生に大きなマイナスとなっており、不確実性自体を軽減すること、それが不可能だとすれば賃金面での処遇を考える必要があることを示唆している。米国のいくつかの都市のように法律的な規制で対応するというよりは、労働力不足が深刻化する中で必要な労働力を確保するため、企業が主体的に取り組むべき課題であろう。

第8章　世界経済の不確実性

　本章は、世界経済の不確実性の動向と関連する研究の現状を概観する。世界全体の不確実性を捉えるさまざまな指標が開発され、グローバルな不確実性ショックが頻繁に発生していることが確認できる。そうした不確実性が国内投資、貿易、対外直接投資など実体経済活動に対してマイナスの影響を与えていることを多くの研究が示している。

　為替レートのボラティリティは、不確実性研究の中でも比較的古くから分析対象になってきたテーマである。為替レートの不確実性が貿易を抑制することを示す研究は少なくないが、意外にもコンセンサスには至っていない。

　米中貿易戦争、英国のEU離脱など主要国の貿易政策自体が不確実性の大きな源泉になっている。世界貿易機関（WTO）や自由貿易協定（FTAs）へのコミットメントが貿易政策の不確実性を抑制する効果を持つことを多くの研究が明らかにしている。最近関心が高い経済安全保障政策は、グローバルな不確実性と密接に関連している。難しい課題だが、コストとレジリエンスのトレードオフの観点から考察する。

　経済活動がグローバル化している中、一国・一地域で生じた不確実性ショックは他国・他地域へのスピルオーバー効果を持つ。特に米国をはじめ大国の不確実性ショックは他国への影響が大きい。

　関税など貿易政策はもちろん、外交・軍事・国際政治といった経済外的なものを含めてグローバルな不確実性を低減すること、また、困難ではあ

るが不確実性ショックが生じたときに各国が協調してその影響を軽減することが重要である。

1. 不確実性が高まる世界経済

〈世界経済の不確実性の動向〉

近年、世界金融危機、英国のEU離脱、米中間の関税率引き上げと報復措置、新型コロナ感染症の世界的蔓延、ロシアのウクライナ侵攻、中東情勢の緊迫化など、再三にわたって世界的に不確実性が高まった。日本自身も、日韓関係や日中関係の悪化に伴う二国間経済関係の先行き不透明化に直面してきた。

そうした中、世界経済全体の不確実性を表すさまざまな指標が開発されている。グローバル経済政策不確実性（Global Economic Policy Uncertainty: GEPU）指数、世界不確実性指数（World Uncertainty Index: WUI）が代表例である。また、国際紛争、安全保障面の不確実性を示す地政学的リスク（Geopolitical Risk: GPR）指数も作成されている。これらはいずれもテキスト分析によって作成された指数である。

GEPU指数は、第3章で解説したEPU指数——新聞報道のテキスト分析に基づく——の主要21カ国のデータを各国GDPで加重平均した月次の指標で、時系列のカバレッジは1997年以降である（Davis, 2016）。もともとの各国EPU指数の性格上、経済政策に関連する不確実性を捉えている。コロナ危機下の2020年5月に最も高い数字になっており、最近も歴史的に見て高水準で推移している。

WUIは、IMFの協力の下、Economist Intelligence Unit（EIU）社が四半期ごとに作成している各国レポートを用いて作成された指標である（Ahir *et al.*, 2022）。EIUのレポートにおける「不確実性」の使用頻度を用いて作られており、143カ国をカバーしている。この指数は湾岸戦争、ユーロ債務危機、英国のEU離脱国民投票、新型コロナといったイベントの際に大きく上昇しており、貿易・金融リンケージが深い先進諸国間での同調性が強い。貿易に特化した世界貿易不確実性指数（World Trade Uncertainty

Index: WTUI）も作成・公表されている。さらに、世界感染症不確実性指数（World Pandemic Uncertainty Index: WPUI）、世界不確実性スピルオーバー指数（World Uncertainty Spillover Index: WUSI）といった関連指標も作成されている。

〈歴史的に見た地政学的リスクの動向〉

GPR 指数は、米国、英国、カナダの主要新聞 10 紙のテキスト分析に基づき、地政学的リスクを数値化した月次の指標である（Caldara and Iacoviello, 2022）。1985 年以降を対象としたベースラインの GPR 指数のほか、1900 年以降、100 年以上の超長期をカバーするデータ系列（GPRH）もあり、第一次・第二次世界大戦時、朝鮮戦争の前、キューバ・ミサイル危機時、米国同時多発テロ事件（9.11 テロ）の後に急上昇している（図 8-1）。

図 8-1 地政学的リスク指数の歴史的動向

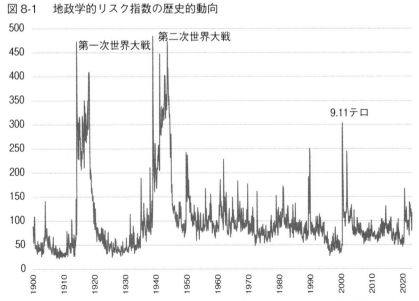

（注） Caldara and Iacoviello（2022）の 1900 年以降の歴史的な地政学的リスク指数（GPRH）。

第二次世界大戦後で最も高い数字を記録した9.11テロと比べても2回の世界大戦期にはるかに高く、しかも長期にわたって高い数字が続いたことが観察できる。超長期で見たときに約80年にわたって世界大戦が起きていないことが、グローバルな不確実性の増大を抑制する上で重要な意味があったことを示唆している。後述するようにこの指数は他の不確実性指数とはかなり性質が異なり、例えば第3章で見た米国EPU指数の超長期系列とも動きが異なっている。

　日本を含む44カ国については国別のGPR指数も作成されている。日本のGPR指数は第二次世界大戦期に非常に高い数字を示し、朝鮮戦争の時にもいくぶん上昇したが、その後は低水準で推移している。

〈グローバル不確実性指数の動向〉

　GEPU指数、GPR指数、WUIの1997年以降の動向を比較したのが図8-2である。WUIに合わせてGEPU指数、GPR指数も四半期の数字にした上で、各指数の水準を揃えるため、期間平均が100になるように補正して描いている。どの指数も時系列的に大きなバリエーションがあるが、各指数の動きにはかなり違いがあり、不確実性の異なる側面を捉えていることがわかる。GPR指数は米国同時多発テロ事件があった2001年Q4、米国主導の有志連合によるイラク攻撃が起きた2003年Q1、そしてロシアのウクライナ侵攻が始まった2022年Q1の3回大きなピークがある一方、コロナ危機時には低水準で推移しており、地政学的リスクを捉えることを目的としたこの指標の性格を反映している。

　GEPU指数はコロナ危機の初期に当たる2020年Q2、WUIは2020年Q1に最も高いピークとなっている。これら2つの指数は米国同時多発テロ事件やイラク戦争の時期にも上昇しているが、GPR指数ほど極端な動きではない。GEPU指数とWUIの相関係数が0.63と比較的高いのに対して、GEPU指数およびWUIとGPR指数の相関係数はそれぞれ0.10、0.22と低い。

図 8-2 グローバル不確実性指標の推移

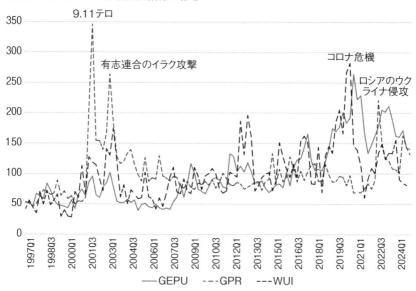

（注）各指数とも表示期間の平均値が 100 になるように作図。GEPU 指数、GPR 指数は月次データの 3 カ月の単純平均を四半期値としている。GEPU 指数は Davis（2016）、GPR 指数は Caldara and Iacoviello（2022）、WUI は Ahir et al.（2022）参照。

〈グローバル不確実性と実体経済〉

　これらの指数と実体経済の関係を分析した研究がいくつかあり、例えばZhang et al.（2023）は、GEPU 指数が原油価格のボラティリティに対する予測力があるという結果を報告している。WUI を開発した Ahir et al.（2022）は、この不確実性指標と 49 カ国の GDP 成長率の関係を時系列モデルで推計し、WUI の上昇は GDP 成長率の低下に先行していることを示している。GPR 指数を開発した Caldara and Iacoviello（2022）は、米国マクロ経済指標との関係をやはり時系列モデルで推計し、地政学的リスクの高さが投資や雇用の減少に先行していることを示している。

　Wang et al.（2024）は、EPU 指数、MU 指数、株価の予想ボラティリティ（VXO）という経済的な不確実性指標をコントロールした上で、GPR 指数と米国上場企業の投資との間に強い負の関係があることを示している。第 1 章で見たように、不確実性は投資に対してリアルオプション効果を通

じた負の影響、Oi-Hartman-Abel 効果による正の効果の両方がありうる。Wang *et al.*（2024）は、この 2 つの効果がいずれも存在することが確認されるが、リアルオプション効果が Oi-Hartman-Abel 効果よりも支配的なので、GPR の全体としての投資への効果は負になると述べている。

　テキスト分析は応用範囲の広い手法なので、最近、企業レベルの貿易リスク指標を作成した研究も現れている。Correa *et al.*（2023）は、上場企業の財務報告のテキスト分析によって企業ごとの貿易不確実性指標を作成し、米国銀行の融資データと組み合わせて米中貿易戦争の影響を分析した研究である。その結果によれば、貿易の不確実性増大は企業への銀行融資を縮小させ、特に銀行融資への依存度が高い企業の投資を減少させた。

　最近、世界的に経済安全保障への関心が高まっており、日本も例外ではない。経済安全保障にはさまざまな要素が含まれているが、サプライチェーン分断のリスクへの対応はその中でも代表的なものである。Ersahin *et al.*（2024）は、米国上場企業の決算会議記録のテキスト分析により、企業レベルのサプライチェーン・リスクを定量化し、このリスク増大への企業の対応を分析している。サプライチェーン・リスクは、サプライチェーンが複数の大陸にまたがる企業、多国籍企業、インプットの供給者が少ない企業で高い傾向がある。そして、企業は国内の供給者との関係確立、産業リーダー企業との関係強化、垂直統合（M&A）によってこのリスクに対処している。

〈不確実性の貿易への影響〉

　第 5 章で見た通り、不確実性は設備投資、従業員の採用、M&A、キャッシュ保有などさまざまな企業行動に影響を与える。ここでは貿易、直接投資といったグローバルな企業活動への影響を扱った研究をいくつか紹介したい。

　前述の WUI を用いた Matzner *et al.*（2023）は、多数国のパネルデータで二国間貿易のグラビティ・モデルを推計し、グローバルな不確実性ショックが貿易フローを減少させることを示している。Nana *et al.*（2024）は、143 カ国のパネルデータで WUI が貿易に与える影響をやはりグラビティ・

モデルで推計し、不確実性の 1 標準偏差増大は二国間貿易を 4.5％減少させるという結果を報告している。

Békés *et al.*（2017）は、フランス企業のデータを用いて海外需要の不確実性が輸出に及ぼす影響を分析している。製品別・相手国別の売上高のボラティリティで測った不確実性が高まるとその製品の当該相手国への輸出が減少し、不確実性が 1 標準偏差高いことは貿易コストが 37％高いことと等価だという結果を示している。不確実性が増大したとき、出荷当たりの数量よりも出荷頻度の減少がより大きく、不確実性に対応して企業が最適な在庫管理行動をとっていることによると論じている。

Greenland *et al.*（2019）は、経済政策の不確実性（EPU）が二国間貿易フローに及ぼす影響を、国別の EPU 指数が利用可能な日本を含む 18 カ国を対象に、グラビティ・モデルで推計したものである。政策の不確実性は貿易額および貿易の有無という外延（extensive margin）に負の影響があるという結果である。Martin *et al.*（2024）は、WUI を使用してフランスの細分化した製品レベルの輸出への影響を分析している。不確実性が高まると新たな国際取引関係が減少しており、やはり貿易の外延への影響が強いことを示している。その上で、相手国企業との取引関係に継続性がある製品——スイッチング・コストが高く、新規の取引相手を見つけるのが難しい製品——では新たな貿易関係の形成が減少するのに対して、取引関係に継続性がない製品では既存の貿易関係の終了が増加しており、貿易取引関係の継続性（relationship stickiness）が不確実性ショックの影響に違いをもたらすと論じている。

不確実性の輸入への影響を扱った例として Novy and Taylor（2020）がある。VXO で測った不確実性ショックに対して、高い固定費を伴う海外からの投入が比例的以上に減少するという結果を示している。これにより国内経済活動以上に国際貿易フローが縮小し、世界金融危機時の「大いなる貿易崩壊（The Great Trade Collapse）」を説明する一助になると述べている。

---

1 グラビティ（重力）モデルは、国際貿易の実証研究で頻繁に利用される推計方法で、二国間の貿易（あるいは直接投資、人の移動）量を、二国間の距離、両国の規模で説明するモデルである。

〈不確実性の直接投資への影響〉

不確実性は貿易だけでなく、直接投資や国際化のモード（貿易／直接投資）の選択にも影響する。政治的不確実性の直接投資への影響の分析として Julio and Yook（2016）の例がある。選挙のタイミングを政治的不確実性の源泉として用いたもので、日本を含む44カ国、183の国政選挙と米国企業レベルの直接投資の関係を推計している。米国企業から海外子会社への直接投資フローは、ホスト国の選挙直前に減少し、不確実性が解消した後に増加する――wait-and-see メカニズムと整合的――ことを明らかにしている。選挙年の直接投資フローは非選挙年よりも 13% 低下するという量的に大きな影響で、選挙が接戦の場合ほど影響が大きいという結果である。

不確実性が貿易と直接投資の選択に与える影響を扱ったものとして、ベルギー企業を対象とした Conconi *et al.*（2016）がある。その結果によると、不確実性の高い国――新規輸出企業の退出率、カントリー・リスクなどで評価――に対して、企業は直接投資で子会社を設立するのに先立ってより長期にわたり輸出を行う傾向がある。政策的には、貿易自由化が直接投資を促進する効果を持つ可能性、また、投資自由化が輸出経験のオプション価値を高めることを通じて輸出を増加させる可能性を指摘している。

以上の通り、不確実性が貿易や直接投資にネガティブな影響を持つことを多くの研究が明らかにしており、グローバルな経済活動を支える上で不確実性の抑制が重要であることを示唆している。

2. 為替レートの不確実性と貿易

〈為替レートの不確実性〉

グローバルな経済活動にとって為替レート変動は不確実性の重要な源泉であり、為替レートの過度な変動は為替市場への政策介入を正当化する根拠とされている。まず、為替レートの不確実性の実態を概観しておきたい。後述するように、為替レートの不確実性に関する研究はボラティリティを代理変数として用いるものが多い。円ドル為替レートを対象に、①企業の

図 8-3 円ドル為替レートの不確実性

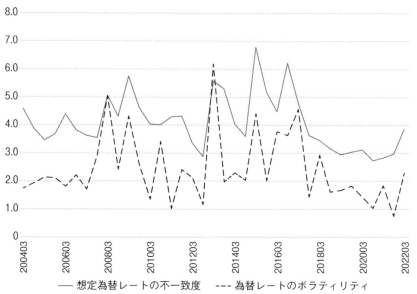

(注) 想定為替レートの不一致度は、「日銀短観」のオーダーメード集計による全産業・全規模の想定為替レート（3月調査および9月調査）の標準偏差。為替レートのボラティリティは円ドル為替レートの日次の為替レート（中心相場）の過去6カ月の標準偏差。単位は円／ドル。

想定為替レートの不一致度（標準偏差）、②ボラティリティの動向を示したのが図 8-3 である[2]。

「日銀短観」は、企業の想定為替レート——事業計画の前提として想定している為替レート——を調査し、想定為替レートを設定している企業の平均値を公表している。筆者は、統計法に基づくオーダーメード集計という形で想定為替レートの不一致度（標準偏差）の計算を依頼した。あくまでも事業計画の前提としての数字であり、直ちに予測為替レートを意味する

---

[2] 為替レートについては、経済成長率、インフレ率のように企業や個人の主観的不確実性を調査した例は少ないが、Mikosch et al.（2024）は、スイスの企業および家計への独自のサーベイの中で1年後のスイス・フランの対ユーロ為替レートが一定の範囲になる主観的確率を尋ねた上で、情報提供によって不確実性を外生的に変化させる実証実験を行っている。

わけではないことに注意する必要はあるが、この不一致度を「日銀短観」の調査時点における為替レートの先行き不確実性の代理変数とみなしている。ボラティリティは日次の円ドル為替レート（日中平均）の 6 カ月間の標準偏差である。この図でボラティリティはヨコ軸の各四半期における過去 6 カ月の実績値をプロットしており、例えば 2022 年 3 月の数字は、2021 年 10 月～ 2022 年 3 月の日次為替レートから計算した標準偏差である。一方、不一致度は調査時点での不確実性を示している。

　想定為替レートの不一致度および為替レートのボラティリティはいずれも時系列的にかなりの変動があり、為替レートの不確実性が高まる局面が時々あることを示唆している。2 つの指標はかなり連動して動いており、両者の相関係数は 0.69 とかなり高い。言い換えると、過去のボラティリティが高いほど企業の想定為替レートの不一致度、つまり先行きの不確実性が高い関係がある。ボラティリティで為替レート予想の不一致度を説明するシンプルな推計を行うと、過去 6 カ月間のボラティリティが 1 標準偏差大きいと、為替レート予想の不一致度が約 0.6 標準偏差大きくなる関係である。

　なお、為替レート予想の不一致度を企業規模（大企業、中堅企業、中小企業）別に計算すると、大企業に比べて中堅企業、中小企業の為替レート予想は不一致度が大きく、企業規模によって為替レート変動への関心や情報収集コストに違いがあることを示唆している。

〈為替レートのボラティリティと貿易〉

　為替レートの不確実性が貿易に及ぼす影響については、かなり古くからボラティリティを説明変数とした実証研究が行われてきた。[3] マクロ経済学的には為替レートは内生変数だが、個々の企業にとっては外生的であり、その不確実性は貿易依存度の高い企業に対して大きな影響を持つ。特に日本では為替レートへの関心が高く、日本のデータを用いた実証研究も多い。

3　為替レートのボラティリティの分析は貿易への影響を扱ったものがほとんどだが、Aghion *et al.*（2009）は、クロスカントリー・パネルデータを使用し、実質為替レートのボラティリティが生産性上昇率に負の影響を持つことを示している。

為替レートのボラティリティが貿易フローに及ぼす影響に関する研究のサーベイ論文（McKenzie, 1999）は、理論的には正／負いずれの可能性もあり、実証研究の結果もまちまち（mixed）だと総括している。ただし、20年以上前のサーベイ論文であり、以下では日本を対象としたもの、または日本を含むものに絞ってその後の研究を取り上げたい。

Bahmani-Oskooee and Hegerty（2008）は、為替レートのボラティリティが日本の対米貿易に及ぼす影響を分析したもので、両国の物価変動率の差を補正した実質為替レート、その1年間のボラティリティで輸出および輸入（対米シェア）を説明する推計を産業別に行った。短期的にはいくつかの産業でボラティリティの影響が見られるが明瞭ではなく、長期的に見ると多くの産業の対米貿易は為替レートのボラティリティの影響を受けていないと結論している。一方、Thorbecke（2008）は、日本を含む東アジア9カ国を対象に二国間為替レートのボラティリティが、東アジアの電子部品貿易に負の影響を持つという結果を報告している。Hayakawa and Kimura（2009）も東アジアにおける為替レートのボラティリティが貿易に及ぼす影響の分析で、東アジア内貿易は他地域との貿易よりも為替レートのボラティリティの影響が大きく、国際的な生産ネットワークにおける中間財貿易への影響がその源泉だとしている。そしてボラティリティの貿易への影響は、関税の影響よりも大きいと述べている。

Baum and Caglayan（2010）も為替レートのボラティリティを不確実性の代理変数として貿易への影響を分析したもので、日本を含む先進13カ国の二国間貿易フローの水準だけでなく貿易のボラティリティも被説明変数としている。為替レートのボラティリティが貿易量と有意な関係を持つケースは少なく、有意な場合にも符号は正／負に分かれているとしている。一方、為替レートのボラティリティは、貿易量のボラティリティと強い関係を持つという結果である。

総じて見ると、為替レートのボラティリティが貿易に及ぼす影響は、依然として確定的とは言えない。先物為替レートの市場が十分に発達しており、貿易に携わる企業が為替レート変動リスクに対してさまざまなヘッジの手段を持っていることが、こうした結果に関係している可能性がある。

〈企業の為替レート予測の不一致度と輸出〉

　筆者は、前述した「日銀短観」のオーダーメード集計データに基づく想定為替レートの不一致度（標準偏差）を企業が直面する不確実性の代理変数として、輸出との関係を分析したことがある（森川, 2015）。為替レートの不確実性が輸出計画に対して負の影響を持つことを示唆する結果だったが、対象期間が2014年9月調査までの約10年間と短かったので、2022年3月調査まで延伸した約20年間のデータを用いて再推計してみた。事業計画の前提となっている円ドル為替レート（想定値）はドル以外の通貨との関係を考慮した実効為替レートではないが、円ドル為替レートと名目実効為替レートの間の相関係数（2004～2022年の月次データ）は0.92と高い。

　被説明変数は「日銀短観」から利用可能な年度半期の輸出実績の前年同期比（％）、主な説明変数は想定為替レートの不一致度で、上半期・下半期の為替レート（水準）の前年同期差をコントロール変数に用いる[4]。サンプルサイズを確保するため、産業（製造業、非製造業）別×企業規模（大企業、中堅企業、中小企業）別の6カテゴリーのデータをプールし、産業×企業規模カテゴリーのダミーを説明変数に含めて推計する。

　推計結果は表8-1である。(1)列はOLS推計であり、想定為替レートの不一致度の係数はマイナスで、為替レートの不確実性が高いとその後半年の輸出が低くなる関係を示唆しているが、統計的には有意でない。コントロール変数の為替レート水準は円ドル為替レートの前年同期差なので、この係数がプラスということは円安になると輸出額が増える関係を意味する。つまり予想される通りの結果である。

　想定為替レート自体が内生性を持つ可能性を考慮し、想定為替変数とレート調査時点の前6カ月間の為替レートのボラティリティを想定為替レートの不一致度の操作変数として推計（二段階最小二乗法〔2SLS〕）した結果が同表(2)列である。この場合、為替レートの不確実性の係数は1％水

4　例えば、2004年3月調査における想定為替レートの不一致度を説明変数とする場合、輸出額および為替レートの前年同期比（実績値）は2004年度上半期（2004年4月～9月）の数字である。

第 8 章　世界経済の不確実性　**229**

表8-1　為替レートの不確実性と輸出

	(1) OLS	(2) 2SLS
想定為替レートの不一致度	-1.712	-3.416***
	(1.208)	(1.110)
為替レート変化	0.489***	0.495***
	(0.122)	(0.109)
Nobs.	216	216
R^2	0.1208	0.1063
First stage		
為替レート・ボラティリティ		0.543***
		(0.037)
F 値		219.6

(注)　「日銀短観」の3月調査および9月調査の産業×企業規模カテゴリーをプール
　　　したデータを用いて推計。被説明変数は輸出額（上半期・下半期）の前年同期比。
　　　対象期間は2004年3月調査～2022年3月調査。カッコ内は産業×企業規模カ
　　　テゴリーでクラスターした標準誤差。***: $p<0.01$。(2)列は過去半年の日次為替
　　　レートのボラティリティを操作変数として使用。

準で有意な負値である。つまり、為替レートの先行き不確実性が高いとそ
の後半年間の輸出が少なくなる関係があることを意味している。

　産業・企業規模のセル単位で集計されたデータによるこのシンプルな推
計から強い結論を導くのは無理があるが、為替レートの先行き不確実性が
企業の輸出に負の影響を持つ可能性を示唆する結果ではある。近年の研究
を含めて総括すると、必ずしも確定的な結論に至っているとは言えないが、
為替レートの不確実性が貿易に負の影響を持つ可能性は否定できない。

3.　貿易政策の不確実性とその影響

〈貿易政策の不確実性と国際通商ルールの役割〉

　近年、英国の EU 離脱、米国の TPP 協定交渉からの離脱、米中間の関
税引き上げ競争など、貿易政策の不確実性を高めるイベントが頻繁に起き
ている。足元では米国のトランプ第2期政権の下で貿易政策をめぐる不確
実性が高まることが懸念されている。そうした中、関税をはじめとする貿
易政策の不確実性の影響を定量的に明らかにする研究が増えている。貿易

政策の不確実性に関する最近のサーベイ論文である Handley and Limão（2022）は、貿易政策の不確実性の源泉、計測方法、その影響の推計について丁寧に整理しており有益である。

それらの研究を通じて、WTO 加盟や FTA への参加などコミットメントを通じた予測可能性の向上、つまり不確実性の低減が貿易や経済成長に寄与することが明らかにされている。この点で、近年、WTO の国際通商ルール形成機能および紛争処理機能が弱体化していることは、貿易政策の不確実性を高めている。

Limão and Maggi（2015）は、WTO ルールをはじめとする貿易協定が貿易政策の不確実性を低減して貿易の利益をもたらすための条件を理論的に分析し、リスク回避度が高いほど、経済が開放的なほど、輸出供給の弾力性が低いほど、経済（産業構造）が特化しているほど、貿易協定締結による不確実性低減の利益が大きいと整理している。そして、貿易コスト低下に伴って、関税率引き下げよりも関税の不確実性低減の効果が相対的に重要になっていると述べている。

関税および貿易に関する一般協定（GATT）以来 WTO ルールの中心になっているのが関税譲許制度である。これは、各国が合法的に賦課できる関税率の上限であり、過去の WTO 交渉を通じて設定されてきたものである。自発的な関税引き下げにより実行関税率は譲許税率を下回っているケースが多いので、その範囲で各国は関税引き上げを行う自由があるが、譲許税率を超えることは認められない。このため、大幅な関税引き上げが行われるリスクを低減する機能を持つ仕組みである。非関税障壁やサービス貿易についても、WTO ルールにコミットしていることで、貿易制限強化のリスクが抑制されている。

WTO 譲許税率が不確実性を低減する効果については、Handley（2014）、Jakubik and Piermartini（2023）といった研究例がある。Handley（2014）は、貿易政策の不確実性が輸出に及ぼす影響を理論的に分析するとともに、オーストラリアの製品レベルの輸入データで実証分析したものである。譲許税率と異なり実行関税率には引き上げられる可能性（＝不確実性）があることに着目し、貿易政策の不確実性は輸出のサンクコストとリアルオプシ

ョン効果のため輸出企業の海外市場への参入を遅らせ、実行関税率への反応を弱めることを指摘している。その上でWTOの譲許税率へのコミットメントという不確実性を低減する政策は、企業の輸出参入を促進すると述べている。Jakubik and Piermartini（2023）は、WTO加盟国の譲許税率のデータを使用し、譲許税率へのコミットメントが輸入ショックに対して関税引き上げで対応する確率を低下させていることを示している。

アンチダンピング（AD）関税も貿易政策の不確実性の源泉である。WTOルール上認められた制度ではあるが、輸出相手国がAD関税を賦課するかどうかには不確実性がある。Crowley *et al.*（2018）は、中国の通関データを用いた分析により、輸出企業の製品がAD関税賦課の対象となった場合、それ以外の国の貿易政策にも不確実性が生まれる結果、その企業は新たな外国市場への輸出を控え、既存の外国市場から退出する傾向があるという結果を報告している。

貿易政策の不確実性は、貿易や直接投資だけでなく国内経済にも影響する。Caldara *et al.*（2020）は、上場企業の四半期決算報告、新聞報道、関税率データから3種類の貿易政策不確実性（TPU）指標を作成し、それらが米国企業の国内での投資に対して負の影響を持っていることを示している。貿易政策の不確実性の実体経済活動への負の影響についてはコンセンサスがあると考えてよいだろう。

〈中国の WTO 加盟による不確実性低下〉

WTOの不確実性低減効果については、2001年の中国のWTO加盟を対象とした研究が多数行われている。特に、中国のWTO加盟に伴って米国が恒久的な正常な貿易関係（Permanent Normal Trade Relations: PNTR）を中国に付与し、関税が引き上げられるという不確実性が消失したことに着目した研究が多い（e.g., Pierce and Schott, 2016; Handley and Limão, 2017; Feng *et al.*, 2017）。

1980年以来、米国は中国に最恵国待遇（Most Favored Nation: MFN）を継続的に与えてきたが、毎年、議会の承認を得て更新する必要があったため、議会で承認されない場合にはスムート・ホーリー（Smoot-Hawley）関

税の水準まで大幅に引き上げられる可能性が常に存在した。もともとのスムート・ホーリー関税法は、世界恐慌下の1930年に成立した法律で、高関税率が世界貿易の縮小をもたらしたことが指摘されている。PNTRにより最恵国待遇が恒久化したことで、この不確実性が消失したわけである。

この結果、WTO加盟後に中国の対米輸出が急増し、Handley and Limão（2017）は、不確実性低下が米国の消費者に及ぼしたプラスの効果は関税の恒久的な13％引き下げに匹敵すると試算している。Pierce and Schott（2016）は、米国製造業雇用への影響を計測し、この政策の影響が大きかった業種ほど中国からの輸入が増加し、大きく雇用が減少したという結果を示している。Feng *et al.*（2017）は、細かく定義した製品レベルの市場でのダイナミクスを見ると、貿易政策の不確実性の低下により企業の参入・退出が活発化し、低価格・高品質の製品の企業が輸出市場に参入する一方、低品質製品の企業が退出するという正の再配分効果を持ったことを示している。

以上は米中二国間貿易に焦点を当てた研究だが、Suwanprasert（2022）は、米国の中国への恒久的な最恵国待遇付与による貿易政策の不確実性解消が、貿易創出効果と貿易転換効果を通じて他国の対米輸出に与えたスピルオーバー効果を計測し、オーストリア、日本、台湾を除く多くの国の輸出に正のスピルオーバー効果を持ったという結果を示している。このほかLiu and Ma（2020）は、米国の貿易政策の不確実性低減が中国企業のイノベーションに及ぼした効果を推計し、特許出願数を有意に増やす効果を持ったとしている。

Handley *et al.*（2024）は、貿易政策の不確実性（TPU）が企業の（中間財）輸入の意思決定に及ぼす効果を分析した研究で、中国のWTO加盟後、中国企業が過去に高関税となるリスクのあった海外の中間財を採用するようになったことを示している。中国のWTO譲許関税へのコミットメントが中国自身の輸入の選択肢を広げる効果を持ったわけである。

〈自由貿易協定による不確実性の低減〉

WTOと同様、二国間や複数国間の貿易協定（Preferential Trade

Arrangements: PTAs）も、コミットメントを通じた不確実性低減効果を持つと考えられる。そうした研究の例として、ポルトガルの EU 加盟を対象とした Handley and Limão（2015）、米国の PTAs を対象とした Carballo *et al.*（2022）が挙げられる。Handley and Limão（2015）は、ポルトガルの EC 加盟による EC の貿易政策の不確実性低下は、企業の輸出への参入および輸出額増加の大きな部分（それぞれ 61%、87%）を説明するという推計結果を示している。

Carballo *et al.*（2022）は、米国企業の品目レベルの貿易取引データを使用し、需要の不確実性が企業の輸出ダイナミクスに与える影響、また、貿易協定がそれを軽減する役割を分析した。世界金融危機後の世界貿易急減（The Great Trade Collapse）の際、米国との貿易協定がない非最恵国への輸出の伸びが輸出を行うかどうかという外延で大きく減少したことを示している。そして、WTO 加盟国であるだけでなく PTAs があることが、貿易戦争の脅威に対する保険機能を持つと論じている。

Inada and Jinji（2023）は、サービス貿易に関する条項を含む日本の地域貿易協定（Regional Trade Agreements: RTAs）を対象に直接投資への効果を分析したものである。RTA の締結が、ホスト国における国内規制などの政策的不確実性を低下させ、日本企業のサービス分野での直接投資の外延（新規進出）と内延（出資比率）の両面で正の効果を持ったという結果を示している。また、Inada and Jinji（2024）は、日本の国際投資協定（International Investment Agreements: IIAs）が政策不確実性の低減を通じて日本企業の対外直接投資に正の効果を持ったことを示している。

以上のように、WTO だけでなく二国間貿易協定も不確実性を低減し、貿易や直接投資を拡大する効果を持っている。グローバル貿易分析プロジェクト（Global Trade Analysis Project: GTAP）など多数国モデルによる RTA の経済効果の試算では考慮されないことが多いが、実際には不確実性低減による追加的な経済効果があることを示唆している。

〈英国の EU 離脱の貿易への影響〉

英国の EU 離脱（ブレグジット：Brexit）は大きな貿易政策ショックだ

ったが、特に 2016 年 6 月の国民投票は接戦で、結果がどちらになるかわからなかった典型的な不確実性ショックだった。また、離脱後に EU との間でどのような貿易政策の枠組みになるのかについても不確実性が高い状態が長く続いた。このため、ブレグジットによる EU との間の貿易・投資障壁増大の直接的な影響だけでなく、貿易、マクロ経済、企業行動などに対する不確実性の影響について活発に研究が行われ、多数の論文が公刊されている。

　EU から離脱することによって、関税をはじめ英国・EU 間の貿易障壁が高まるから貿易にマイナスの影響が生じるのは当然予想されるが、それに加えて離脱するかどうかの不確実性が企業の「様子見」行動などを通じて貿易に対して追加的な影響を持つ可能性がある。この点に関する研究として Steinberg（2019）、Graziano *et al.*（2021）、Tamberi（2024）といった例がある。

　Steinberg（2019）は、動学的一般均衡モデルを用いてブレグジット後の貿易政策の不確実性のインパクトを定量的に分析した。英国の EU との貿易が大きく減少するとともに、英国家計の経済厚生を低下させるが、このうち不確実性に起因する部分は 4 分の 1 以下だとしている。Graziano *et al.*（2021）は、国民投票の結果に対する予測市場での日次の価格（PredictIt. org）をブレグジット確率の情報として使用し、ブレグジット確率の上昇が英国と EU の間の貿易量、製品レベルの輸出参加を減少させる効果を持ち、この影響は貿易政策リスクが高い製品ほど大きいことを示している。Tamberi（2024）は、ブレグジット国民投票後の貿易政策の不確実性——EU との間での最恵国待遇関係が失われるリスク——が、企業の英国への輸出プラットフォーム投資に負の影響を持ったとしている。

　英国はサービス輸出のシェアが非常に高い国なので、サービス貿易への影響に着目した分析も行われた（e.g., Douch and Edwards, 2021; Ahmad *et al.*, 2023）[5]。Douch and Edwards（2021）は、ブレグジットのアナウンスメント・

5　新型コロナ前の 2019 年の英国の輸出に占めるサービス輸出の割合は 48％で、世界全体の数字（27％）よりもずっと高い（WTO 統計より計算）。

第 8 章　世界経済の不確実性　235

ショックが英国のサービス輸出に及ぼした影響を、他国の輸出を比較対照群として使用するシンセティック・コントロール法で推計し、国民投票以前からすでに EU 離脱への懸念によって英国のサービス輸出が減少したことを示している。Ahmad *et al.*（2023）は、予測市場におけるブレグジット確率を考慮したグラビティ・モデルを推計し、ブレグジット確率の上昇が英国のサービス貿易量および貿易参加に対して大きな負の影響を持ったとしている。

〈ブレグジットのマクロ経済、企業行動・企業業績への影響〉

　英国の EU 離脱がマクロ経済に及ぼす影響についても多くの研究が行われている。Born *et al.*（2019）は、ブレグジット国民投票を自然実験としたシンセティック・コントロール法による分析で、英国 GDP を 1.7 ～ 2.5％低下させたと推計している。ただし、影響の大きな部分は離脱という投票結果に伴う期待成長率の下方改定によるもので、不確実性の高まりの影響は限定的だとしている。Faccini and Palombo（2021）は、ブレグジット国民投票後の英国経済について不確実性の観点からモデルに基づく定量的な試算を行い、GDP を 4.5 ～ 7.6％、TFP を 1.1 ～ 2.0％押し下げる効果だとしている。そして、将来のファンダメンタルズに関する不確実性の予想される持続期間が長いことが影響していると解釈している。これらのほか国民投票に伴う保護貿易拡大のリスクが輸入物価を上昇させる効果を持ったとする研究（Graziano *et al.*, 2024）、ブレグジットの不確実性がポンド為替レートの減価をもたらしたことを示す研究（Manasse *et al.*, 2024）がある。

　企業レベルの分析としては、Bloom *et al.*（2019）、Hassan *et al.*（2024）が挙げられる。Bloom *et al.*（2019）は、英国企業を対象とした月次パネル調査（Decision Maker Panel: DMP）を使用した分析である。DMP はブレグジットの主観的不確実性、売上高、雇用、投資、価格に関する主観的予測を調査している。そして、英国の EU 離脱プロセスが企業の主観的不確実性を大きくかつ持続的に高め、企業の投資・生産性を押し下げたことを示している。Hassan *et al.*（2024）は、世界の上場企業の四半期決算説明のテキスト分析によってブレグジットの直接の影響度とその不確実性の 2 つの指

標を作成し、ブレグジットへのエクスポージャーが企業価値、投資、雇用に与えた影響を計測したユニークな研究である。ブレグジットの影響は英国企業、欧州企業にとどまらず、ブレグジットの不確実性へのエクスポージャーが高い企業は市場価値を大きく低下させ、従業員の採用および投資を減少させたことを示している。

　以上のように、英国の EU 離脱は、国民投票の前からどういう結果になるのかが予測困難で、その後も離脱のタイミング、EU との間での新たな貿易協定の枠組みをめぐって長期にわたって貿易政策の不確実性をもたらした。量的にはともかくブレグジットの不確実性が貿易、投資、生産性などに負の影響を持ったことを多くの研究が明らかにしている。

〈国際紛争と不確実性〉

　近年の米中貿易戦争もグローバルな不確実性を高めた。例えば、Benguria *et al.*（2022）は、中国上場企業の年次報告のテキスト分析により企業・年次ごとの貿易政策不確実性（TPU）指標を作成し、米中貿易戦争の激化に伴う TPU 増大が中国企業に及ぼした影響を分析した。米国の関税引き上げおよび中国の報復的な関税引き上げが企業レベルの TPU を高め、中国企業が投資、研究開発、利益を減少させたことを示している。

　貿易政策だけでなく、軍事衝突や領土紛争もグローバルな不確実性を高めるイベントである。第 1 節で紹介した地政学的リスク（GPR）指数はそうした不確実性を定量化したものである。日本に関連する研究として Luo *et al.*（2022）の例があり、2012 年の反日デモをきっかけに尖閣諸島をめぐる日中領土紛争が激化したという予期せざるイベントを対象とした研究である。日本企業の中国子会社のパネルデータを用いた分析結果は、この不確実性ショックが日本企業子会社の中国からの撤退の要因になったことを示している。

〈不確実性と経済安全保障〉

　貿易政策や地政学的な不確実性が高まる中、経済安全保障への関心が高くなっている。日本では 2022 年に経済安全保障推進法（経済施策を一体

的に講ずることによる安全保障の確保の推進に関する法律）が制定され、①重要物資の安定的な供給の確保、②基幹インフラ役務の安定的な提供の確保、③先端的な重要技術の開発支援、④特許出願の非公開の制度が整備された。

　経済安全保障は古くからの政策課題で、石油やレアメタルの備蓄、食料自給率向上などの取り組みが行われてきたが、最近は製造業のグローバル・サプライチェーンや高度技術貿易への注目度が高い[6]。さまざまな原材料や中間財を対象として、生産の国内回帰（「リショアリング」）、供給相手国の多様化、友好国間での供給網を構築する「フレンド・ショアリング」を図ろうとする企業・政府も多い。特に経済的重要性が高い半導体では、日本を含む多くの国が国産化を支援する政策をとっている。新型コロナを契機として日本企業がサプライチェーン途絶のリスクに備えて中間財在庫を増やしており、特に中国からのサプライチェーン途絶を経験した企業で顕著なことを示す研究がある（Zhang and Doan, 2023）。

　グローバル・サプライチェーンのレジリエンス向上のため、供給相手国の多角化や国内生産を促進する社会的に最適な政策を理論的に分析したGrossman *et al.*（2023）は、民間企業自身が生産工程の途絶を回避する対応策をとるインセンティブがあることを強調し、レジリエンス向上投資が過剰になる可能性もあることを指摘している。

　経済安全保障は不確実性と密接に関連している。国際貿易の途絶には、確率は低いが発生した場合の影響が大きいテールリスク、ないしそもそも発生確率自体が想定しがたい「純粋の不確実性」という性格があり、非常に政策対応の難しい課題である。海外との貿易途絶が及ぼす経済的インパクトを、グローバル・サプライチェーンに着目して試算する研究が行われており（e.g., Inoue and Todo, 2022; Fujii, 2024）、そうした研究を精緻化していけば、貿易途絶などの事態が発生したときのコスト（被害）はある程度の精度で予想できるだろう。

6　通商産業省（現・経済産業省）の産業構造審議会総合部会経済安全保障問題特別小委員会は、今から40年以上前の1982年に「経済安全保障の確立を目指して」という報告書をまとめ、これを受ける形でレアメタルの国家備蓄制度が導入された。

しかし、事態が発生する確率や発生した場合の持続期間を予測するのはきわめて困難である。発生確率が0.01％なのか10％なのかで最適な政策は当然異なるはずだが、確率がわからないとすれば費用対効果の観点から判断するのは不可能である。客観的な発生確率を計算するのが不可能だとすれば、企業や国民の主観的リスクを定量的に把握して政策決定の参考にするのが1つの方法かもしれない。

同時に、経済安全保障に限ったことではないが、規制的な政策手段を用いる場合、規制の対象範囲など法令の解釈や運用における不透明性——政策不確実性——が企業活動を萎縮させるおそれがあることにも注意する必要がある[7]。

グローバル・サプライチェーンのリスクへの適切な対応策について、Baldwin and Freeman（2022）は対応するコストとレジリエンスの便益との間でのトレードオフという観点から整理している。国産化などグローバル・サプライチェーンのリスク自体を低下させようとする政策は慎重な検討が必要だとして、在庫拡大、情報の充実とサプライチェーンの透明性向上、マクロ経済政策などさまざまな対応策を挙げて考察している。

4. 不確実性の国際的スピルオーバー

〈不確実性の国際的同調性〉

世界各国の不確実性は同調した動きを示すことが多い。同調性をもたらすメカニズムとしては、①世界共通の不確実性ショックの存在、②特定の国・地域の不確実性ショックの他国への波及の2つがありうる。新型コロナは前者の代表的な例である。一方、グローバル化した経済において、一国や地域の不確実性ショックは、貿易・投資関係、金融市場などを通じて国際的にスピルオーバーする。前述したブレグジットの不確実性の影響は、当事国である英国とEU以外にも波及していた（e.g., Graziano *et al.*, 2020;

---

7 経済安全保障推進法は、「この法律の規定による規制措置は、経済活動に与える影響を考慮し、安全保障を確保するため合理的に必要と認められる限度において行わなければならない」（第5条）と規定している。

Hassan *et al.*, 2024）。不確実性の国際的な波及は、特にグローバル・サプライチェーンに参加している企業に大きな影響を与える。

　こうした中、不確実性の国際的な同調性、波及の強さや経路などに関する研究が進展してきた。グローバルな不確実性と各国の不確実性の関係についての研究として、世界不確実性指数（WUI）を用いた先述の Matzner *et al.*（2023）のほか、Berger *et al.*（2016）、Mumtaz and Theodoridis（2017）といった例がある。Berger *et al.*（2016）は、日本を含む OECD20 カ国を対象に、経済成長率の不確実性に関するグローバルな指標と各国特殊的な指標を算出し、グローバルな不確実性が多くの国のマクロ経済に大きく影響している一方、各国固有の不確実性の影響は小さいという結果を示している。Mumtaz and Theodoridis（2017）は、マクロ経済・金融の諸変数のボラティリティを各国特殊的な不確実性と各国共通の要素に要因分解し、各国共通の不確実性の重要性が大きいこと、ボラティリティのクロスカントリーでの同調関係が時間とともに増大していることを示している。

〈米国の不確実性の他国への波及〉

　不確実性のスピルオーバーに関する研究も多数にのぼっており、いくつか例示したい。Mumtaz and Theodoridis（2015）は、米国のボラティリティ・ショック（＝実体経済の不確実性）が英国経済に及ぼす影響を推計し、GDP にマイナス、物価（CPI）にプラスの影響があることを示している。つまり供給側のショックという性質を持っていると解釈し、外国からの不確実性ショックに金融緩和政策で対処するのは、インフレと生産のトレードオフのため難しいと述べている。Bhattarai *et al.*（2020）は、米国の不確実性（VIX）ショックの新興諸国（15 カ国）経済へのスピルオーバー効果を推計した。米国の不確実性ショックは新興諸国の株価や為替レートにマイナスの影響を持ち、カントリー・スプレッドを高め、資本流入を減少させ、生産と CPI を低下させるという結果である。

　Lastauskas and Nguyen（2023）は、金融政策のボラティリティ（不確実性）ショックのグローバルな影響を、米国と他の 32 カ国（日本を含む）のデータで分析した。米国金利の不確実性は強いグローバルな影響を持ち、世

界景気を同調させる要因になっていることを示している。これに対して、EUの金融政策不確実性の他国へのスピルオーバー効果は確認されず、米ドルの準備通貨としての機能、米国経済の金融センターとしての特別な位置を示唆していると論じている。

〈政策不確実性の国際的波及〉

第3章で解説した経済政策不確実性（EPU）指数は、いくつかの国の指標が利用可能なので、これを用いた研究も多い。Colombo（2013）は、米国とユーロ圏のEPU指数がユーロ圏のマクロ経済に及ぼす影響を推計し、米国EPUの影響がユーロ圏固有のEPUショックの影響よりも2倍以上大きいとしている。Netsunajev and Glass（2017）は、EPU指数と金融市場の不確実性指標（米国のVIX、ユーロ圏のVSTOXX）の両方を含めて失業への影響を分析し、米国の不確実性ショックは米国およびユーロ圏の労働市場に影響しているが、ユーロ圏の不確実性ショックの影響は小さいという結果を示している。Klößner and Sekkel（2014）は、先進6カ国を対象にEPU指数自体のスピルオーバーを推計し、EPUの国際的スピルオーバーが各国EPUの動向に大きく寄与しており、米国と英国からのスピルオーバーが大きいという結果を示している[8]。Balli et al.（2017）は、日本を含む16カ国のEPU指数の国際的スピルオーバーを規定する要因を分析した。貿易関係、共通言語といった二国間関係が、スピルオーバーを媒介する上で重要な役割を持っているという結果である。

Belke and Osowski（2019）は、OECD18カ国（日本は含まない）を対象に、EPUショックのグローバルな効果を推計した。EPUはその源泉となった国だけでなく国境を越えて大きな影響を持つこと、海外のEPUショックに対する各国経済の反応には高い同調性があることを示している。Bernal et al.,（2016）は、ユーロ圏の中心国や大国の政策不確実性が、特定国のソブリン・スプレッド危機のユーロ圏全体の債券市場への拡散を増幅してお

---

8 Klossner and Sekkel（2014）の推計結果を見ると、日本は他国のEPUのスピルオーバーを受ける度合いが小さい。

り、中心国が政策不確実性を低減することがユーロ圏全体にとって重要だと論じている。

　以上のように、不確実性ショックが国際的に波及することを多くの研究が示しており、特に米国など大国における不確実性ショックの他国へのスピルオーバーが大きい。トランプ大統領の下でマクロ経済政策、貿易政策、環境政策など多くの政策が不連続的に変化すると見られ、政策がどう変わるのか、あるいは変わらないのか不確実性が高い。米国における各種政策の不確実性は、貿易・投資関係や国際金融市場を通じて多くの国に波及すると考えられ、もちろん日本も例外ではない。海外における不確実性増大に対して個々の国ができることには限界があり、各国政府が協調して対応することが必要になる。

終章　不確実性への対応

〈不確実性研究の含意〉

金融危機、パンデミック、大規模自然災害、国際紛争など不確実性を高めるイベントが頻繁に発生している。不確実性の経済分析の歴史は長いが、世界金融危機を契機に研究者の関心が一段と高まった。そうした中で不確実性を定量的に捉える手法の開発、データの整備が進み、さまざまな不確実性指標が利用できるようになってきた。不確実性の経済分析の進展を通じて、不確実性の実態・動向、その経済的影響などについて多くのことがわかってきた。最近は政府・中央銀行の文書や新聞報道にも「不確実性」という単語が頻繁に登場するようになっている。

不確実性は時折大きく高まっており、おそらく今後もたびたび想定外の不確実性ショックが発生するだろう。不確実性増大の源泉は多様で、自然災害、パンデミック、テロ、軍事衝突、選挙や政権交代など経済にとって外生的なイベントが端緒となることが多いが、金融危機、財政不安など経済内的な原因から生じることもある。また、政府の政策自体が不確実性を高めることも少なくない。

2024年秋の日本の総選挙、米国の大統領選挙に象徴されるように、事前の予測が難しい選挙が増えている。日米に限らず国民の支持獲得のためにポピュリスト的な政策が打ち出されることも多くなっており、選挙が政策の不確実性をもたらす大きな要因になっている。

理論的には不確実性が企業行動に与える効果にはプラス／マイナスの両

方がありうるが（第 1 章）、実証研究の多くは不確実性が「リアルオプション効果（wait-and-see メカニズム）」、「予備的動機」などを通じて企業や家計の積極的な行動を抑制し、マクロ経済にもネガティブな影響を持つことを示している。企業を対象とした研究は、設備投資だけでなく M&A 活動や新規従業者採用の抑制、解雇コストの低い非正規雇用の増加、キャッシュ保有の積み増しなど、不確実性のさまざまな影響を明らかにしている（第 5 章、第 7 章）。家計に対しては予備的動機に基づく貯蓄増加、結果としての消費抑制効果を示す研究が多く、株式などリスク資産保有比率の低下という形でのポートフォリオ・リバランシングを示す研究もある（第 6 章）。グローバルな不確実性増大は、貿易や対外直接投資を抑制するだけでなく国内経済活動にも負の影響を持っている。また、国際金融市場やグローバル・サプライチェーンを通じて不確実性ショックは国際的に伝搬する（第 8 章）。

　これまでの各章では、マクロ経済、経済政策、企業、家計、労働市場、世界経済といういくつかの切り口から最近の研究を鳥瞰するとともに、不確実性の動向やその影響に関する実証的なエビデンスを紹介してきた。各章を通じて、①不確実性の計測、②不確実性の影響、③不確実性への対応という視点から考察してきたが、本書の結びとして、不確実性にどう対処するべきなのか、各章横断的にこれまでの議論を総括したい。

〈不確実性への対応のあり方〉

　不確実性ショックに直面した企業や個人が、動かずに様子を見る（wait-and-see）という反応をすること自体は、当事者にとっては将来の意思決定におけるオプション（選択肢）を持つ上で合理的な行動である。しかし、マクロ経済に対しては、合成の誤謬を通じてショックの影響を増幅する可能性がある。保険制度を活用するなど企業や家計があらかじめ自発的に準備できるタイプの不確実性もあるが、個々の経済主体のレベルでは対処できないことも多い。

　他方、不確実性が高まった状況においては、金融緩和、一時的な減税といった標準的なマクロ経済政策に対する経済主体の反応が弱くなり、政策

の有効性が減殺される（第2章）。不確実性ショック自体がグローバルな場合、また、大国における不確実性の国際的なスピルオーバーのため、一国での政策対応には限界がある（第8章）。つまり、政府のレベルでも不確実性への対応にはさまざまな制約や難しさがある。

しかし、その経済的影響の大きさに鑑みると、できることに取り組む必要がある。例えば、フランク・ナイトは、不確実性を低減するための方法として、「科学的な調査や必要な情報を蓄積し、それを研究することを通じて未来についてのわれわれの知識を増やすこと」、「さまざまな仕方で組織を大規模化することによって、不確実性（に対処する権限）をまとめること」、「未来に対するコントロールを増大させること」を挙げている（Knight, 1921）。

その整理とは異なるが、以下では不確実性への対応のあり方について、①不確実性ショック発生の回避、②不確実性の影響を軽減する仕組み、③不確実性のモニタリングと予測技術の向上の3つに分けてまとめてみたい。

〈不確実性ショック発生の回避〉

第一は、不確実性ショックの発生自体をできるだけ回避・抑制することである。そのために政府自身ができる最も重要なことは、「政策の不確実性」を低減することである。第5章でも触れたが、不確実性理論の代表的な研究書である Dixit and Pindyck（1994）は、「不必要な不確実性を低減・除去することは、投資を促進する上でおそらく最善の政策である」、「代替策をめぐっての長々とした政策論争がもたらす不確実性は、深刻な投資抑制効果を持つ可能性がある」と述べている。本書では、財政・金融政策、社会保障制度、労働市場制度、公的規制などの政策不確実性とその影響を取り上げてきた（第3章）。中長期的な視点からの安定的な制度設計、政策・制度の運用についての予測可能性を高めることが望ましい。

金融政策については、その不確実性がリアルオプション効果および金融摩擦効果によりクレジット・スプレッドを拡大し、企業の投資を減少させることがわかっており、適切な「市場との対話」を通じて不必要な不確実性ショックを生まないことが重要である。財政政策に関しては、日本の政

府債務対 GDP 比は主要国の中でも突出して高水準にあり、これが将来の不確実性ショックの潜在的な源泉となっていることに注意する必要がある。関連して、中立的でクレディブルなマクロ経済見通しを示すことも政府の重要な役割である。

グローバルには、WTO をはじめとする国際ルールへのコミットメントが貿易政策の不確実性低減に寄与することを、多くの研究が明らかにしている（第 8 章）。主要国間の対立により弱まっている国際ルールの実効性を回復する努力を続けることが必要である。厄介なことに各国国内における党派対立、世界的には国際紛争、軍事衝突、テロといった政治的な要素が経済的不確実性の大きな源泉になっている。歴史的に振り返ると、二度の世界大戦時における不確実性の増大は際立っており、約 80 年の間世界大戦が起きなかったことの意義は大きい。国際連合の安全保障理事会が機能不全に陥っていることは、グローバルな不確実性を高める一因になっている。これらの点への具体的な対応策は本書の射程を超えるが、国内政治および国際関係の安定化が不確実性ショックの発生を抑制するのに寄与することは間違いない。

〈不確実性の影響を軽減する仕組み〉

第二に、不確実性が高まったときにショックが増幅しない仕組み、不確実性ショックの実体経済への影響を緩和する政策をあらかじめ準備しておくことである。大規模自然災害やパンデミックなど想定外の不確実性ショックが発生すること自体は避けがたく、緊急避難的な政策を迅速にとることが必要になる。他方、企業や家計への助成措置が過大になったり長期化しすぎたりすると、その後の経済回復を遅らせる弊害が生じることにも注意する必要がある。緊急時の政策は国民やメディアの注目度が高く、費用対効果や副作用を度外視した政策がとられることも少なくない。世界金融危機、コロナ危機をはじめとする過去の不確実性ショックへの政策対応の有効性や副作用を事後評価し、将来の政策への教訓を得ることが重要である。そして不確実性を高めるようなショックが生じたときの影響を緩和する仕組みを、冷静な議論ができる平時にできるだけ整えておくことが望ま

しい。

　ショックが発生した後の緊急対応に比べて、その影響を抑えるための事前の取り組みはあまり注目されないが、例えばコロナ危機が株式市場など金融面の不安に転化するのを回避できたのは、世界金融危機の経験を踏まえて各国中央銀行が協調してとった迅速な対応が寄与したと考えられる。個々の企業レベルでも事業継続計画（Business Continuity Plan: BCP）の策定をはじめ事前に準備しておくことで、ショックの影響を軽減する余地は大きい。

　各種の保険制度や先物市場の充実・活用は市場メカニズムを用いた典型的なリスク対応の手法であり、昔に比べて不確実性に対処する仕組みは進歩している。そもそも有限責任の株式会社という制度も、不確実性に対応するために生み出された長い歴史のある仕組みと言える。ただし、リスクの市場は不完全であり、特にテールリスクやナイト流不確実性のように保険市場が成立しにくい事象の場合、政府が最終的なよりどころとならざるをえない。今後もたびたび起こりうる想定外のショックに対する政府の対応余力を確保しておくため、平時に財政の健全性を確保しておくことも重要である。

　不確実性が投資や雇用に与える影響の大きさには、設備投資や労働者採用における不可逆性が関わっている。マッチング技術の向上によって設備の中古市場での流通、労働者の企業間での移動が円滑になれば、不可逆性自体を低減することを通じて不確実性ショックが起きたときの実体経済への影響を軽減できる可能性もある。

〈不確定性のモニタリングと予測技術の向上〉

　第三は、不確実性の恒常的なモニタリングと将来予測技術の向上である。再三述べてきた通り、不確実性を定量的に捕捉する技術は進歩しており、リアルタイムに近い不確実性指標も存在する。そうした指標を活用して、国内だけでなくグローバルな不確実性の動向をモニタリングすることが重要である。

　日本には欧米主要国で行われているような企業や家計を対象として主観

的不確実性（確率的予測）を尋ねる高頻度の公的統計が存在しない。政府の統計人材の制約はあるが、不確実性を的確に把握する上でそうした調査を行うことも検討する余地があるだろう。

　歴史的に振り返れば、マクロ経済変動や自然災害などを予測するのに必要なデータは格段に増えており、予測技術もかなり進歩している。予測精度が向上するならば、定義上不確実性は減少する。地球温暖化問題が深刻化する中、大規模自然災害が今後さらに増加するおそれがある。気象予測技術の向上は、自然災害が経済厚生に与える影響を軽減するのに寄与する[1]。コロナ危機の教訓の1つは、早期にランダムな検査を行うことが重要だったという点である。それができれば感染症拡大の予測に必要なパラメーターをより高い精度で得られ、結果として不確実性を低減できるからである。

　最近急速に利用が広がっている人工知能（AI）は、「予測技術」という性格を強く持っている（Agrawal *et al.*, 2019）。AIの有効性は学習のための大量のデータの利用可能性に依存するので決して万能ではなく、全く新しいタイプの不確実性ショックを予測するのはおそらく難しい。しかし、こうした予測技術の高度化と利用拡大は、将来予測の精度向上、ひいては不確実性の低減につながる可能性がある。

1　例えば、Molina and Rudik（2024）は、米国における台風の予測精度向上が被害減少に大きく寄与しており、費用対効果が高い投資であることを指摘している。

おわりに

　本書は、不確実性に関する近年の経済分析の急速な進展を踏まえつつ、日本経済における不確実性の動向やその影響・対応策について、筆者自身の調査研究の成果を含めて鳥瞰してきた。「不確実性」は日常用語としても使われる言葉だが、本書は経済学的な定義や分析枠組みに基づいて考察してきた。

　筆者はこれまで生産性の実証分析を中心とした研究を長く続けてきており、不確実性というテーマは専門分野から外れているように見えるかもしれない。しかし、生産性を研究する中で、マクロ経済や政策の不確実性が生産性や経済成長に大きく影響していることを強く認識するようになった。企業や事業所のミクロデータを用いたサービス産業の実証研究では、生産性のクロスセクションでの分散や時系列でのボラティリティに着目した分析を行ってきたが、この点は不確実性の計測とも方法論的に深く関連している。

　また、経済産業研究所（RIETI）という組織のマネジメントに長く携わる中で、政治の不安定性や制度・政策の先行き不透明感が組織の現場における意思決定に深刻な影響を及ぼすと感じてきたことも、研究の動機となっている。そうした問題意識の下、この10年ほど統計データや独自の調査を利用して不確実性に関する実証分析を行ってきた。

　もともと本書を構想したのは今から5年前の2019年秋に遡る。それま

でに筆者が公刊してきたいくつかの学術論文をベースとして、実務者にもアクセスしやすい邦文書籍の形に再構成して2020年中に刊行する計画だった。しかし、執筆を始めた初期の段階で新型コロナ感染症が発生し、2020年春には世界的なパンデミックとなった。感染者数、重症者数、死亡者数がどれだけ増加するのか見通せない、いつワクチンや有効な治療薬が開発され普及するのかわからないといった点で、典型的な不確実性ショックだった。特に最初の頃は、ナイト流不確実性という性格を持っていた。

　日本では都市封鎖（ロックダウン）や法的強制力のある外出禁止命令は行われなかったが、4回にわたって「緊急事態宣言」が発動され、不要不急の外出自粛要請、飲食店への営業自粛要請などさまざまな措置がとられた。将来の感染動向を高い精度で予測することが困難だったため、いつまで自粛を続ける必要があるのかわからない、そして新型コロナが最終的にいつ終息するのかが見えないという不確実性の高い状況が長く続いた。

　未曽有の不確実性ショックの中、コロナ禍をカバーせずにこのテーマでの書籍を刊行するのは適当でないと判断し、当面、新型コロナの経済的影響についての研究に注力することとした。本書の執筆自体が不確実性ショックの影響を受けたわけである。その後、新型コロナ下で急速に広がった在宅勤務の生産性、新型コロナ関連支援策の利用と生産性の関係などを分析するのと並行して、コロナ危機下での不確実性の動向についても統計データや企業・個人を対象とした独自の調査を通じて分析を続けた。

　2023年春に新型コロナの感染症法上の扱いが5類に移行し、経済活動への制限は大幅に緩和された。コロナ禍の時期の統計データが利用可能になってきたこともあり、新たな研究成果を盛り込むとともに、その後の内外における研究の進展も踏まえる形で執筆を再開した。本書は新たに書き下ろしたものだが、筆者が行ってきた不確実性に関連する研究成果をほぼすべての章に盛り込んでおり、その中には新型コロナ下で取り組んだものも多数含まれている。新型コロナ前の公刊論文についても、本書ではできるだけ分析対象期間を延伸し、新型コロナの時期をカバーする形にアップデートするよう努めた。結果的には5年前に構想したものよりもはるかに充実した内容の書籍になったと筆者自身は思っている。

現在、筆者は一橋大学経済研究所、経済産業研究所（RIETI）、機械振興協会経済研究所の3カ所を研究拠点としており、いずれにおいても良好な研究環境を享受しているだけでなく、同僚の研究者や職員の方々から多くの恩恵と刺激を受けている。一橋大学経済研究所の同僚の研究者の中には、不確実性に関連する研究を行っている方も何人かおり、中島上智氏が作成している日本のマクロ経済不確実性（MU）指数は本書でも利用させていただいている。また、日本の消費者のインフレ期待の主観的確率分布を調査した阿部修人氏らの論文、日本の上場企業の予測精度を分析した田中万理氏らの論文、年金制度の不確実性と家計貯蓄の関係についての臼井恵美子氏らの論文は、重要な先行研究として本書の中で取り上げている。

　RIETIにも不確実性に関する研究を行っている研究者が複数おり、しばしば有益な示唆を得ている。伊藤新氏が主要新聞の記事をもとに作成を続けている日本の経済政策不確実性（EPU）指数は本書でも利用させていただいており、張紅詠氏、千賀達朗氏、北尾早霧氏、Willem Thorbecke氏の論文には本書の関連箇所で言及している。2018年にRIETIで開催した不確実性のワークショップには、本書でも多くの論文を引用しているこの分野の代表的な研究者であるNicholas Bloom、Steven J. Davis、Kyle Handleyの各氏に御参加いただき、拙稿に対しても有益なコメントを頂戴した。RIETIのスタッフの方々からは、政府統計データの利用、独自調査の実施に当たっての諸手続きをはじめ、煩瑣な業務を的確に行っていただいており、改めて謝意を表したい。

　本書のもとになった研究成果のほとんどは、最初にRIETIのディスカッション・ペーパーとして公表したものである。その過程で多くの研究者や政策実務者の方々から有益なコメントをいただいている。お名前だけ挙げさせていただくと、荒木祥太、荒田禎之、安藤晴彦、安橋正人、五十里寛、池内健太、伊藤新、乾友彦、井上誠一郎、上野透、浦田秀次郎、及川景太、小黒一正、小田圭一郎、金子実、川口大司、河村徳士、北尾早霧、児玉直美、後藤康雄、小西葉子、小林庸平、近藤恵介、齊藤有希子、杉浦好之、角谷和彦、千賀達朗、冨浦英一、中沢則夫、中島厚志、中田大悟、

根津利三郎、深尾京司、藤田昌久、星岳雄、三浦聡、水野正人、宮川大介、矢野誠、山口晃、山口一男、山城宗久、横尾英史、吉屋拓之、劉洋、張紅詠の各氏である。

　機械振興協会経済研究所では、本書に直接関連するテーマを扱っている研究者はいないが、自動車・自動車部品、半導体、ロボットなどの重要分野を対象とした現場感覚に溢れた調査研究は、筆者自身が研究を行う上でも貴重なヒントを与えてくれている。同協会の釜和明会長、櫻井和人副会長、北嶋守執行理事をはじめとする役職員の方々には、落ち着いた研究環境を提供していただいていることに感謝したい。

　本書で利用した研究成果の多くは、研究代表者として日本学術振興会・科学研究費補助金からの助成を受けて行った研究（18H00858, 21H00720, 23K20606, 23K17548）がベースになっている。また、深尾京司氏が研究代表者を務めた研究（16H06322）、星岳雄氏が研究代表者を務めた研究（20H00071）には研究分担者として参加させていただき、その成果を本書の中でも利用している。これらの研究においても科学研究費補助金の助成を受けたことを記しておきたい。
「企業活動基本調査」、「製造工業生産予測調査」（いずれも経済産業省）、「法人企業景気予測調査」（内閣府・財務省）、「全国企業短期経済観測調査」（日本銀行）のミクロデータやオーダーメード集計データを使用した研究成果も多い。また、日本経済研究センターには「ESP フォーキャスト調査」のミクロデータを提供いただいた。これら統計データの利用に際して、関係機関の統計実務者の方々のご協力を得たことに謝意を表したい。
　日経 BP 日経 BOOKS ユニットの田口恒雄氏には、本書の執筆を構想した 5 年前から折に触れ激励とともに的確な助言をいただいた。刊行まで想定外の長い時間を要したが、この間のご尽力に改めて感謝したい。

　繰り返しになるが、不確実性の経済分析への内外の研究者の関心は高く、計測方法やデータ構築の進展が実証研究の加速度的増加につながっている。それらの研究成果を網羅的にカバーするのは不可能であり、筆者自身が読

んで興味深く感じたものを選択的に取り上げている。引用した研究論文についても解釈を誤っていたり、適切に紹介できていなかったりするケースがあるのではないかと思う。さらに、筆者が気付いていない優れた論文や重要なデータが存在する可能性もないとは言えない。また、筆者独自の分析も改善を要する点が少なからずあると思う。ご批判やご示唆をいただいて、今後の研究に反映していきたい。

　最後に、本書の中で意見にわたる部分はすべて筆者の個人的見解であることを、念のため記しておきたい。

　　2024 年 12 月

　　　　　　　　　　　　　　　　　　　　　　　森川　正之

図表リスト

〈第1章〉

図 1-1　予測と不確実性（概念図）…………………………………… 22

図 1-2　日本の不確実性指標の動向 ………………………………… 46

表 1-1　不確実性の概念 ……………………………………………… 26

表 1-2　不確実性指標の類型 ………………………………………… 28

表 1-3　10 年以内にパンデミック、首都圏大地震が発生する主観的確率

……………………………………………………………………… 47

〈第2章〉

図 2-1　日米株価の予想ボラティリティ …………………………… 51

図 2-2　マクロ経済不確実性（MU）指数 ………………………… 53

図 2-3　エコノミストの経済予測に基づく不確実性指標 ………… 57

図 2-4　日本の政府経済見通しと実績 ……………………………… 60

図 2-5　日本の将来推計人口 ………………………………………… 66

表 2-1　民間エコノミストのマクロ経済予測の予測誤差 ………… 56

表 2-2　民間エコノミスト予測と政府経済見通しの予測誤差 …… 61

表 2-3　日本銀行「展望レポート」の予測誤差の平均値 ………… 62

表 2-4　中長期の経済成長の試算例と実績 ………………………… 64

表 2-5　人口推計の予測誤差 ………………………………………… 67

表 2-6　経済学者の長期経済予測の事後評価 ……………………… 68

〈第3章〉

図 3-1　日米 EPU 指数の推移 ……………………………………… 73

図 3-2　米国の超長期 EPU 指数の推移 …………………………… 76

図 3-3　日本の政治不安定性指数 …………………………………… 94

表 3-1　不確実性の高い政策 ………………………………………… 80

表 3-2　政策の不確実性と生活への影響 …………………………… 81

図表リスト　　255

| 表 3-3 | 日本の財政政策の不確実性 | 85 |
| 表 3-4 | コンプライアンス・コストの高い制度 | 90 |

〈第 4 章〉

図 4-1	業況判断 DI と不確実性の動向	103
図 4-2	製造工業の生産予測誤差	109
図 4-3	グロスとネットの生産予測誤差	113
図 4-4	不確実性ショックに対する全産業活動指数の反応	118
図 4-5	不確実性ショックに対する雇用者数の反応	118
図 4-6	自社業況の先行き「不明」企業割合の推移	132
表 4-1	予測誤差の定量化	101
表 4-2	世界金融危機（GFC）とコロナ危機の不確実性のピーク	105
表 4-3	判断項目別の不確実性	106
表 4-4	業種別・財別の不確実性	114
表 4-5	中期的な実質経済成長率の点予測値と主観的不確実性	125
表 4-6	中期的な自社売上高伸び率の点予測値と主観的不確実性	126
表 4-7	売上高伸び率の点予測値とその主観的不確実性（産業別・企業規模別）	127
表 4-8	マクロとミクロの予測および不確実性の関係	128
表 4-9	世界金融危機とコロナ危機の BSI と不確実性	133
表 4-10	業況・景況の先行き「不明」回答企業割合	135

〈第 5 章〉

図 5-1	販売価格 DI・仕入価格 DI の推移	157
図 5-2	販売価格・仕入価格の不確実性	158
表 5-1	不確実性と設備投資：「日銀短観」	148
表 5-2	不確実性と設備投資：「法人企業景気予測調査」	151
表 5-3	仕入価格・国内需給の不確実性と販売価格の不確実性	159
表 5-4	仕入価格の不確実性と販売価格	161
表 5-5	仕入価格の不確実性と企業物価	162

〈第6章〉

図 6-1　物価見通しの不確実性 ……………………………………………… 169

表 6-1　実質 GDP 成長率予測とその主観的不確実性 ………………… 175

表 6-2　個人特性と実質 GDP 成長率の予測・主観的不確実性 ……… 176

表 6-3　賃金上昇率の予測とその主観的不確実性……………………… 178

表 6-4　個人特性と賃金上昇率の予測・主観的不確実性 …………… 179

表 6-5　個人の主観的不確実性とマクロ経済不確実性（MU）指数の比較

　　　 ………………………………………………………………………… 180

表 6-6　個人特性と税制・社会保障制度の不確実性による消費抑制 ……… 192

〈第7章〉

図 7-1　完全失業率の予測誤差 …………………………………………… 197

図 7-2　雇用・処遇への不安（DI）……………………………………… 200

図 7-3　雇用人員判断の不確実性 ………………………………………… 203

表 7-1　完全失業率予測の不確実性 ……………………………………… 198

表 7-2　世帯主の属性別に見た雇用環境 DI …………………………… 201

表 7-3　雇用人員判断の不確実性の期間平均値 ……………………… 203

表 7-4　新型コロナ感染症によって失業するリスク ………………… 204

表 7-5　売上高のボラティリティと派遣労働・生産性 ……………… 210

表 7-6　就労スケジュールの不確実性 ………………………………… 215

〈第8章〉

図 8-1　地政学的リスク指数の歴史的動向 …………………………… 219

図 8-2　グローバル不確実性指標の推移 ……………………………… 221

図 8-3　円ドル為替レートの不確実性 ………………………………… 225

表 8-1　為替レートの不確実性と輸出 ………………………………… 229

参照文献

〈邦文〉

阿部修人・上野有子（2017）「サーベイ調査におけるインフレ期待の不確実性の計測に関する一考察」『経済研究』68（1）：64–83.

伊藤新（2016）「政府の政策に関する不確実性と経済活動」RIETI Discussion Paper, 16-J-016.

伊藤由樹子・髙橋えり子（2023）「景気予測の取り組み：不確実性の増大とコンセンサス予測の役割」『経済分析』208：227–246.

植村修一（2012）『リスク、不確実性、そして想定外』日本経済新聞出版.

宇南山卓（2023）『現代日本の消費分析：ライフサイクル理論の現在地』慶應義塾大学出版会.

宇南山卓・古村典洋・服部孝洋（2021）「コロナ禍における現金給付の家計消費への影響」RIETI Discussion Paper, 21-J-022.

小川一夫（1991）「所得リスクと予備的貯蓄」『経済研究』42（2）：139–152.

奥野正寛・鈴村興太郎（1985）『ミクロ経済学Ⅰ』岩波書店.

齊藤誠・白塚重典（2003）「予備的動機と待ちのオプション：わが国のマクロ家計貯蓄データによる検証」『金融研究』22（3）：1–22.

酒井泰弘（2015）『ケインズ対フランク・ナイト：経済学の巨人は「不確実性の時代」をどう捉えたのか』ミネルヴァ書房.

篠原武史・奥田達志・中島上智（2021）「マクロ経済に関する不確実性指標の特性について」『経済研究』72（3）：246–267.

田中賢治（2019）「堅調な企業収益と低調な設備投資のパズル」『経済分析』200：63–100.

土居丈朗（2004）「貯蓄率関数に基づく予備的貯蓄仮説の実証分析」『経済分析』174：97–176.

内閣府（2023）『令和5年度年次経済財政報告』.

肥後雅博・須合智広・金谷信（2001）「最近の家計貯蓄率とその変動要因について」日本銀行調査統計局ワーキングペーパー, No. 01-4.

村田啓子（2003）「ミクロ・データによる家計行動分析：将来不安と予備的貯蓄」『金融研究』22（3）：23–58.

森川正之（2014）『サービス産業の生産性分析：ミクロデータによる実証』日本評論社.

森川正之（2015）「為替レート予想の不確実性と輸出」RIETI Discussion Paper, 15-J-051.

森川正之（2016）『サービス立国論：成熟経済を活性化するフロンティア』日本経済新聞出版.

森川正之（2017）「政策の不確実性と消費・貯蓄行動」RIETI Discussion Paper, 17-J-007.

森川正之（2018a）『生産性：誤解と真実』日本経済新聞出版.

森川正之（2018b）「サービスの質・価格と消費者の選好」『経済研究』69（4）：314–327.

森川正之（2020）「柔軟な働き方は賃金をどう変化させるか」『日本労働研究雑誌』

723：82–91.

森川正之（2021）「新型コロナ、ワクチン接種と消費行動」RIETI Discussion Paper, 21-J-042.

森川正之（2022）「コロナ危機と企業のナイト流不確実性」RIETI Discussion Paper, 22-J-029.

森川正之（2023a）「在宅勤務の生産性ダイナミクス」『経済研究』74（1）：026423.

森川正之（2023b）「国民の中期経済成長予測：不確実性と予測精度」RIETI Discussion Paper, 23-J-008.

森川正之（2023c）「日本企業の不確実性：世界金融危機とコロナ危機の比較を中心に」RIETI Discussion Paper, 23-J-018.

森川正之（2023d）「不確実性と企業の価格設定」RIETI Discussion Paper, 23-J-019.

森川正之（2024a）「新型コロナと日本経済：回顧と展望」森川正之編『コロナ危機後の日本経済と政策課題』東京大学出版会, 1–28.

森川正之（2024b）「日本企業・労働者の AI 利用と生産性」RIETI Discussion Paper, 24-J-011.

森川正之（2024c）「企業の中期予測の不確実性：コロナ禍前後の比較」RIETI Discussion Paper, 24-J-012.

森川正之（2024d）「マクロ経済及び賃金見通しの不確実性：個人レベルの分析」RIETI Discussion Paper, 24-J-013.

森川正之（2024e）「博士課程卒業者の労働市場成果」RIETI Discussion Paper, 24-J-016.

森川正之（2024f）「エコノミストのマクロ経済予測の不確実性」RIETI Discussion Paper, 24-J-017.

〈英文〉

Abel, Andrew B.（1983）. "Optimal Investment Under Uncertainty." *American Economic Review*, 73（1）: 228 –233.

Abel, Andrew B. and Janice C. Eberly（1996）. "Optimal Investment with Costly Reversibility." *Review of Economic Studies*, 63（4）: 581–594.

Abel, Joshua, Robert Rich, Joseph Song, and Joseph Tracy（2016）. "The Measurement and Behavior of Uncertainty: Evidence from the ECB Survey of Professional Forecasters." *Journal of Applied Econometrics*, 31（3）: 533–550.

Abiad, Abdul and Irfan A. Qureshi（2023）. "The Macroeconomic Effects of Oil Price Uncertainty." *Energy Economics*, 125: 106839.

Abraham, Arpad, Pavel Brendler, and Eva Carceles-Poveda（2024）. "Capital Tax Reforms with Policy Uncertainty." *International Economic Review*, 65（1）: 75–116.

Adrian, Tobias, Nina Boyarchenko, and Domenico Giannone（2019）. "Vulnerable Growth." *American Economic Review*, 109（4）: 1263–1289.

Aghion, Philippe, Philippe Bacchetta, Romain Rancière, and Kenneth Rogoff（2009）. "Exchange Rate Volatility and Productivity Growth: The Role of Financial Development." *Journal of Monetary Economics*, 56（4）: 494–513.

Agrawal, Ajay, Joshua S. Gans, and Avi Goldfarb（2019）. "Artificial Intelligence: The Ambiguous

Labor Market Impact of Automating Prediction." *Journal of Economic Perspectives*, 33（2）: 31–50.

Ahir, Hites, Nicholas Bloom, and Davide Furceri（2022）. "The World Uncertainty Index." NBER Working Paper, 29763.

Ahmad, Saad, Nuno Limão, Sarah Oliver, and Serge Shikher（2023）. "Brexit Uncertainty and Its （Dis）service Effects." *American Economic Journal: Economic Policy*, 15（4）: 459–485.

Aisen, Ari and Francisco José Veiga（2013）. "How Does Political Instability Affect Economic Growth?" *European Journal of Political Economy*, 29: 151–167.

Alessi, Lucia, Eric Ghysels, Luca Onorante, Richard Peach, and Simon Potter（2014）. "Central Bank Macroeconomic Forecasting during the Global Financial Crisis: The European Central Bank and Federal Reserve Bank of New York Experiences." *Journal of Business and Economic Statistics*, 32 （4）: 483–500.

Alesina, Alberto, Sule Ozler, Nouriel Roubini, and Phillip Swagel（1996）. "Political Instability and Economic Growth." *Journal of Economic Growth*, 1（2）: 189–211.

Alfaro, Ivan, Nicholas Bloom, and Xiaoji Lin（2024）. "The Finance Uncertainty Multiplier." *Journal of Political Economy*, 132（2）: 577–615.

Altig, David, Scott R. Baker, Jose Maria Barrero, Nicholas Bloom, Philip Bunn, Scarlet Chen, Steven J. Davis, Julia Leather, Brent H. Meyer, Emil Mihaylov, Paul Mizen, Nicholas B. Parker, Thomas Renault, Pawel Smietanka, and Greg Thwaites（2020）. "Economic Uncertainty Before and During the COVID-19 Pandemic." *Journal of Public Economics*, 191: 104274.

Altig, David, Jose Maria Barrero, Nicholas Bloom, Steven J. Davis, Brent H. Meyer, and Nicholas Parker（2022）. "Surveying Business Uncertainty." *Journal of Econometrics*, 231（1）: 282–303.

An, Zidong, João Tovar Jalles, and Prakash Loungani（2018）. "How Well Do Economists Forecast Recessions?" *International Finance*, 21（2）: 100–121.

Angerer, Xiaohong and Pok-Sang Lam（2009）. "Income Risk and Portfolio Choice: An Empirical Study." *Journal of Finance*, 64（2）: 1037–1055.

Arbatli Saxegaard, Elif C., Steven J. Davis, Arata Ito, and Naoko Miake（2022）. "Policy Uncertainty in Japan." *Journal of the Japanese and International Economies*, 64: 101192.

Armantier, Olivier, Giorgio Topa, Wilbert van der Klaauw, and Basit Zafar（2017）. "An Overview of the Survey of Consumer Expectations." *Economic Policy Review*, 23: 51–72.

Armantier, Olivier, Gizem Kosar, Rachel Pomerantz, Daphné Skandalis, Kyle Smith, Giorgio Topa, and Wilbert van der Klaauw（2021）. "How Economic Crises Affect Inflation Beliefs: Evidence from the Covid-19 Pandemic." *Journal of Economic Behavior and Organization*, 189: 443–469.

Arslan, Yavuz, Aslihan Atabek, Timur Hulagu, and Saygin Sahinoz（2015）. "Expectation Errors, Uncertainty, and Economic Activity." *Oxford Economic Papers*, 67（3）: 634–660.

Asano, Hirokatsu, Takahiro Ito, and Daiji Kawaguch（2013）. "Why Has the Fraction of Nonstandard Workers Increased? A Case Study of Japan." *Scottish Journal of Political Economy*, 60 （4）: 360–389.

Ashiya, Masahiro（2007）. "Forecast Accuracy of the Japanese Government: Its Year-Ahead GDP Forecast Is Too Optimistic." *Japan and the World Economy*, 19（1）: 68–85.

Atanassov, Julian, Brandon Julio, and Tiecheng Leng（2024）. "The Bright Side of Political Uncertainty: The Case of R&D." *Review of Financial Studies*, 37（10）: 2937–2970.

Azzimonti, Marina (2018). "Partisan Conflict and Private Investment." *Journal of Monetary Economics*, 93: 114–131.

Bachmann, Rüdiger, Steffen Elstner, and Eric R. Sims (2013). "Uncertainty and Economic Activity: Evidence from Business Survey Data." *American Economic Journal: Macroeconomics*, 5 (2): 217–249.

Bachmann, Rüdiger and Steffen Elstner (2015). "Firm Optimism and Pessimism." *European Economic Review*, 79: 297–325.

Bachmann, Rüdiger, Benjamin Born, Steffen Elstner, and Christian Grimme (2019). "Time-Varying Business Volatility and the Price Setting of Firms." *Journal of Monetary Economics*, 101: 82–99.

Bachmann, Rüdiger, Kai Carstensen, Stefan Lautenbacher, and Martin Schneider (2020). "Uncertainty Is More Than Risk: Survey Evidence on Knightian and Bayesian Firms." unpublished manuscript.

Bachmann, Rüdiger, Giorgio Topa, and Wilbert van der Klaauw (Eds.) (2023). *Handbook of Economic Expectations*. Academic Press.

Badinger, Harald (2010). "Output Volatility and Economic Growth." *Economics Letters*, 106 (1): 15–18.

Bahmani-Oskooee, Mohsen and Scott W. Hegerty (2008). "Exchange-Rate Risk and U.S.-Japan Trade: Evidence from Industry Level Data." *Journal of the Japanese and International Economies*, 22 (4): 518–534.

Bakas, Dimitrios, Georgios Chortareas, and Georgios Magkonis (2019). "Volatility and Growth: A Not So Straightforward Relationship." *Oxford Economic Papers*, 71 (4): 874–907.

Baker, Scott R., Nicholas Bloom, and Steven J. Davis (2016). "Measuring Economic Policy Uncertainty." *Quarterly Journal of Economics*, 131 (4): 1593–1636.

Baker, Scott R., Nicholas Bloom, and Stephen J. Tracy (2024). "Using Disasters to Estimate the Impact of Uncertainty." *Review of Economic Studies*, 91 (2): 720–747.

Baldwin, Richard and Rebecca Freeman (2022). "Risks and Global Supply Chains: What We Know and What We Need to Know." *Annual Review of Economics*, 14: 153–180.

Balli, Faruk, Gazi Salah Uddin, Hasan Mudassar, and Seong-Min Yoon (2017). "Cross-Country Determinants of Economic Policy Uncertainty Spillovers." *Economics Letters*, 156: 179–183.

Bar-Ilan, Avner and William Strange (1996). "Investment Lags." *American Economic Review*, 86 (3): 610–622.

Barraza, Santiago and Andrea Civelli (2020). "Economic Policy Uncertainty and the Supply of Business Loans." *Journal of Banking and Finance*, 121: 105983.

Barrero, Jose Maria (2022). "The Micro and Macro of Managerial Beliefs." *Journal of Financial Economics*, 143 (2): 640–667.

Barrero, Jose Maria, Nicholas Bloom, and Steven J. Davis (2023). "The Evolution of Work from Home." *Journal of Economic Perspectives*, 37 (4): 23–50.

Barrero, Jose Maria, Nicholas Bloom, Steven J. Davis, and Brent H. Meyer (2021). "COVID-19 Is a Persistent Reallocation Shock." *AEA Papers and Proceedings*, 111: 287–291.

Barrero, Jose Maria, Nicholas Bloom, and Ian Wright (2017). "Short and Long Run Uncertainty." NBER Working Paper, 23676.

Barro, Robert (1991). "Economic Growth in a Cross Section of Countries." *Quarterly Journal of Economics*, 106 (2), 407–443.

Bassetti, Federico, Roberto Casarin, and Marco Del Negro (2023). "Inference on Probabilistic Surveys in Macroeconomics with an Application to the Evolution of Uncertainty in the Survey of Professional Forecasters during the COVID Pandemic." in Rüdiger Bachmann, Giorgio Topa, and Wilbert van der Klaauw eds. *Handbook of Economic Expectations*. Academic Press, Ch.15, 443–476.

Basu, Susanto and Brent Bundick (2017). "Uncertainty Shocks in a Model of Effective Demand." *Econometrica*, 85 (3): 937–958.

Baum, Christopher F. and Mustafa Caglayan (2010). "On the Sensitivity of the Volume and Volatility of Bilateral Trade Flows to Exchange Rate Uncertainty." *Journal of International Money and Finance*, 29 (1): 79–93.

Baumann, Ursel, Annalisa Ferrando, Dimitris Georgarakos, Yuriy Gorodnichenko, and Timo Reinelt (2024). "SAFE to Update Inflation Expectations? New Survey Evidence on Euro Area Firms." NBER Working Paper, 32504.

Bayer, Christian, Ralph Luetticke, Lien Pham-Dao, and Volker Tjaden (2019). "Precautionary Savings, Illiquid Assets, and the Aggregate Consequences of Shocks to Household Income Risk." *Econometrica*, 87 (1): 255–290.

Beaudry, Paul and Tim Willems (2022). "On the Macroeconomic Consequences of Over-Optimism." *American Economic Journal: Macroeconomics*, 14 (1): 38–59.

Beckmann, Joscha and Robert L. Czudaj (2021). "Fiscal Policy Uncertainty and Its Effects on the Real Economy: German Evidence." *Oxford Economic Papers*, 73 (4): 1516–1535.

Békés, Gábor, Lionel Fontagné, Balázs Muraközy, and Vincent Vicard (2017). "Shipment Frequency of Exporters and Demand Uncertainty." *Review of World Economics*, 153: 779–807.

Belke, Ansgar and Thomas Osowski (2019). "International Effects of Euro Area versus U.S. Policy Uncertainty: A FAVAR Approach." *Economic Inquiry*, 57 (1): 453–481.

Ben-David, Itzhak, Elyas Fermand, Camelia M. Kuhnen, and Geng Li (2018). "Expectations Uncertainty and Household Economic Behavior." NBER Working Paper, 25336.

Ben-David, Itzhak, John R. Graham, and Campbell R. Harvey (2013). "Managerial Miscalibration." *Quarterly Journal of Economics*, 128 (4): 1547–1584.

Benguria, Felipe, Jaerim Choi, Deborah L. Swenson, and Mingzhi (Jimmy) Xu (2022). "Anxiety or Pain? The Impact of Tariffs and Uncertainty on Chinese Firms in the Trade War." *Journal of International Economics*, 137: 103608.

Berger, David, Ian Dew-Becker, and Stefano Giglio (2020). "Uncertainty Shocks as Second-Moment News Shocks." *Review of Economic Studies*, 87 (1): 40–76.

Berger, Tino, Sibylle Grabert, and Bernd Kempa (2016). "Global and Country-Specific Output Growth Uncertainty and Macroeconomic Performance." *Oxford Bulletin of Economics and Statistics*, 78 (5): 694–716.

Bernal, Oscar, Jean-Yves Gnabo, and Gregory Guilmin (2016). "Economic Policy Uncertainty and Risk Spillovers in the Eurozone." *Journal of International Money and Finance*, 65: 24–45.

Bernanke, Ben S. (1983). "Irreversibility, Uncertainty, and Cyclical Investment." *Quarterly Journal of*

Economics, 98 (1): 85–106.

Bertola, Giuseppe, Luigi Guiso, and Luigi Pisaferri (2005). "Uncertainty and Consumer Durables Adjustment." *Review of Economic Studies*, 72 (4): 973–1007.

Betermier, Sebastien, Thomas Jansson, Christine Parlour, and Johan Walden (2012). "Hedging Labor Income Risk." *Journal of Financial Economics*, 105 (3): 622–639.

Bhagwat, Vineet, Robert Dam, and Jarrad Harford (2016). "The Real Effects of Uncertainty on Merger Activity." *Review of Financial Studies*, 29 (11): 3000–3034.

Bhattarai, Saroj, Arpita Chatterjee, and Woong Yong Park (2020). "Global Spillover Effects of US Uncertainty." *Journal of Monetary Economics*, 114: 71–89.

Binder, Carola C. (2017). "Measuring Uncertainty Based on Rounding: New Method and Application to Inflation Expectations." *Journal of Monetary Economics*, 90: 1–12.

Binding, Garret and Andreas Dibiasi (2017). "Exchange Rate Uncertainty and Firm Investment Plans: Evidence from Swiss Survey Data." *Journal of Macroeconomics*, 51: 1–27.

Blair, Peter Q. and Bobby W. Chung (2024). "Does Occupational Licensing Reduce Job Loss During Recessions?" NBER Working Paper, 32486.

Blau, David M. (2016). "Pensions, Household Saving, and Welfare: A Dynamic Analysis of Crowd Out." *Quantitative Economics*, 7 (1): 193–224.

Bloom, David E., Michael Kuhn, and Klaus Prettne (2024). "Fertility in High-Income Countries: Trends, Patterns, Determinants, and Consequences." *Annual Review of Economics*, 16: 159–184.

Bloom, Nick (2007). "Uncertainty and the Dynamics of R&D." *American Economic Review*, 97 (2): 250–255.

Bloom, Nicholas (2009). "The Impact of Uncertainty Shocks." *Econometrica*, 77 (3): 623–685.

Bloom, Nicholas (2014). "Fluctuations in Uncertainty." *Journal of Economic Perspectives*, 28 (2): 153–176.

Bloom, Nick, Stephen Bond, and John Van Reenen (2007). "Uncertainty and Investment Dynamics." *Review of Economic Studies*, 74 (2): 391–415.

Bloom, Nicholas, Philip Bunn, Scarlet Chen, Paul Mizen, Pawel Smietanka, and Gregory Thwaites (2019). "The Impact of Brexit on UK Firms." NBER Working Paper, 26218.

Bloom, Nicholas, Max Floetotto, Nir Jaimovich, Itay Saporta-Eksten, and Stephen J. Terry (2018). "Really Uncertain Business Cycles." *Econometrica*, 86 (3): 1031–1065.

Bloom, Nicholas, Steven J. Davis, Lucia Foster, Scott Ohlmacher, and Itay Saporta-Eksten (2024). "Investment and Subjective Uncertainty." *International Economic Review*, 65 (4): 1591–1606.

Boar, Corina (2021). "Dynastic Precautionary Savings." *Review of Economic Studies*, 88 (6): 2735–2765.

Boctor, Valerie R., Oliver Coibion, Yuriy Gorodnichenko, and Michael Weber (2024). "On Eliciting Subjective Probability Distributions of Expectations." NBER Working Paper, 32406.

Bomberger, William A. (1996). "Disagreement as a Measure of Uncertainty." *Journal of Money, Credit, and Banking*, 28 (3): 381–392.

Bonaime, Alice, Huseyin Gulen, and Mihai Ion (2018). "Does Policy Uncertainty Affect Mergers and Acquisitions?" *Journal of Financial Economics*, 129 (3): 531–558.

Bontempi, Maria Elena (2016). "Investment-Uncertainty Relationship: Differences between

Intangible and Physical Capital." *Economics of Innovation and New Technology*, 25 (3): 240–268.

Bontempi, Maria Elena, Michele Frigeri, Roberto Golinelli, and Matteo Squadrani (2021). "EURQ: A New Web Search-Based Uncertainty Index." *Economica*, 88: 969–1015.

Bontempi, Maria Elena, Roberto Golinelli, and Giuseppe Parigi (2010). "Why Demand Uncertainty Curbs Investment: Evidence from a Panel of Italian Manufacturing Firms." *Journal of Macroeconomics*, 32 (1): 218–238.

Booth, Alison L. and Margi Wood (2008). "Back-to-Front Down Under? Part-Time/Full-Time Wage Differentials in Australia." *Industrial Relations*, 47 (1): 114–135.

Bordo, Michael D., John V. Duca, and Christoffer Koch (2016). "Economic Policy Uncertainty and the Credit Channel: Aggregate and Bank Level U.S. Evidence over Several Decades." *Journal of Financial Stability*, 26: 90–106.

Born, Benjamin, Sebastian Breuer, and Steffen Elstner (2018). "Uncertainty and the Great Recession." *Oxford Bulletin of Economics and Statistics*, 80 (5): 951–971.

Born, Benjamin, Jonas Dovern, and Zeno Enders (2023a). "Expectation Dispersion, Uncertainty, and the Reaction to News." *European Economic Review*, 154: 104440.

Born, Benjamin, Zeno Enders, Gernot J. Müller, and Knut Niemann (2023b). "Firm Expectations about Production and Prices: Facts, Determinants, and Effects." in Rüdiger Bachmann, Giorgio Topa, and Wilbert van der Klaauw eds. *Handbook of Economic Expectations*. Academic Press, Ch.12, 355–383.

Born, Benjamin, Gernot J. Muller, Moritz Schularick, and Petr Sedlacek (2019). "The Costs of Economic Nationalism: Evidence from the Brexit Experiment." *Economic Journal*, 129: 2722–2744.

Brainard, William C. (1967). "Uncertainty and the Effectiveness of Policy." *American Economic Review*, 57 (2): 411–425.

Brogaard, Jonathan, Lili Dai, Phong T. H. Ngo, and Bohui Zhang (2020). "Global Political Uncertainty and Asset Prices." *Review of Financial Studies*, 33 (4): 1737–1780.

Brooks, Robert, Mark N. Harris, and Christopher Spencer (2012). "Inflated Ordered Outcomes." *Economics Letters*, 117 (3): 683–686.

Bruine de Bruin, Wändi, Charles F. Manski, Giorgio Topa, and Wilbert van der Klaauw (2011). "Measuring Consumer Uncertainty about Future Inflation." *Journal of Applied Econometrics*, 26 (3): 454–478.

Bruine de Bruin, Wändi, Alycia Chin, Jeff Dominitz, and Wilbert van der Klaauw (2023). "Household Surveys and Probabilistic Questions." in Rüdiger Bachmann, Giorgio Topa, and Wilbert van der Klaauw eds. *Handbook of Economic Expectations*. Academic Press, Ch.1, 3–31.

Buchholz, Manuel, Lena Tonzer, and Julian Berner (2022). "Firm-Specific Forecast Errors and Asymmetric Investment Propensity." *Economic Inquiry*, 60 (2): 764–793.

Bureau of Labor Statistics (2019). "Job Flexibilities and Work Schedules: 2017-2018 Data from the American Time Use Survey." USDL-19-1691.

Caballero, Ricardo J. (1991). "On the Sign of the Investment-Uncertainty Relationship." *American Economic Review*, 81 (1): 279–288.

Caggese, Andrea (2012). "Entrepreneurial Risk, Investment, and Innovation." *Journal of Financial*

Economics, 106 (2): 287–307.

Caggiano, Giovanni, Efrem Castelnuovo, and Nicolas Groshenny (2014). "Uncertainty Shocks and Unemployment Dynamics in U.S. Recessions." *Journal of Monetary Economics*, 67: 78–92.

Caldara, Dario, Cristina Fuentes-Albero, Simon Gilchrist, and Egon Zakrajšek (2016). "The Macroeconomic Impact of Financial and Uncertainty Shocks." *European Economic Review*, 88: 185–207.

Caldara, Dario, Matteo Iacoviello, Patrick Molligo, Andrea Prestipino, and Andrea Raffo (2020). "The Economic Effects of Trade Policy Uncertainty." *Journal of Monetary Economics*, 109: 38–59.

Caldara, Dario and Matteo Iacoviello (2022). "Measuring Geopolitical Risk." *American Economic Review*, 112 (4): 1194–1225.

Caldwell, Sydnee, Scott Nelson, and Daniel Waldinger (2023). "Tax Refund Uncertainty: Evidence and Welfare Implications." *American Economic Journal: Applied Economics*, 15 (2): 352–376.

Caliendo, Frank N., Aspen Gorry, and Sita Slavov (2019). "The Cost of Uncertainty about the Timing of Social Security." *European Economic Review*, 118: 101–125.

Calomiris, Charles W., Harry Mamaysky, and Ruoke Yang (2020). "Measuring the Cost of Regulation: A Text-Based Approach." NBER Working Paper, 26856.

Campello, Murillo and Gaurav Kankanhalli (2022). "Corporate Decision-Making under Uncertainty: Review and Future Research Directions." NBER Working Paper, 30733.

Candia, Bernardo, Oliver Coibion, and Yuriy Gorodnichenko (2023). "The Macroeconomic Expectations of Firms." in Rüdiger Bachmann, Giorgio Topa, and Wilbert van der Klaauw eds. *Handbook of Economic Expectations*. Academic Press, Ch.11, 321–353.

Cappellari, Lorenzo, Carlo Dell'Aringa, and Marco Leonardi (2012). "Temporary Employment, Job Flows and Productivity: A Tale of Two Reforms." *Economic Journal*, 122: F188–F215.

Carballo, Jeronimo, Kyle Handley, and Nuno Limão (2022). "Economic and Policy Uncertainty: Aggregate Export Dynamics and the Value of Agreements." *Journal of International Economics*, 139: 103661.

Carmignani, Fabrizio (2003). "Political Instability, Uncertainty and Economics." *Journal of Economic Surveys*, 17 (1): 1–54.

Carstensen, Kai and Rüdiger Bachmann (2023). "Firm Surveys." in Rüdiger Bachmann, Giorgio Topa, and Wilbert van der Klaauw eds. *Handbook of Economic Expectations*. Academic Press, Ch.2, 33–70.

Cascaldi-Garcia, Danilo, Cisil Sarisoy, Juan M. Londono, Bo Sun, Deepa Datta, Thiago Ferreira, Olesya Grishchenko, Mohammad R. Jahan-Parvar, Francesca Loria, Sai Ma, Marius Rodriguez, Ilknur Zer, and John Rogers (2023). "What Is Certain about Uncertainty?" *Journal of Economic Literature*, 61 (2): 624–654.

Castelnuovo, Efrem (2023). "Uncertainty Before and During COVID-19: A Survey." *Journal of Economic Surveys*, 37 (3): 821–864.

Chang, Yongsung, Hong Jay, and Marios Karabarbounis (2018). "Labor Market Uncertainty and Portfolio Choice Puzzles." *American Economic Journal: Macroeconomics*, 10 (2): 222–262.

Chappell, Jr., Henry W., William Greene, Mark N. Harris, and Christopher Spencer (2022). "Uncertainty and the Bank of England's MPC." *Journal of Money, Credit and Banking*, 54 (4):

825–858.

Chatterjee, Pratiti and Sylwia Nowak (2016). "Forecast Errors and Uncertainty Shocks." IMF Working Paper, 16-228.

Chen, Baizhu and Yi Feng (1996). "Some Political Determinants of Economic Growth: Theory and Empirical Implications." *European Journal of Political Economy*, 12 (4): 609–627.

Chen, Cheng, Tatsuro Senga, Chang Sun, and Hongyong Zhang (2020). "Information Acquisition and Price Setting under Uncertainty: New Survey Evidence." RIETI Discussion Paper, 20-E-078.

Chen, Cheng, Tatsuro Senga, and Hongyong Zhang (2021). "Measuring Business-Level Expectations and Uncertainty: Survey Evidence and the COVID-19 Pandemic." *Japanese Economic Review*, 72 (3): 509–532.

Chen, Cheng, Tatsuro Senga, Chang Sun, and Hongyong Zhang (2023). "Uncertainty, Imperfect Information, and Expectation Formation over the Firms' Life Cycle." *Journal of Monetary Economics*, 140: 60–77.

Cheng, Chak Hung Jack, Ching-Wai (Jeremy) Chiu, William B. Hankins, and Anna-Leigh Stone (2018). "Partisan Conflict, Policy Uncertainty and Aggregate Corporate Cash Holdings." *Journal of Macroeconomics*, 58: 78–90.

Choi, Sangyup, Davide Furceri, and Seung Yong Yoo (2024). "Heterogeneity in the Effects of Uncertainty Shocks on Labor Market Dynamics and Extensive vs. Intensive Margins of Adjustment." *Journal of Economic Dynamics and Control*, 162: 104859.

Choper, Joshua, Daniel Schneider, and Kristen Harknett (2022). "Uncertain Time: Precarious Schedules and Job Turnover in the US Service Sector." *ILR Review*, 75 (5): 1099–1132.

Christelis, Dimitris, Dimitris Georgarakos, Tullio Jappelli, and Maarten Rooij (2020). "Consumption Uncertainty and Precautionary Saving." *Review of Economics and Statistics*, 102 (1): 148–161.

Ciani, Emanuele, Adeline Delavande, Ben Etheridge, and Marco Francesconi (2023). "Policy Uncertainty and Information Flows: Evidence from Pension Reform Expectations." *Economic Journal*, 133: 98–129.

Cieslak, Anna, Stephen Hansen, Michael McMahon, and Song Xiao (2023). "Policymakers' Uncertainty." NBER Working Paper, 31849.

Clements, Michael P. (2008). "Consensus and Uncertainty: Using Forecast Probabilities of Output Declines." *International Journal of Forecasting*, 24 (1): 76–86.

Clements, Michael P., Robert W. Rich, and Joseph S. Tracy (2023). "Survey of Professionals." in Rüdiger Bachmann, Giorgio Topa, and Wilbert van der Klaauw eds. *Handbook of Economic Expectations*. Academic Press, Ch.3, 71–106.

Coibion, Olivier, Dimitris Georgarakos, Yuriy Gorodnichenko, and Maarten van Rooij (2023). "How Does Consumption Respond to News about Inflation? Field Evidence from a Randomized Control Trial." *American Economic Journal: Macroeconomics*, 15 (3): 109–152.

Coibion, Olivier, Dimitris Georgarakos, Yuriy Gorodnichenko, Geoff Kenny, and Michael Weber (2024). "The Effect of Macroeconomic Uncertainty on Household Spending." *American Economic Review*, 114 (3): 645–677.

Coibion, Olivier, Yuriy Gorodnichenko, and Michael Weber (2020). "The Cost of the Covid-19

Crisis: Lockdowns, Macroeconomic Expectations, and Consumer Spending." NBER Working Paper, 27141.

Coibion, Oliver, Yuriy Gorodnichenko, Saten Kumar, and Jane Ryngaert (2021). "Do You Know that I Know that You Know...? Higher-Order Beliefs in Survey Data." *Quarterly Journal of Economics*, 136 (3): 1387–1446.

Collard-Wexler, Allan (2013). "Demand Fluctuations in the Ready-Mix Concrete Industry." *Econometrica*, 81 (3): 1003–1037.

Colombo, Valentina (2013). "Economic Policy Uncertainty in the US: Does it Matter for the Euro Area?" *Economics Letters*, 121 (1): 39–42.

Comerford, David A. (2024). "Response Bias in Survey Measures of Expectations: Evidence from the Survey of Consumer Expectations' Inflation Module." *Journal of Money, Credit and Banking*, 56 (4): 933–953.

Comunale, Mariarosaria and Ahn Dinh Minh Nguyen (2023). "A Comprehensive Macro Economic Uncertainty Measure for the Euro Area and its Implications to COVID-19." IMF Working Paper, 23-229.

Conconi, Paola, Andre Sapir, and Maurizio Zanardi (2016). "The Internationalization Process of Firms: From Exports to FDI." *Journal of International Economics*, 99: 16–30.

Coroneo, Laura, Fabrizio Iacone, Alessia Paccagnini, and Paulo Santos Monteiro (2023). "Testing the Predictive Accuracy of COVID-19 Forecasts." *International Journal of Forecasting*, 39 (2): 606–622.

Correa, Ricardo, Julian di Giovanni, Linda S. Goldberg, and Camelia Minoiu (2023). "Trade Uncertainty and U.S. Bank Lending." NBER Working Paper, 31860.

Crowley, Meredith, Ning Meng, and Huasheng Song (2018). "Tariff Scares: Trade Policy Uncertainty and Foreign Market Entry by Chinese Firms." *Journal of International Economics*, 114: 96–115.

Dang, Tam Hoang-Nhat, Canh Phuc Nguyen, Gabriel S. Lee, Binh Quang Nguyen, and Thuy Thu Le (2023). "Measuring the Energy-Related Uncertainty Index." *Energy Economics*, 124: 106817.

Davis, Steven J. (2016). "An Index of Global Economic Policy Uncertainty." NBER Working Paper, 22740.

Dawson, John W. and John J. Seater (2013). "Federal Regulation and Aggregate Economic Growth." *Journal of Economic Growth*, 18 (2): 137–177.

Dery, Cosmas and Apostolos Serletis (2021). "Disentangling the Effects of Uncertainty, Monetary Policy and Leverage Shocks on the Economy." *Oxford Bulletin of Economics and Statistics*, 83 (5): 1029–1065.

Devicienti, Francesco, Paolo Naticchioni, and Andrea Ricci (2018). "Temporary Employment, Demand Volatility, and Unions: Firm-Level Evidence." *ILR Review*, 71 (1): 174–207.

Dew-Becker, Ian and Stefano Giglio (2023). "Cross-Sectional Uncertainty and the Business Cycle: Evidence from 40 Years of Options Data." *American Economic Journal: Macroeconomics*, 15 (2): 65–96.

Dew-Becker, Ian and Stefano Giglio (2024). "Recent Developments in Financial Risk and the Real Economy." *Annual Review of Financial Economics*, 16: 39–60.

Dibiasi, Andreas, Klaus Abberger, Michael Siegenthaler, and Jan-Egbert Sturm (2018). "The Effects of Policy Uncertainty on Investment: Evidence from the Unexpected Acceptance of a Far-Reaching Referendum in Switzerland." *European Economic Review*, 104: 38–67.

Dibiasi, Andreas, Heiner Mikosch, and Samad Sarferaz (2024). "Uncertainty Shocks, Adjustment Costs and Firm Beliefs: Evidence from a Representative Survey." *American Economic Journal: Macroeconomics*, forthcoming.

Dietrich, Alexander M., Keith Kuester, Gernot J. Müller, and Raphael Schoenle (2022). "News and Uncertainty about COVID-19: Survey Evidence and Short-run Economic Impact." *Journal of Monetary Economics*, 129, Supplement: S35–S51.

Di Maggio, Marco, Amir Kermani, Rodney Ramcharan, and Vincent Yao (2022). "The Pass-Through of Uncertainty Shocks to Households." *Journal of Financial Economics*, 145 (1): 85–104.

Dirks, Maximilian and Torsten Schmidt (2024). "Political Instability and Economic Growth: Causation and Transmission." *European Journal of Political Economy*, 85: 102586.

Dixit, Avinash K. and Robert S. Pindyck (1994). *Investment under Uncertainty*. Princeton University Press, Princeton, NJ.

D'Mello, Ranjan and Francesca Toscano (2020). "Economic Policy Uncertainty and Short-Term Financing: The Case of Trade Credit." *Journal of Corporate Finance*, 64: 101686.

Doepke, Matthias, Anne Hannusch, Fabian Kindermann, and Michèle Tertilt (2023). "The Economics of Fertility: A New Era." in Shelly Lundberg and Alessandra Voena eds. *Handbook of the Economics of the Family*, Vol.1. Elsevier, Ch.5, 151–254.

Dominitz, Jeff and Charles F. Manski (1996). "Eliciting Student Expectations of the Returns to Schooling." *Journal of Human Resources*, 31 (1): 1–26.

Döpke, Jorg and Ulrich Fritsche (2006). "When Do Forecasters Disagree? An Assessment of German Growth and Inflation Forecast Dispersion." *International Journal of Forecasting*, 22 (1): 125–135.

Douch, Mustaph and T. Huw Edwards (2021). "The Brexit Policy Shock: Were UK Services Exports Affected, and When?" *Journal of Economic Behavior and Organization*, 182: 248–263.

Dräger, Lena and Michael J. Lamla (2024). "Consumers' Macroeconomic Expectations." *Journal of Economic Surveys*, 38 (2): 427–451.

Dräger, Vanessa and Paul Marx (2017). "Do Firms Demand Temporary Workers When They Face Workload Fluctuation? Cross-Country Firm-Level Evidence." *ILR Review*, 70 (4): 942–975.

Duong, Huu Nhan, Justin Hung Nguyen, My Nguyen, and S. Ghon Rhee (2020). "Navigating through Economic Policy Uncertainty: The Role of Corporate Cash Holdings." *Journal of Corporate Finance*, 62: 101607.

Ersahin, Nuri, Mariassunta Giannetti, and Ruidi Huang (2024). "Supply Chain Risk: Changes in Supplier Composition and Vertical Integration." *Journal of International Economics*, 147: 103854.

Faccini, Renato and Edoardo Palombo (2021). "News Uncertainty in Brexit United Kingdom." *American Economic Review: Insights*, 3 (2): 149–164.

Fagereng, Andreas, Luigi Guiso, and Luigi Pistaferri (2017). "Firm-Related Risk and Precautionary Saving Response." *American Economic Review*, 107 (5): 393–397.

Fagereng, Andreas, Luigi Guiso, and Luigi Pistaferri (2018). "Portfolio Choices, Firm Shocks, and

Uninsurable Wage Risk." *Review of Economic Studies*, 85（1）: 437–474.

Falk, Nathan and Cameron A. Shelton（2018）. "Fleeing a Lame Duck: Policy Uncertainty and Manufacturing Investment in US States." *American Economic Journal: Economic Policy*, 10（4）: 135–152.

Fatás, Antonio and Ilian Mihov（2003）. "The Case for Restricting Fiscal Policy Discretion." *Quarterly Journal of Economics*, 118（4）: 1419–1448.

Fatás, Antonio and Ilian Mihov（2013）. "Policy Volatility, Institutions and Economic Growth." *Review of Economics and Statistics*, 95（2）: 362–376.

Feigenbaum, James and Geng Li（2015）. "Household Income Uncertainties over Three Decades." *Oxford Economic Papers*, 67（4）: 963–986.

Feng, Ling, Zhiyuan Li, and Deborah L. Swenson（2017）. "Trade Policy Uncertainty and Exports: Evidence from China's WTO Accession." *Journal of International Economics*, 106: 20–36.

Fernandes, Ana P. and Priscila Ferreira（2017）. "Financing Constraints and Fixed-Term Employment: Evidence from the 2008-9 Financial Crisis." *European Economic Review*, 92: 215–238.

Fernández-Villaverde, Jesús, Pablo Guerrón-Quintana, Keith Kuester, and Juan Rubio-Ramírez（2015）. "Fiscal Volatility Shocks and Economic Activity." *American Economic Review*, 105（11）: 3352–3384.

Fiori, Giuseppe and Filippo Scoccianti（2023）. "The Economic Effects of Firm-Level Uncertainty: Evidence Using Subjective Expectations." *Journal of Monetary Economics*, 140: 92–105.

Florackis, Chris, Christodoulos Louca, Roni Michaely, and Michael Weber（2023）. "Cybersecurity Risk." *Review of Financial Studies*, 36（1）: 351–407.

Forni, Mario, Luca Gambetti, and Luca Sala（2024）. "Downside and Upside Uncertainty Shocks." *Journal of the European Economic Association*, forthcoming.

Frankel, Jeffrey（2011）. "Over-optimism in Forecasts by Official Budget Agencies and Its Implications." *Oxford Review of Economic Policy*, 27（4）: 536–562.

Frankel, Jeffrey and Jesse Schreger（2013）. "Over-optimistic Official Forecasts and Fiscal Rules in the Eurozone." *Review of World Economics*, 149（2）: 247–272.

Fuchs, Maximilian, Johannes Strobel, and Julian Terstegge（2024）. "Carbon VIX: Carbon Price Uncertainty and Decarbonization Investments." NBER Working Paper, 32937.

Fujii, Daisuke（2024）. "The Impact of Trade Disruption with China on the Japanese Economy." RIETI Discussion Paper, 24-E-073.

Fujitani, Ryosuke, Masazumi Hattori, and Yukihiro Yasuda（2023）. "Domestic and International Effects of Economic Policy Uncertainty on Corporate Investment and Strategic Cash Holdings: Evidence from Japan." *Journal of the Japanese and International Economies*, 69: 101272.

Ghosal, Vivek and Yang Ye（2015）. "Uncertainty and the Employment Dynamics of Small and Large Businesses." *Small Business Economics*, 44（3）: 529–558.

Gianfreda, Giuseppina and Giovanna Vallanti（2017）. "Institutions' and Firms' Adjustments: Measuring the Impact of Courts' Delays on Job Flows and Productivity." *Journal of Law and Economics*, 60（1）: 135–172.

Giavazzi, Francesco and Michael McMahon（2012）. "Policy Uncertainty and Household Savings."

Review of Economics and Statistics, 94 (2): 517–531.

Giordani, Paolo and Paul Soderlind (2003). "Inflation Forecast Uncertainty." *European Economic Review*, 47 (6): 1037–1059.

Giovannelli, Alessandro and Filippo Maria Pericoli (2020). "Are GDP Forecasts Optimal? Evidence on European Countries." *International Journal of Forecasting*, 36 (3): 963–973.

Giustinelli, Pamela (2023). "Expectations in Education." in Rüdiger Bachmann, Giorgio Topa, and Wilbert van der Klaauw eds. *Handbook of Economic Expectations*. Academic Press, Ch.7, 193–224.

Glas, Alexander (2020). "Five Dimensions of the Uncertainty-Disagreement Linkage." *International Journal of Forecasting*, 36 (2): 607–627.

Goel, Rajeev K. and Rati Ram (2001). "Irreversibility of R&D Investment and the Adverse Effect of Uncertainty: Evidence from the OECD Countries." *Economics Letters*, 71 (2): 287–291.

Gozgor, Giray, Mehmet Huseyin Bilgin, and Peter Rangazas (2021). "Economic Uncertainty and Fertility." *Journal of Human Capital*, 15 (3): 373–399.

Graziano, Alejandro, Kyle Handley, and Nuno Limão (2020). "Brexit Uncertainty: Trade Externalities beyond Europe." *AEA Papers and Proceedings*, 110: 552–556.

Graziano, Alejandro G., Kyle Handley, and Nuno Limão (2021). "Brexit Uncertainty and Trade Disintegration." *Economic Journal*, 131: 1150–1185.

Graziano, Alejandro G., Kyle Handley, and Nuno Limão (2024). "An Import (ant) Price of Brexit Uncertainty." *Journal of International Economics*, 152: 104012.

Greenland, Andrew, Mihai Ion, and John Lopresti (2019). "Exports, Investment and Policy Uncertainty." *Canadian Journal of Economics*, 52 (3): 1248–1288.

Grossman, Gene M., Elhanan Helpman, and Hugo Lhuillier (2023). "Supply Chain Resilience: Should Policy Promote International Diversification or Reshoring?" *Journal of Political Economy*, 131 (12): 3462–3496.

Guiso, Luigi and Giuseppe Parigi (1999). "Investment and Demand Uncertainty." *Quarterly Journal of Economics*, 114 (1): 185–227.

Guiso, Luigi, Tullio Jappelli, and Daniele Terlizzese (1992). "Earnings Uncertainty and Precautionary Saving." *Journal of Monetary Economics*, 30 (2): 307–337.

Guiso, Luigi, Tullio Jappelli, and Daniele Terlizzese (1996). "Income Risk, Borrowing Constraints, and Portfolio Choice." *American Economic Review*, 86 (1): 158–172.

Gulen, Huseyin and Mihai Ion (2016). "Policy Uncertainty and Corporate Investment." *Review of Financial Studies*, 29 (3): 523–564.

Hacıoğlu-Hoke, Sinem (2024). "Macroeconomic Effects of Political Risk Shocks." *Economics Letters*, 242: 111877.

Hamermesh, Daniel S. (1985). "Expectations, Life Expectancy, and Economic Behavior." *Quarterly Journal of Economics*, 100 (2): 389–408.

Hamersma, Sarah, Carolyn J. Heinrich, and Peter R. Mueser (2014). "Temporary Help Work: Compensating Differentials and Multiple Job Holding." *Industrial Relations*, 53 (1): 72–100.

Handley, Kyle (2014). "Exporting under Trade Policy Uncertainty: Theory and Evidence." *Journal of International Economics*, 94 (1): 50–66.

Handley, Kyle and J. Frank Li (2020). "Measuring the Effects of Firm Uncertainty on Economic

Activity: New Evidence from One Million Documents." NBER Working Paper, 27896.

Handley, Kyle and Nuno Limão (2015). "Trade and Investment under Policy Uncertainty: Theory and Firm Evidence." *American Economic Journal: Economic Policy*, 7 (4): 189–222.

Handley, Kyle and Nuno Limão (2017). "Policy Uncertainty, Trade and Welfare: Theory and Evidence for China and the United States." *American Economic Review*, 107 (9): 2731–2783.

Handley, Kyle and Nuno Limão (2022). "Trade Policy Uncertainty." *Annual Review of Economics*, 14: 363–395.

Handley, Kyle, Nuno Limão, Rodney D. Ludema, and Zhi Yu (2024). "Firm Input Choice under Trade Policy Uncertainty." *Journal of International Economics,* 150: 103909.

Hartman, Richard (1972). "The Effects of Price and Cost Uncertainty on Investment." *Journal of Economic Theory*, 5 (2): 258–266.

Hassan, Tarek A., Stephan Hollander, Laurence Van Lent, and Ahmed Tahoun (2019). "Firm-Level Political Risk: Measurement and Effects." *Quarterly Journal of Economics*, 134 (4): 2135–2202.

Hassan, Tarek Alexander, Stephan Hollander, Laurence van Lent, and Ahmed Tahoun (2023). "Firm-level Exposure to Epidemic Diseases: Covid-19, SARS, and H1N1." *Review of Financial Studies*, 36 (12): 4919–4964.

Hassan, Tarek Alexander, Stephan Hollander, Laurence van Lent, and Ahmed Tahoun (2024). "The Global Impact of Brexit Uncertainty." *Journal of Finance*, 79 (1): 413–458.

Hayakawa, Kazunobu and Fukunari Kimura (2009). "The Effect of Exchange Rate Volatility on International Trade in East Asia." *Journal of the Japanese and International Economies*, 23 (4): 395–406.

Henly, Julia R. and Susan J. Lambert (2014). "Unpredictable Work Timing in Retail Jobs: Implications for Employee Work-Life Conflict." *Industrial and Labor Relations Review*, 67 (3): 986–1016.

Ho, Giang and Paolo Mauro (2016). "Growth: Now and Forever?" *IMF Economic Review*, 64 (3): 526–547.

Houseman, Susan N. (2001). "Why Employers Use Flexible Staffing Arrangements: Evidence from an Establishment Survey." *Industrial and Labor Relations Review*, 55 (1): 149–170.

Hudomiet, Péter, Michael D. Hurd, and Susann Rohwedder (2023). "Mortality and Health Expectations." in Rüdiger Bachmann, Giorgio Topa, and Wilbert van der Klaauw eds. *Handbook of Economic Expectations*. Academic Press, Ch.8, 225–259.

Hummels, David L. and Georg Schaur (2010). "Hedging Price Volatility Using Fast Transport." *Journal of International Economics*, 82 (1): 15–25.

Hurd, Michael D. (2009). "Subjective Probabilities in Household Surveys." *Annual Review of Economics*, 1: 543–562.

Husted, Lucas, John Rogers, and Bo Sun (2020). "Monetary Policy Uncertainty." *Journal of Monetary Economics*, 115: 20–36.

Ilut, Cosmin and Martin Schneider (2023). "Ambiguity." in Rüdiger Bachmann, Giorgio Topa, and Wilbert van der Klaauw eds. *Handbook of Economic Expectations. Academic Press*, Ch.24, 749–777.

Inada, Mitsuo and Naoto Jinji (2023). "The Impact of Policy Uncertainty on Foreign Direct Investment in Services: Evidence from Firm-Level Data and the Role of Regional Trade

Agreements." RIETI Discussion Paper, 23-E-021.

Inada, Mitsuo and Naoto Jinji (2024). "The Impact of Policy Uncertainty on Foreign Direct Investment: Micro-evidence from Japan's International Investment Agreements." *Review of International Economics*, 32 (3): 934–957.

Inoue, Hiroyasu and Yasuyuki Todo (2022). "Propagation of Overseas Economic Shocks through Global Supply Chains: Firm-Level Evidence." RIETI Discussion Paper, 22-E-062.

Jackson, Kristoffer (2016). "Do Land Use Regulations Stifle Residential Development? Evidence from California Cities." *Journal of Urban Economics*, 91: 45–56.

Jain, Monica, Olena Kostyshyna, and Xu Zhang (2024). "How Do People View Wage and Price Inflation?" *Journal of Monetary Economics*, 145: 103552.

Jakubik, Adam and Roberta Piermartini (2023). "How WTO Commitments Tame Uncertainty." *European Economic Review*, 157: 104495.

Jappelli, Tullio, Immacolata Marino, and Mario Padula (2021). "Social Security Uncertainty and Demand for Retirement Saving." *Review of Income and Wealth*, 67 (4): 810–834.

Jappelli, Tullio and Luigi Pistaferri (2000). "Using Subjective Income Expectations to Test for Excess Sensitivity of Consumption to Predicted Income Growth." *European Economic Review*, 44 (2): 337–358.

Jayakody, Shashitha, David Moretti, and Jaideep Oberoi (2023). "Political Uncertainty, Corruption, and Corporate Cash Holdings." *Journal of Corporate Finance*, 82: 102447.

Jens, Candace E. (2017). "Political Uncertainty and Investment: Causal Evidence from U.S. Gubernatorial Elections." *Journal of Financial Economics*, 124 (3): 563–579.

Jo, Soojin and Rodrigo Sekkel (2019). "Macroeconomic Uncertainty through the Lens of Professional Forecasters." *Journal of Business and Economic Statistics*, 37 (3): 436–446.

Jong-A-Pin, Richard (2009). "On the Measurement of Political Instability and its Impact on Economic Growth." *European Journal of Political Economy*, 25 (1): 15–29.

Jory, Surendranath R., Hinh D. Khieu, Thanh N. Ngo, and Hieu V. Phan (2020). "The Influence of Economic Policy Uncertainty on Corporate Trade Credit and Firm Value." *Journal of Corporate Finance*, 64: 101671.

Julio, Brandon and Youngsuk Yook (2012). "Political Uncertainty and Corporate Investment Cycles." *Journal of Finance*, 67 (1): 45–83.

Julio, Brandon and Youngsuk Yook (2016). "Policy Uncertainty, Irreversibility, and Cross-Border Flows of Capital." *Journal of International Economics*, 103:13–26.

Jurado, Kyle, Sydney C. Ludvigson, and Serena Ng (2015). "Measuring Uncertainty." *American Economic Review*, 105 (3): 1177–1216.

Kalmenovitz, Joseph (2023). "Regulatory Intensity and Firm-Specific Exposure." *Review of Financial Studies*, 36 (8): 3311–3347.

Kang, Wensheng, Kiseok Lee, and Ronald A. Ratti (2014). "Economic Policy Uncertainty and Firm-Level Investment." *Journal of Macroeconomics*, 39: 42–53.

Kashin, Konstantin, Gary King, and Samir Soneji (2015). "Systematic Bias and Nontransparency in US Social Security Administration Forecasts." *Journal of Economic Perspectives*, 29 (2): 239–258.

Kaviani, Mahsa S., Lawrence Kryzanowski, Hosein Maleki, and Pavel Savor (2020). "Policy

Uncertainty and Corporate Credit Spreads." *Journal of Financial Economics*, 138（3）: 838–865.

Kawabata, Hatsu and Tatsuro Senga（2024）. "Forecast Dispersion and Forecast Errors across Firms and Time." RIETI Discussion Paper, 24-E-064.

Kermani, Amir and Yueran Ma（2023）. "Asset Specificity of Nonfinancial Firms." *Quarterly Journal of Economics*, 138（1）: 205–264.

Kézdi, Gábor and Matthew D. Shapiro（2023）. "Retirement Expectations." in Rüdiger Bachmann, Giorgio Topa, and Wilbert van der Klaauw eds. *Handbook of Economic Expectations*. Academic Press, Ch.10, 293–320.

Khan, Aubhik and Tatsuro Senga（2019）. "Firm-level Uncertainty and Cash Holding: Theory and Firm-level Empirical Evidence." *Economic Analysis*, 200: 164–185.

Kim, Hyunseob and Howard Kung（2017）. "The Asset Redeployability Channel: How Uncertainty Affects Corporate Investment." *Review of Financial Studies*, 30（1）: 245–280.

Kim, Youngju, Seohyun Lee, and Hyunjoon Lim（2023）. "Uncertainty, Credit and Investment: Evidence from Firm-Bank Matched Data." *Journal of Banking and Finance*, 154: 106974.

King, Mervyn（2016）. *The End of Alchemy*. The Wylie Agency Ltd.（マーヴィン・キング〔2017〕『錬金術の終わり：貨幣、銀行、世界経済の未来』〔遠藤真美訳〕日本経済新聞出版）

Kishishita, Daiki, Hans H. Tung, and Charlotte Wang（2024）. "Ambiguity and Self-Protection: Evidence from Social Distancing under the COVID-19 Pandemic." *Japanese Economic Review*, 75（2）: 269–300.

Kitao, Sagiri（2018）. "Policy Uncertainty and Cost of Delaying Reform: The Case of Aging Japan." *Review of Economic Dynamics*, 27: 81–100.

Klößner, Stefan and Rodrigo Sekkel（2014）. "International Spillovers of Policy Uncertainty." *Economics Letters*, 124（3）: 508–512.

Knight, Frank H.（1921）. *Risk, Uncertainty and Profit*. University of Chicago Press.（フランク・H・ナイト〔2021〕『リスク、不確実性、利潤』〔桂木隆夫・佐藤方宣・太子堂正称訳〕筑摩書房）

Kobayashi, Keiichiro and Kozo Ueda（2022）. "Secular Stagnation and Low Interest Rates under the Fear of a Government Debt Crisis." *Journal of Money, Credit and Banking*, 54（4）: 779–824.

Koga, Maiko, Koichi Yoshino, and Tomoya Sakata（2019）. "Strategic Complementarity and Asymmetric Price Setting among Firms." BOJ Working Paper, 19-E-05.

Kopits, George（2016）. "The Case for an Independent Fiscal Institution in Japan." IMF Working Paper, 16-156.

Kostyshyna, Olena and Luba Petersen（2024）. "The Effect of Inflation Uncertainty on Household Expectations and Spending." NBER Working Paper, 32939.

Kovalenko, Tim（2024）. "Uncertainty Shocks and Employment Fluctuations in Germany: The Role of Establishment Size." *Oxford Economic Papers*, 76（2）: 451–468.

Kozeniauskas, Nicholas, Anna Orlik, and Laura Veldkamp（2018）. "What Are Uncertainty Shocks?" *Journal of Monetary Economics*, 100: 1–15.

Kraft, Holger, Eduardo S. Schwartz, and Farina Weiss（2018）. "Growth Options and Firm Valuation." *European Financial Management*, 24（2）: 209–238.

Kuhnen, Camelia M. and Paul Oyer（2016）. "Exploration for Human Capital: Evidence from the

MBA Labor Market." *Journal of Labor Economics*, 34（S2）: S255–S286.

Kumar, Saten, Yuriy Gorodnichenko, and Olivier Coibion（2022）. "The Effect of Macroeconomic Uncertainty on Firm Decisions." *Econometrica*, 91（4）: 1297–1332.

Lakdawala, Aeimit and Timothy Moreland（2024）. "Firm-Level Uncertainty and the Transmission of Monetary Policy." *Review of Economics and Statistics*, forthcoming.

Lambert, Susan J. and Anna Haley（2021）. "Implementing Work Scheduling Regulation: Compliance and Enforcement Challenges at the Local Level." *ILR Review*, 74（5）: 1231–1257.

Laß, Inga and Mark Wooden（2019）. "The Structure of the Wage Gap for Temporary Workers: Evidence from Australian Panel Data." *British Journal of Industrial Relations*, 57（3）: 453–478.

Lastauskas, Povilas and Anh Dinh Minh Nguyen（2023）. "Global Impacts of US Monetary Policy Uncertainty Shocks." *Journal of International Economics*, 145: 103830.

Lavetti, Kurt（2023）. "Compensating Wage Differentials in Labor Markets: Empirical Challenges and Applications." *Journal of Economic Perspectives*, 37（3）: 189–212.

Leahy, John V. and Toni M. Whited（1996）. "The Effect of Uncertainty on Investment: Some Stylized Facts." *Journal of Money, Credit, and Banking*, 28（1）: 64–83.

Leduc, Sylvain and Zheng Liu（2016）. "Uncertainty Shocks Are Aggregate Demand Shock." *Journal of Monetary Economics*, 82: 20–35.

Lee, Jaewoo and Kwanho Shin（2000）. "The Role of a Variable Input in the Relationship between Investment and Uncertainty." *American Economic Review*, 90（3）: 667–680.

Lee, Jungho and Jianhuan Xu（2019）. "Tax Uncertainty and Business Activity." *Journal of Economic Dynamics and Control*, 103: 158–184.

Levine, Ross, Chen Lin, Mingzhu Tai, and Wensi Xie（2021）. "How Did Depositors Respond to COVID-19?" *Review of Financial Studies*, 34（11）: 5438–5473.

Li, Qing, Hongyu Shan, Yuehua Yang, and Vincent Yao（2024）. "Corporate Climate Risk: Measurement and Responses." *Review of Financial Studies*, 37（6）: 1778–1830.

Li, Rong and Ning Wei（2022）. "Economic Policy Uncertainty and Government Spending Multipliers." *Economics Letters*, 217: 110693.

Limão, Nuno and Giovanni Maggi（2015）. "Uncertainty and Trade Agreements." *American Economic Journal: Microeconomics*, 7（4）: 1–42.

Liu, Qing and Hong Ma（2020）. "Trade Policy Uncertainty and Innovation: Firm Level Evidence from China's WTO Accession." *Journal of International Economics*, 127: 103387.

Ludvigson, Sydney C., Sai Ma, and Serena Ng（2021a）. "COVID-19 and the Costs of Deadly Disasters." *AEA Papers and Proceedings*, 111: 366–370.

Ludvigson, Sydney C., Sai Ma, and Serena Ng（2021b）. "Uncertainty and Business Cycles: Exogenous Impulse or Endogenous Response?" *American Journal of Economics: Macroeconomics*, 13（4）: 369–410.

Lugilde, Alba, Roberto Bande, and Dolores Riveiro（2019）. "Precautionary Saving: A Review of the Empirical Literature." *Journal of Economic Surveys*, 33（2）: 481–515.

Luo, Changyuan, Chunxiao Si, and Hongyong Zhang（2022）. "Moving out of China? Evidence from Japanese Multinational Firms." *Economic Modelling*, 110: 105826.

Luttmer, Erzo F.P. and Andrew A. Samwick（2018）. "The Welfare Cost of Perceived Policy

Uncertainty: Evidence from Social Security." *American Economic Review*, 108 (2): 275–307.

Ma, Xiaohan and Roberto Samaniego (2019). "Deconstructing Uncertainty." *European Economic Review*, 119: 22–41.

Maćkowiak, Bartosz, Filip Matějka, and Mirko Wiederholt (2023). "Rational Inattention: A Review." *Journal of Economic Literature*, 61 (1): 226–273.

Maestas, Nicole, Kathleen J. Mullen, David Powell, Till von Wachter, and Jeffrey B. Wenger (2023). "The Value of Working Conditions in the United States and the Implications for the Structure of Wages." *American Economic Review*, 113 (7): 2007–2047.

Manasse, Paolo, Graziano Moramarco, and Giulio Trigilia (2024). "Exchange Rates and Political Uncertainty: The Brexit Case." *Economica*, 91: 621–652.

Manski, Charles F. (2004). "Measuring Expectations." *Econometrica*, 72 (5): 1329–1376.

Manski, Charles F. (2018). "Survey Measurement of Probabilistic Macroeconomic Expectations: Progress and Promise." in Martin Eichenbaum and Jonathan A. Parker eds. *NBER Macroeconomics Annual 2017*, The University of Chicago Press, 411–471.

Manski, Charles F. (2023). "Credible Social Planning under Uncertainty." NBER Working Paper, 31456.

Martin, Julien, Isabelle Mejean, and Mathieu Parenti (2024). "Relationship Stickiness, International Trade, and Economic Uncertainty." *Review of Economics and Statistics*, forthcoming.

Mas, Alexandre and Amanda Pallais (2017). "Valuing Alternative Work Arrangements." *American Economic Review*, 107 (12): 3722–3759.

Mas, Alexandre and Amanda Pallais (2020). "Alternative Work Arrangements." *Annual Review of Economics*, 12: 631–658.

Matzner, Anna, Birgit Meyer, and Harald Oberhofer (2023). "Trade in Times of Uncertainty." *The World Economy*, 46 (9): 2564–2597.

McDonald, Robert and Daniel Siegel (1986). "The Value of Waiting to Invest." *Quarterly Journal of Economics*, 101 (4): 707–728.

McKenzie, Michael D. (1999). "The Impact of Exchange Rate Volatility on International Trade Flows." *Journal of Economic Surveys*, 13 (1): 71–106.

Meeller, Andreas I. and Johannes Spinnewijn (2023). "Expectations Data, Labor Market, and Job Search." in Rüdiger Bachmann, Giorgio Topa, and Wilbert van der Klaauw eds. *Handbook of Economic Expectations*. Academic Press, Ch.22, 677–713.

Meinen, Philipp and Oke Roehe (2017). "On Measuring Uncertainty and Its Impact on Investment: Cross-Country Evidence from the Euro Area." *European Economic Review*, 92: 161–179.

Miescu, Mirela and Raffaele Rossi (2021). "COVID-19-Induced Shocks and Uncertainty." *European Economic Review*, 139: 103893.

Mikosch, Heiner, Christopher Roth, Samad Sarferaz, and Johannes Wohlfart (2024), "Uncertainty and Information Acquisition: Evidence from Firms and Households." *American Economic Journal: Macroeconomics*, 16 (2): 375–405.

Molina, Renato and Ivan Rudik (2024). "The Social Value of Hurricane Forecasts." NBER Working Paper, 32548.

Morikawa, Masayuki（2010）. "Volatility, Nonstandard Employment, and Productivity: An Empirical Analysis Using Firm-Level Data." RIETI Discussion Paper, 10-E-025.

Morikawa, Masayuki（2012）. "Demand Fluctuations and Productivity of Service Industries." *Economics Letters*, 117（1）: 256–258.

Morikawa, Masayuki（2016a）. "What Types of Policy Uncertainties Matter for Business?" *Pacific Economic Review*, 21（5）: 527–540.

Morikawa, Masayuki（2016b）. "How Uncertain Are Economic Policies? New Evidence from a Firm Survey." *Economic Analysis and Policy*, 52: 114–122.

Morikawa, Masayuki（2016c）. "Business Uncertainty and Investment: Evidence from Japanese Companies." *Journal of Macroeconomics*, 49: 224–236.

Morikawa, Masayuki（2018a）. "Uncertainty over Working Schedules and Compensating Wage Differentials: From the Viewpoint of Labor Management." RIETI Discussion Paper, 18-E-015, 2018.

Morikawa, Masayuki（2018b）. "Measuring Firm-Level Uncertainty: New Evidence from a Business Outlook Survey." RIETI Discussion Paper, 18-E-030.

Morikawa, Masayuki（2019a）. "Uncertainty over Production Forecasts: An Empirical Analysis Using Monthly Quantitative Survey Data." *Journal of Macroeconomics*, 60: 163–179.

Morikawa, Masayuki（2019b）. "Dispersion and Volatility of TFPQ and TFPR: Findings from Three Service Industries." *Industrial and Corporate Change*, 28（6）: 1515–1531.

Morikawa, Masayuki（2019c）. "Policy Uncertainty and Saving Attitude: Evidence from a Survey on Consumers." *Journal of Consumer Affairs*, 53（3）: 1297–1311.

Morikawa, Masayuki（2021）. "Uncertainty of Firms' Economic Outlook During the COVID-19 Crisis." *Covid Economics*, 81: 1–18.

Morikawa, Masayuki（2022）. "Uncertainty in Long-Term Macroeconomic Forecasts: Ex post Evaluation of Forecasts by Economics Researchers." *Quarterly Review of Economics and Finance*, 85: 8–15.

Morikawa, Masayuki（2023a）. "Firms' Subjective Uncertainty and Forecast Errors: Survey Evidence from Japan." *Applied Economics Letters*, 30（1）: 33–36.

Morikawa, Masayuki（2023b）. "Compliance Costs and Productivity: An Approach from Working Hours." *Journal of Regulatory Economics*, 63（3）: 117–137.

Mumtaz, Haroon and Konstantinos Theodoridis（2015）. "The International Transmission of Volatility Shocks: An Empirical Analysis." *Journal of the European Economic Association*, 13（3）: 512–533.

Mumtaz, Haroon and Konstantinos Theodoridis（2017）. "Common and Country Specific Economic Uncertainty." *Journal of International Economics*, 105: 205–216.

Mumtaz, Haroon and Paolo Surico（2018）. "Policy Uncertainty and Aggregate Fluctuations." *Journal of Applied Econometrics*, 33（3）: 319–331.

Nam, Eun-Young, Kiryoung Lee, and Yoontae Jeon（2021）. "Macroeconomic Uncertainty Shocks and Households' Consumption." *Journal of Macroeconomics*, 68: 103306.

Nana, Ibrahim, Rasmane Ouedraogo, and Sampawende Jules Tapsoba（2024）. "The Heterogeneous Effects of Uncertainty on Trade." IMF Working Paper, 24–139.

Netsunajev, Aleksei and Katharina Glass (2017). "Uncertainty and Employment Dynamics in the Euro Area and the US." *Journal of Macroeconomics*, 51: 48–62.

Nodari, Gabriela (2014). "Financial Regulation Policy Uncertainty and Credit Spreads in the US." *Journal of Macroeconomics*, 41: 122–132.

Novy, Dennis and Alan M. Taylor (2020). "Trade and Uncertainty." *Review of Economics and Statistics*, 102 (4): 749–765.

Ogawa, Kazuo and Kazuyuki Suzuki (2000). "Uncertainty and Investment: Some Evidence from the Panel Data of Japanese Manufacturing Firms." *Japanese Economic Review*, 51 (2): 170–192.

Oi, Walter Y. (1961). "The Desirability of Price Instability under Perfect Competition." *Econometrica*, 29 (1): 58–64.

Okumura, Tsunao and Emiko Usui (2014). "The Effect of Pension Reform on Pension-Benefit Expectations and Savings Decisions in Japan." *Applied Economics*, 46 (14): 1677–1691.

Ono, Yukako and Daniel Sullivan (2013). "Manufacturing Plants' Use of Temporary Workers: An Analysis Using Census Microdata." *Industrial Relations*, 52 (2): 419–443.

Pain, Nigel, Christine Lewis, Thai-Thanh Dang, Yosuke Jin, and Pete Richardson (2014). "OECD Forecasts During and After the Financial Crisis." OECD Economics Department Working Paper, 1107.

Park, Jin Seok and Donghyun Suh (2019). "Uncertainty and Household Portfolio Choice: Evidence from South Korea." *Economics Letters*, 180: 21–24.

Pesaran, M. Hashem and Martin Weale (2006). "Survey Expectations." in Graham Elliott, Clive W. J. Granger, and Allan Timmermann eds. *Handbook of Economic Forecasting*, Vol.1. Amsterdam: Elsevier, 715–776.

Pierce, Justin R. and Peter K. Schott (2016). "The Surprisingly Swift Decline of US Manufacturing Employment." *American Economic Review*, 106 (7): 1632–1662.

Pouliakas, Konstantinos and Ioannis Theodossiou (2010). "Measuring the Utility Cost of Temporary Employment Contracts Before Adaptation: A Conjoint Analysis Approach." *Economica*, 77: 688–709.

Ramey, Garey and Valerie A. Ramey (1995). "Cross-Country Evidence on the Link between Volatility and Growth." *American Economic Review*, 85 (5): 1138–1151.

Reifschneider, David and Peter Tulip (2019). "Gauging the Uncertainty of the Economic Outlook Using Historical Forecasting Errors: The Federal Reserve's Approach." *International Journal of Forecasting*, 35 (4): 1564–1582.

Rich, Robert and Joseph Tracy (2010). "The Relationship between Expected Inflation, Disagreement, and Uncertainty: Evidence from Matched Point and Density Forecasts." *Review of Economic and Statistics*, 92 (1): 200–207.

Rodrigues, Eduardo de Sá Fortes Leitão (2024). "Uncertainty and the Effectiveness of Fiscal Policy in the United States and Brazil: SVAR Approach." *The World Economy*, 47 (1): 238–267.

Ropele, Tiziano, Yuriy Gorodnichenko, and Olivier Coibion (2024). "Inflation Expectations and Misallocation of Resources: Evidence from Italy." *American Economic Review: Insights*, 6 (2): 246–261.

Rossi, Barbara and Tatevik Sekhposyan (2015). "Macroeconomic Uncertainty Indices Based on

Nowcast and Forecast Error Distributions." *American Economic Review*, 105（5）: 650–655.

Scotti, Chiara（2016）. "Surprise and Uncertainty Indexes: Real-Time Aggregation of Real-Activity Macro Surprises." *Journal of Monetary Economics*, 82: 1–19.

Sestito, Paolo and Eliana Viviano（2018）. "Firing Costs and Firm Hiring: Evidence from an Italian Reform." *Economic Policy*, 93: 101–130.

Sommer, Kamila（2016）. "Fertility Choice in a Life-Cycle Model with Idiosyncratic Uninsurable Earnings Risk." *Journal of Monetary Economics*, 83: 27–38.

Steinberg, Joseph B.（2019）. "Brexit and the Macroeconomic Impact of Trade Policy Uncertainty." *Journal of International Economics*, 117: 175–195.

Stern, Ariel Dora（2017）. "Innovation under Regulatory Uncertainty: Evidence from Medical Technology." *Journal of Public Economics*, 145: 181–200.

Stokey, Nancy L.（2016）. "Wait-and-See: Investment Options under Policy Uncertainty." *Review of Economic Dynamics*, 26: 246–265.

Straub, Ludwig and Robert Ulbricht（2024）. "Endogenous Uncertainty and Credit Crunches." *Review of Economic Studies*, 91（5）: 3085–3115.

Suwanprasert, Wisarut（2022）. "The International Spillover Effects of US Trade Policy Uncertainty." *Economics Letters*, 212: 110286.

Tamberi, Nicolo（2024）. "Export-Platform Foreign Direct Investment and Trade Policy Uncertainty: Evidence from Brexit." *Economica*, 91: 33–69.

Tanaka, Mari, Nicholas Bloom, Maiko Koga, and Haruko Kato（2020）. "Firm Performance and Macro Forecast Accuracy." *Journal of Monetary Economics*, 114: 26–41.

Thorbecke, Willem（2008）. "The Effect of Exchange Rate Volatility on Fragmentation in East Asia: Evidence from the Electronics Industry." *Journal of the Japanese and International Economies*, 22（4）: 535–544.

Tsuchiya, Yoichi（2013）. "Are Government and IMF Forecasts Useful? An Application of a New Market-Timing Test." *Economics Letters*, 118（1）: 118–120.

Valchev, Rosen and Luca Gemmi（2023）. "Biased Surveys." NBER Working Paper, 31607.

Valencia, Fabián（2017）. "Aggregate Uncertainty and the Supply of Credit." *Journal of Banking and Finance*, 81: 150–165.

Van Santen, Peter（2019）. "Uncertain Pension Income and Household Saving." *Review of Income and Wealth*, 65（4）: 908–929.

Varian, Hal R.（2009）. *Intermediate Microeconomics: A Modern Approach*. New York and London: W. W. Norton & Company.

Vavra, Joseph（2014）. "Inflation Dynamics and Time-Varying Volatility: New Evidence and an Ss Interpretation." *Quarterly Journal of Economics*, 129（1）: 215–258.

Wang, Xinjie, Yangru Wu, and Weike Xu（2024）. "Geopolitical Risk and Investment." *Journal of Money, Credit and Banking*, forthcoming.

Weber, Michael, Francesco D'Acunto, Yuriy Gorodnichenko, and Oliver Coibion（2023）. "The Subjective Inflation Expectations of Households and Firms: Measurement, Determinants, and Implications." *Journal of Economic Perspectives*, 36（3）: 157–184.

Xu, Zhaoxia（2020）. "Economic Policy Uncertainty, Cost of Capital, and Corporate Innovation."

Journal of Banking and Finance, 111: 105698.

Yannelis, Constantine and Livia Amato (2023). "Household Behavior (Consumption, Credit, and Investments) during the COVID-19 Pandemic." *Annual Review of Financial Economics*, 15: 91–113.

Yokoyama, Izumi, Kazuhito Higa, and Daiji Kawaguchi (2021). "Employment Adjustments of Regular and Non-regular Workers to Exogenous Shocks: Evidence from Exchange-Rate Fluctuation." *ILR Review*, 74 (2): 470–510.

Yotzov, Ivan, Lena Anayi, Nicholas Bloom, Philip Bunn, Paul Mizen, Özgen Öztürk, and Gregory Thwaites (2023). "Firm Inflation Uncertainty." *AEA Papers and Proceedings*, 113: 56–60.

Zarnowitz, Victor and Louis A. Lambros (1987). "Consensus and Uncertainty in Economic Prediction." *Journal of Political Economy*, 95 (3): 591–621.

Zhang, Hongyong and Ha Thi Thanh Doan (2023). "Global Sourcing and Firm Inventory during the Pandemic." RIETI Discussion Paper, 23-E-018.

Zhang, Yaojie, Mengxi He, Yudong Wang, and Chao Liang (2023). "Global Economic Policy Uncertainty Aligned: An Informative Predictor for Crude Oil Market Volatility." *International Journal of Forecasting*, 39 (4): 1318–1332.

Zhao, Yongchen (2024). "Uncertainty of Household Inflation Expectations: Reconciling Point and Density Forecasts." *Economics Letters*, 234: 111486.

Zohar, Osnat (2024). "Cyclicality of Uncertainty and Disagreement." *Journal of Monetary Economics*, 143: 103544.

索　引

数字・アルファベット

90％信頼区間　36, 60, 62, 121, 122, 173
2024年問題　212
ABSFE　54, 56, 99, 101, 110, 146, 156, 202
AI　164
Ambiguity　25, 129, 149
Bin デザイン　37
Categorical EPU　73
Consensus Economics　30
Coronavirus Aid, Relief, and Economic Security Act（CARES 法）　186
Decision Maker Panel（DMP）　155, 235
DID（差の差）推計　190
Earned Income Tax Credit（EITC）　185
English Longitudinal Study of Aging（ELSA）　36, 170
EPU ショック　240
ESP フォーキャスト調査　30, 55, 60, 196
European Survey of Health, Aging and Retirement: SHARE　36
FDISP　54, 56
FEDISP　99, 101, 146, 156, 202
first moment ショック　40
FOMC（連邦公開市場委員会）　31, 70
Google Trends　33
Health and Retirement Study: HRS　36
Historical EPU　75
IMF　20, 58
IT バブル　50
JLN 指標　32
M&A　143, 222, 244
MOPS　139
OECD　20, 58
Oi-Hartman-Abel 効果　39, 222
Panel Study of Income Dynamics（PSID）　183
Permanent Normal Trade Relations（PNTR）　231
RIETI　121
second moment ショック　40
Survey of Business Uncertainty（SBU）　35
Survey of Consumer Expectations（SCE）　36
Survey of External Forecaster　33
Survey of Health, Aging and Retirement in Europe（SHARE）　170
Survey of Household Income and Wealth（SHIW）　171
Survey of Professional Forecasters（SPF）　30, 33
TFP　67, 88, 91, 209, 210
TFP 上昇率　68
TPP 協定　78, 79, 229
VAR　111
VIX　27, 42, 50, 143, 181, 239, 240
VSTOXX　29, 240
VXO　42, 223
WTA　212, 215
WTO ルール　230
WTP　193, 212, 214

あ行

アトランタ連邦準備銀行　35
アメニティ価値　212, 214
安全保障理事会　246
アンチダンピング（AD）関税　231
遺産動機　184
一般均衡ライフサイクル・モデル　193
イノベーション　10, 87, 88, 142
医療・医療保険制度　81, 189
医療保険　188
イングランド銀行　30
インパルス応答　117
動かない領域　155
売上高のボラティリティ　145

営業自粛　134
英国の EU 離脱　16, 21
エビデンスに基づく政策形成（EBPM）　57
エビデンスに基づくマクロ経済政策　49
エンフォースメント　71, 77
欧州債務危機　9, 21
欧州中央銀行（ECB）　30, 168, 199
王朝型予備的貯蓄（Dynastic Precautionary
　　Savings）　184
大いなる貿易崩壊（The Great Trade Collapse）
　　223
オーダーメード集計　98, 102, 146, 156, 225
オプション・インプライド・ボラティリティ
　　29, 50, 141
オプション価値　138, 142

か行

海外事業活動基本調査　124
解雇費用　90, 138, 207
介護保険制度　81, 189
解雇ルール　90
外出自粛　44, 205
外出制限措置　134
ガイドライン　89
価格設定行動　154
価格設定戦略　165
価格転嫁　160, 161, 163
確実性への逃避　140
学習効果　124
確率分布　7, 11, 15, 22, 24, 25, 30, 33, 34,
　　54, 121, 131, 170
家計消費　167
家計調査　202
家計貯蓄率　190
火災保険　188
株価のボラティリティ　28, 49, 50
下方バイアス　197
借り入れ制約　23, 206
為替市場介入　75
為替レートのボラティリティ　16, 226
環境規制　78

関税および貿易に関する一般協定（GATT）
　　230
関税譲許制度　230
感染症エクスポージャー　45
感染症センチメント　45
感染症リスク　45
感染抑止行動　44
環太平洋パートナーシップ（TPP）協定
　　75
カントリー・スプレッド　239
カントリー・リスク　224
企業活動基本調査　122, 209
企業間信用　154
企業行動に関するアンケート調査　96, 124
企業特殊的人的資本　201
企業の予備的貯蓄　152
企業物価指数（CGPI）　161
企業向けサービス価格指数（SPPI）　161
気候変動　8, 25
気象予測技術　248
規制緩和推進計画　87
季節料金　165
基礎的財政収支黒字化目標　85
期待経済成長率　123
期待収益率　205
客室稼働率　163
キャッシュ保有　15, 137, 152, 244
キャリブレーション　84, 142
キューバ・ミサイル危機　219
給付付き税額控除　185
教育投資　205
供給ショック　106
供給途絶　10
業況判断　45, 100, 147
業務独占資格　205
許認可　86
許認可等現況　87
緊急事態宣言　104
金融規制　88
金融政策不確実性（MPU）指数　74
金融不確実性（FU）指数　32

金融摩擦　141

金融摩擦効果　38

金融リテラシー　190

くらしと健康の調査（JSTAR）　36, 170, 191

グラビティ・モデル　222, 235

クレジット・スプレッド　74, 153

グレンジャー因果関係　117

グローバル経済政策不確実性（GEPU）指数　33, 72, 218

グローバル・サプライチェーン　237, 244

グローバル貿易分析プロジェクト（GTAP）　233

グロスの予測誤差　103

景気基準日付　116

景気循環　41, 111

景況 BSI　131

経済安全保障　17, 222, 236

経済安全保障推進法　236

経済改革研究会　87

経済協力開発機構（OECD）　8

経済計画　63

経済産業研究所（RIETI）　32

経済政策不確実性（EPU）指数　15, 21, 32, 71, 72

経済的規制　87

経済・物価情勢の展望　61

ケインズ、ジョン・メイナード　7, 13, 21

限界消費性向　186

健康と引退に関する調査（HRS）　170, 188

鉱工業生産指数（IIP）　108

恒常所得仮説　184

合成の誤謬　244

構造モデル　41

合理的無関心　104, 154

国際通貨基金（IMF）　8

国際投資協定（IIA）　16, 233

国内需給判断　102, 147, 148, 160

国民の分断　9, 71, 93

コミットメント　16, 230, 233, 246

雇用過剰感　105, 202

雇用環境 DI　199

雇用人員判断　105, 202

雇用調整　144, 196

雇用調整コスト　164, 207

雇用調整助成金　199, 202

雇用保護　89, 144, 164, 208

雇用リスク　202, 211

コンセンサス予測　54

コンプライアンス・コスト　77, 86, 89

コンプライアンス対応業務　88

コンプライアンス・リスク　89

さ行

サービス貿易　234

最恵国待遇　231

財政再計算　63, 189

財政政策の不安定性　83

財政政策の不確実性（FPU）指数　83

財政の崖　82

財政の持続可能性　69

財政破綻　84

最低賃金規制　89

再配分効果　232

債務上限問題　75

再利用可能性　139

先物市場　247

座席占有率　163

サプライズ　113

サプライチェーン　10, 222

サンクコスト　138, 230

仕入価格判断　156

シカゴ・オプション取引所（CBOE）　50

時間使用調査　213

時間的視野　26, 58, 134

事業継続計画　247

資源再配分　138

自己資本比率　153

仕事満足度　213

市場との対話　245

自信過剰　180

自然災害　8, 10, 25, 31, 140, 243

自然実験　41, 140

持続可能性　8
失業保険　188, 201
失業リスク　196, 206
実現率　108
実行関税率　230
実質為替レート　227
実車率　163
自動車保険　188
シナリオ・デザイン　37
支払意思額（WTP）　165, 193, 212, 214
資本コスト　143, 153
資本財　114
社会的規制　87
社会保障制度　8, 16, 66, 77, 78, 79, 80, 86,
　　170, 187
自由貿易協定（FTAs）　16, 217
週末料金　165
就労スケジュールの不確実性　211
就労と育児の両立　206
主観的確率分布　27, 171, 182
主観的雇用リスク　198
主観的失業リスク　204
主観的信頼区間　35, 180
主観的不確実性　14, 15, 19, 21, 37, 54, 96,
　　97, 120, 129, 142, 155, 170, 177
出生率　66, 188, 206
首都圏大地震　47
需要ショック　106
需要予測の不確実性　165
純粋の不確実性　7, 23, 237
生涯所得　11, 16, 184
譲許税率　230, 231
少子化　66
少数与党　9
消費支出調査　181
消費者期待調査（SCE）　168, 198, 204
消費者態度指数　168, 184, 199
消費生活に関するパネル調査　191
消費税率引き上げ　53, 75, 82, 160, 161
消費・貯蓄行動　181
消費動向調査　168, 199, 202

消費のライフサイクル理論　11
上方バイアス　56, 58, 59, 62, 64, 68, 69, 197
将来所得　171, 172
職業資格　205
所得倍増計画　63
所得リスク　182, 187
新型コロナウイルス感染症　8, 43
人口推計　65
人工知能（AI）　16, 17, 137, 248
人口動態　65, 188
シンセティック・コントロール法　235
人的資本投資　16, 195, 205, 206
信用スプレッド　88
スイッチング・コスト　223
スピルオーバー効果　17, 217, 232, 240
スムート・ホーリー（Smoot-Hawley）関税
　　231
生活意識に関するアンケート調査　168,
　　182, 199
政策の不確実性　71
生産動態統計調査　108
生産と消費の同時性　163
生産のボラティリティ　115, 163
政治資金問題　9
政治的不安定性　91
政治的不確実性　15, 89, 92, 152, 224
政治不安定性指数　93
税制の不確実性　84
製造工業生産予測調査　12, 96, 107, 108
成長オプション効果　39, 141
成長オプション理論　43
成長軌道　65
政府経済見通し　59, 60, 197
政府債務残高　84
政府債務の持続可能性　83
世界恐慌　232
世界不確実性指数（WUI）　74, 206, 218
世界貿易機関（WTO）　16, 217
世界保健機関（WHO）　43
石油価格不確実性（OPU）指数　74
絶対予測誤差　31, 110

索　引　283

設備過剰感　105
設備判断　102, 105, 147, 148
ゼロ金利制約　83
全国企業短期経済観測調査（日銀短観）
　　12, 96
潜在成長率　65, 124
全産業活動指数（IAA）　111, 117
センチメント　168
戦略的価格設定行動　154
操作変数　42, 140
想定為替レート　225, 228
組織マネジメントに関する調査
　　（JP-MOPS）　35
租税特別措置　77
ソブリン・スプレッド危機　240

た行

大数の法則　25, 188
大統領経済報告　20
ダイナミック・プライシング　16, 165, 195
第二次世界大戦　76, 92, 220
第二次臨時行政調査会　87
タイミング・アプローチ　41
代理変数　27, 29, 116, 163
炭素 VIX　140
地域貿易協定（RTAs）　233
地球温暖化問題　248
地政学的リスク　63, 219, 220
地政学的リスク（GPR）指数　218, 236
中間財貿易　227
中期経営計画　10
中国の WTO 加盟　16, 231
中古市場　138, 247
中長期展望　63
中長期の経済財政に関する試算　58, 63
中東情勢　8, 218
長期継続的取引関係　154
長期デフレ　177
長時間労働の是正　212
長寿リスク　25
調整費用　39

朝鮮戦争　219, 220
貯蓄志向　192
賃上げ　178
賃金プレミアム　211
定額減税制度　185
定年制　178
テールリスク　17, 25, 237, 247
テキスト分析　19, 27, 32, 45, 72, 74, 89, 97,
　　222, 235
展望レポート　8, 20, 61
動学的不整合　65
投資信託　187
同時多発テロ　74
投資の不可逆性　23, 38, 139, 143, 153
党派対立　9, 71, 91, 93
党派対立指数（PCI）　91
トービンの Q　142, 145
特別定額給付金　185
独立財政機関　69
土地利用規制　89
トレードオフ　195, 211, 217, 239

な行

ナイト、フランク　7, 19, 24, 245
ナイト流不確実性　7, 17, 25, 95, 98, 129,
　　131, 135, 149, 150, 169, 247
二国間為替レート　227
二重労働市場　208
二乗平均平方根誤差　31
二段階最小二乗法〔2SLS〕　228
日銀短観　45, 99, 146, 155, 202, 226
日経平均ボラティリティ・インデックス
　　（日経平均 VI）　29, 45, 50
日中領土紛争　236
日本の将来推計人口　65
ねじれ国会　9, 73, 75, 77, 90, 93
年金制度　80, 189
年齢賃金プロファイル　178

は行

排出権取引市場　140

パススルー　154
働き方　16, 213
働き方改革　212
パンデミック　47, 243, 246
反日デモ　236
販売価格判断　156
東日本大震災　50, 52, 62, 65, 103, 109, 112, 114, 119
悲観バイアス　175
ビジネス・サーベイ　95, 96, 129
ビジネス・ダイナミクス　128
ビジョン　63
非正規労働者　16, 164, 195, 207, 208, 210, 215
ビッグデータ　16, 137, 164
費用対効果　238, 246
平岩レポート　87
ファン・チャート　20, 21, 58
不一致度　29, 30, 44, 49, 97, 226, 228
フィラデルフィア連邦準備銀行　30
フォワード・ルッキング　28
不可逆性　138, 141, 145, 247
不確実性ショック　9, 13, 40, 43, 49, 70, 74, 98, 118, 125, 139, 159, 243, 245
賦課方式　86, 193
不完全競争　38
ブレグジット　92, 233
フレックスタイム　212
フレンド・ショアリング　237
平均寿命　66, 188
米国疾病予防管理センター（CDC）　44
米国同時多発テロ事件　219, 220
米中貿易戦争　222, 236
米中貿易摩擦　9, 21, 73
変動係数　116
貿易協定（PTAs）　232
貿易政策　78
貿易政策不確実性（TPU）指数　74
法人企業景気予測調査　12, 96, 129, 149, 155
法人企業統計調査　130, 146, 149

ポートフォリオ・リバランシング　187, 244
保険制度　17, 25
補償賃金　16, 195, 211, 213, 215, 216
ボラティリティ効果　155

ま行

マクロ経済不確実性（MU）指数　21, 32, 45, 52, 179
マクロ経済見通し　8
マクロ経済予測　15
マクロの不確実性　26
待つことのオプション価値　137
マッチング技術　247
ミクロの不確実性　26
ミシガン大学消費者調査（MSC）　168
民間エコノミスト　20, 49, 54, 63, 196
メタ分析　42
メニュー・コスト　154

や行

有期雇用契約　207
ユーロ債務危機　218
様子見（wait-and-see）メカニズム　15, 38
予想ボラティリティ　27, 29, 97
予測可能性　17, 213, 245
予測可能性給付　211
予測技術　9, 17, 210, 247
予測誤差　20, 46, 65, 96, 100, 109, 110
予測修正率　108
予測の時間的視野　27
予測の不一致度　176
予備的貯蓄　12, 38, 80, 137, 182
予備的動機　167, 182, 244

ら行

ライフサイクル消費　187, 189
ライフサイクル・モデル　184
ライフサイクル理論　41
楽観バイアス　58, 66
ランダム化実験（RCT）　41, 140, 141, 181

リアルオプション効果　12, 19, 38, 42, 92,
　　137, 138, 148, 183, 221, 230, 244
リーマン・ショック　8, 50
リショアリング　237
リスク回避度　23, 39, 92
リスク資産　186
リスク・テイキング　87
リスク・プレミアム　39, 84, 137, 153, 193
リバウンド　65, 92, 140
履歴効果　65
レイオフ　208
レジリエンス　10, 153, 217, 237, 238
連立与党　9
労災保険　188
労働基準法　212
労働参加率　66, 188
労働時間規制　89
労働市場制度　89
労働生産性　89
労働力調査　111
労働力不足　178, 216
ロシアのウクライナ侵攻　8, 21, 218
ロックダウン　185

わ行

ワークライフ・バランス　213
ワクチン　8
湾岸戦争　218

【著者】
森川正之（もりかわ・まさゆき）

一橋大学経済研究所特任教授、経済産業研究所特別上席研究員、機械振興協会経済研究所所長

1959 年生まれ。東京大学教養学部卒業。通産省（現経済産業省）入省。同省経済産業政策局調査課長、同産業構造課長、大臣官房審議官、経済産業研究所副所長、同所長、一橋大学経済研究所教授などを経て、現職。経済学博士（京都大学）。

主な著作：『コロナ危機後の日本経済と政策課題』（編著、東京大学出版会、2024 年）、『コロナ危機の経済学：提言と分析』（共編著、日本経済新聞出版、2020 年）、『生産性 誤解と真実』（日本経済新聞出版、2018 年）、『サービス立国論：成熟経済を活性化するフロンティア』（日本経済新聞出版、2016 年）、『サービス産業の生産性分析：ミクロデータによる実証』（日本評論社、2014 年、第 57 回日経・経済図書文化賞受賞）など。このほか、学術誌公刊論文が多数あり、日本経済新聞などにも寄稿。

不確実性と日本経済
計測・影響・対応

2025 年 1 月 16 日　1 版 1 刷

著　者　森川　正之
　　　　©2025, Masayuki Morikawa
発行者　中川　ヒロミ

発　行　株式会社日経 BP
　　　　日本経済新聞出版
発　売　株式会社日経 BP マーケティング
　　　　〒105–8308　東京都港区虎ノ門 4–3–12

装幀　野網デザイン事務所
DTP　キャップス（CAPS）
印刷・製本　中央精版印刷株式会社
ISBN 978-4-296-12175-5

本書の無断複写・複製（コピー等）は著作権法上の例外を除き，禁じられています。
購入者以外の第三者による電子データ化および電子書籍化は，
私的使用を含め一切認められておりません。

本書籍に関するお問い合わせ，ご連絡は下記にて承ります。
https://nkbp.jp/booksQA

Printed in Japan